U0891414

国家自然科学基金委员会
NATIONAL NATURAL SCIENCE FOUNDATION OF CHINA
WWW.NSFC.GOV.CN

本书由国家自然科学基金重点项目“我国地域功能格局的形成机理与识别方法”（项目批准号：40830741）、国家自然科学基金青年基金（项目批准号：41101138）联合资助。

人口的迁移与流动

——人口空间集疏的机理研究

RENKOU DE QIANYI YU LIUDONG

吕 晨 著

中山大学出版社
SUN YAT-SEN UNIVERSITY PRESS
·广州·

版权所有　翻印必究

图书在版编目（CIP）数据

人口的迁移与流动：人口空间集疏的机理研究/吕晨著．—广州：中山大学出版社，2014.2

ISBN 978-7-306-04790-8

Ⅰ．①人…　Ⅱ．①吕…　Ⅲ．①人口迁移—研究—中国 ②人口流动—研究—中国　Ⅳ．①C922.2

中国版本图书馆 CIP 数据核字（2014）第 005015 号

出 版 人：徐　劲
策划编辑：徐诗荣
责任编辑：徐诗荣
封面设计：曾　斌
责任校对：廖丽玲
责任技编：何雅涛
出版发行：中山大学出版社
电　　话：编辑部 020-84111996，84113349，84111997，84110779
　　　　　发行部 020-84111998，84111981，84111160
地　　址：广州市新港西路 135 号
邮　　编：510275　　传　真：020-84036565
网　　址：http://www.zsup.com.cn　　E-mail：zdcbs@mail.sysu.edu.cn
印 刷 者：广州家联印刷有限公司
规　　格：787mm×1092mm　1/16　12.75 印张　255 千字
版次印次：2014 年 2 月第 1 版　2014 年 2 月第 1 次印刷
定　　价：38.00 元

如发现本书因印装质量影响阅读，请与出版社发行部联系调换

前　言

人口迁移是人文地理学研究的重要命题之一。本书立足于人口迁移导致人口在地域空间上集聚和疏散的角度，在初步构建人口集疏研究框架的基础上，探讨改革开放后中国人口集疏类型转换、规模变动和格局演变的过程。重点研究经济型人口集疏，并选取汶川地区、东莞市分别作为人口疏散地和集聚地的典型区来进行实证研究，分析人口集聚区和疏散区对人口集疏的影响因素、要素组合和作用机理，同时探讨人口本身特征对人口迁移决策的影响，从三个方面研究人口集疏过程的内部机理。通过对人口集疏过程影响因素变化趋势的分析，预测人口集疏地域未来的发展态势，探讨人口空间集疏过程对地域空间产生的影响。研究的主要结论为：

（1）人口迁移规模和类型会随生产力进步和社会发展而变化。工业化时期人口集疏规模最大且以经济类为主。人口集疏与人口本身特征、集聚地和疏散地的条件相关，因此可以从人口特征、人口集聚地和疏散地属性三方面集成研究人口集疏问题。

（2）改革开放后，我国人口集疏规模迅速扩大，经济型迁移比重持续增长。人口集疏格局变动较大，由于人口集疏形成了区域的中心及副中心城市。从全国范围看，人口主要从中西部地区迁入东部地区，从农村地区迁入城镇地区。

（3）在主要考虑人口疏散地对迁出人口的推力时，人口在疏散地主要受资源环境压力、经济发展压力及生计水平压力的影响。以四川省汶川地区为例，人口疏散度主要受地形条件、人均耕地、人口收入和地区产业结构的影响。人口受到的综合压力与人口疏散度大致呈倒“U”型曲线分布。同一影响因素对不同地区内人口疏散的作用强度和方向并不相同。自然资源条件恶劣的山区未来仍将保持人口疏散态势，少部分发展条件好又有经济增长点刺激的平原地区会演变成人口集聚地。

（4）在主要考虑人口集聚地对迁入人口的拉力时，人口在集聚地主要受就业岗位、收入水平和已有迁移人口拉力的影响。以广东省东莞市为例，在1995—2000年全市集聚上升期，人口集聚度主要与外商投资导致的就业岗位增加、人均收入水平以及人口迁移的路径依赖相关。模型结果显示：地区拉力与人口集聚度呈三次曲线关系，各拉力作用按强度大小依次为路径依赖、就业岗位和收入水平。经历过高速增长且资源环境承载能力接近饱和的地域，未来人口集聚度将下降；而处于工业化城镇化正向集聚过程中，并且资源环境承载能力还能进一步承受人口和产业集聚的地区，未来人口集聚度将进一步上升。

（5）在主要考虑人口特征对人口迁移的影响时，人口迁移主要受年龄、收入、文化水平、家庭及性别因素的影响。青年人口更易迁移。受迁移动力和迁移能力的双重影响，人口收入水平与迁出率呈倒“U”型关系，中低等收入人口迁出率最大。人口文化程度越高迁移率越大，迁移距离越远。未婚人口迁移率高于已婚人口，男性迁移率高于女性。模型表明距离对人口迁移具有负作用。未来新一代务工人口将向市民转化，重视自身发展权和平等权使其以“用脚投票”的方式选择迁入区和行业，因此对地区建设和企业发展提出了更高的要求。

（6）人口集疏过程使集聚地和疏散地发展差距缩小，经计算，全国人口重心与经济重心的距离及地区发展差距变动趋势一致。人口空间集疏过程强化了地域功能，突显了地域特色。当地区发展到一定阶段以后，人口集疏可以推动地域功能的转型。人口集疏是推动实现区域空间均衡的有效途径之一。

目　　录

图目录

表目录

第一章 导 论

工业革命后，伴随着生产力的进步和经济的快速发展，人口相应地在区域之间大规模迁移是人类社会发展的必然规律。西方发达国家人口在地域空间集聚和疏散都经历了一个漫长的过程，而我国的人口集疏情况与西方国家明显不同。在改革开放以后，伴随着地区经济的腾飞和国土空间格局的迅速演化，我国短时期内人口空间集疏的规模更大，单位时间和国土面积上人口集疏的区域效应更加深刻。因此，对我国人口空间集疏的机理和效应进行研究对于确定地域功能、促进区域协调和可持续发展具有重要意义。

第一节 人口空间集疏是新时期区域发展面临的新问题

人口空间迁移现象是自古以来就有的社会现象。然而，随着工业化和城镇化进程的不断加快，人口迁移的数量、规模、结构均显现出较强的规律性。在全球化发展的新时期，作为人口大国，我国的人口迁移导致人口在空间分布上显示出显著的集聚和疏散趋势。人口空间集疏的研究是人口迁移研究的需要，它有着深厚的社会背景。

一、国家对生产力布局和人口空间分布更加重视

作为全国的发展总纲领，我国“十一五”规划中明确提出要促进区域协调发展，优化生产力布局和人口分布。国家“十一五”规划对生产力布局和人口空间分布更加重视，其中促进区域协调发展的思路包括统筹考虑人口流动和分布，通过发展经济和人口合理流动两个途径缩小区域之间人均 GDP 以及居民收入和公共服务的差距；统筹考虑区域环境承载能力与人口分布和经济布局，重构我国的空间发展格局，并据此规范空间开发秩序。由此可见，国家对于未来人口空间流动非常重视，并试图通过人口合理流动来缩小人均收入差距。因此，在这一时期选择人口空

间集疏作为本书的研究对象，正好对应于我国目前发展的时代特色和特殊国情。

二、人口在区域之间迁移的规模及效应将越来越大

随着人民公社运动的结束和粮食统购统销时代的终结，日渐松动的户籍制度使区域人口空间流动所受到的传统体制束缚越来越小。与此同时，市场经济体制逐步建立和完善，全国统一的市场正在形成，区域经济发展差异逐步拉大，区域人口在空间上的集疏配置越来越受市场力量的驱动，人口的空间集疏实质为生产要素在空间上的重新配置，所以未来我国蓬勃的经济发展势必带来区域间大量的人口迁移，大规模的人口迁移势必对地区发展前景和生产力布局产生深刻的影响。因此，人口空间集疏的驱动力机制和效应将成为未来地区发展不可回避的研究课题。

三、人口迁移与地区发展不匹配所产生的问题已经逐步显现

从 2003 年开始，有关“民工荒”的报道屡屡见于媒体。最开始显露出农民工短缺问题的是人口流入地大户——珠江三角洲（简称“珠三角”）地区。据东莞市委政策研究室调查显示，在 2004 年 2 月，东莞市农民工缺口达 23 万人（其中普工缺口 18 万人，技工缺 5 万人）。2004 年 7 月，《南方周末》报道了题为《中国遭遇 20 年来首次“民工荒”》的新闻，加深了人们对“民工荒”的重视。国家劳动和社会保障部于 2004 年 9 月发布的《关于民工短缺的调查报告》表明，企业缺工主要发生在珠三角、闽东南、浙东南等加工制造业聚集地区，重点地区缺工 10% 左右。2010 年春节以后，珠三角地区又爆发了新一轮“民工荒”。同时被政府、媒体、学界三方高度关注的“民工荒”现象，其实质乃是区域流动人口供给总量和结构难以与人口迁入地经济发展速度和结构需求相匹配所引发的各种问题。

第二节　人口空间集疏研究丰富了人文地理学的理论与实践

新时期内从人口空间集疏的角度重新审视人口迁移的过程规律、内部机理以及对地域功能的影响，不仅能够丰富人口地理学的研究内容，也能为地方政府治理区域提供科学支撑。

一、人口空间集疏研究的理论意义

（一）人口空间集疏研究是地域功能形成与演变研究的重要组成部分

随着人与自然可持续发展以及区域协调发展的理念深入人心，地域功能逐步成为引导区域发展的基础。地域功能的形成受自然生态系统运行规律和人类社会发展运行规律的共同影响（樊杰，2005），是人地关系相互作用的具体表现。因此，基于自然资源环境承载能力评价，结合人类经济社会客观运行规律而确定的地域功能将成为科学引导区域发展方向、动态审视区域发展过程、客观评价区域发展效果的有效手段。

人口迁移可以看作是人类为了寻找更适合生存与发展的地域而动态调整、主动适应的过程，因此，人口在地域空间迁移而导致的人口集疏首先受地域功能差异的影响，同时，迁移人口作为生产者和消费者在迁移后又对地域的自然生态景观以及经济发展要素产生影响。简而言之，人口在地域空间的集聚和疏散既受到原有地域功能的引导和制约，又反过来影响和促进地域功能的形成和发育。对于人口空间集疏过程机理和效应的研究本身就是探索地域功能形成与演变机理的重要组成部分。

（二）对于人口空间集疏的研究可以丰富人口地理学理论研究的内容

对于人口空间集疏的研究，学者们主要从宏观经济结构二元性角度以及微观流动人口属性、人口择业机会成本和人口预期的角度来进行考查。本文借用热力学第二定律熵原理，将自然科学定律引入社会科学，将人口空间集疏过程解释为不同地区内能流表现和交换的一种形式，并分别从人口集聚区内部差异、人口疏散区内部差异、人口自身特征差异的角度来研究人口集疏，为人口空间集疏研究提供一个新的角度。另外，本文引入马斯洛的人口需求理论，从理性人口决策效用最大化的视角来研究不同人类发展阶段，伴随着技术进步、生产率提高、人类需求效用变化而导致人口空间集疏的目的、偏好的选择和集疏机制的变化，丰富了人口地理学中人口集疏的时段性研究。

（三）对于人口空间集疏过程的研究可以弥补地理学对地理过程研究不足的缺憾

地理视角是由对世界的动态观察综合的研究、空间关系的表达和地理技术组成的一个理论和方法体系。当前国际地理学的发展方向和重点研究领域之一就是揭示复杂系统中的不平衡和动态以及利用包括时间系列数据在内的纵向数据进行过程的比较研究（蔡运龙等，2004）。目前在我国地理学研究的众多领域中，对地理现状形成的格局特征、存在问题、影响因素以及相应实施政策进行研究的文献最多，对地理格局的形成机制进行研究的文献相对较少，而对地理格局形成过程进行对比研究的文献相对更少。本书试图对国内人口集疏状态和格局变动进行科学认识，识别人口空间集疏的原因，探求人口空间集疏过程中驱动力的变换过程和作用机制。这一研究本身既是对复杂系统不平衡的探讨，又是对重要地理过程的揭示，在一定程度上弥补目前地理学界对过程研究不足的缺憾。

（四）对于人口空间集疏的研究是揭示地理格局形成驱动力的另一重要角度

人口空间分布格局本身是地理格局的构成部分，同时也是地理格局发生变动的重要驱动因素之一。过去对地理格局驱动力的研究大部分集中于自然地理格局形成过程的研究，但随着生产力的发展和人类技术的不断进步，人类在人地地域系统中发挥的作用越来越大，人类活动的社会经济学规律对地理格局的影响越来越深刻。因此，对人口空间集疏进行研究也是揭示地理格局形成驱动力的一个重要研究角度。对人口空间分布格局变动机制的研究本身就是对地理格局形成驱动力进行研究，对地理事物发展的驱动力进行研究就是地理学中的科学问题。

二、人口空间集疏研究的实践意义

（一）为国家功能区划分组织及流动人口引导提供政策抓手

随着政府对空间开发秩序和开发形式重要性认识的逐步加深，国家对地域功能区的划分和组织必定会对地区人口状态和未来发展趋势演化的正确认知提出要求。所以，本书对人口空间集疏状态、演变过程、驱动机制和未来变化趋势的研究有利于为国家进行功能区划分和区域功能定位提供参考，并为国家对不同地区采用不同引导措施提供科学依据。同时，随着市场经济和民主化进程的不断深入，未来国家对于人口的空间流动不可能简单地依靠户口等制度来进行单一化控制，顺应市场经济的多元化引导政策应该是未来地区政府调控人口流动的主要手段。本书对区域人口空间集疏机制的研究为地方政府根据自身情况合理引导人口流动提供科学依据和政策抓手。

（二）为区域公共基础设施和服务的配置提供科学参考

区域自身人口规模的变动以及外来人口对地区基础设施和服务的需求会对未

来地区公共基础设施的配置数量和建设规模产生影响。本书对人口集疏过程的研究有利于地方政府对照研究成果，根据自身实际情况进行流动人口估量，科学配备人民生活所需的基本服务设施，防止人口流入区由于对流入人口数量估计不足造成基本公共服务设施供给不足，导致城镇化发展进程和人民生活质量受到影响，确保全体劳动人民共享现代化发展果实。同时，对人口集疏规律的正确认识也能提高地方的投资效益和效率，避免人口流出区因为对未来人口存量估计过大，造成基础设施配置过量而形成空置和浪费。

第三节 本书的研究思路与特点

本书试图通过理论分析与实证研究，主要探讨以下问题：

(1) 构建区域人口空间集疏研究的理论框架。在对已有研究理论进行系统梳理的基础上，明确人口集疏的内涵和测度方法，分析不同发展阶段人口在地域间的迁移规律，研究不同人口类型所具有的不同迁移动机以及不同迁移类型对应要求的迁移能力，分解不同迁移动机人口受迁入地拉力和迁出地推力的构成，建构经济型人口集疏的理论模型。

(2) 刻画人口迁移的格局和过程。利用历次人口普查中的迁移人口数据，分析人口迁移的空间分布格局及迁移变化过程。考察不同空间尺度下区域人口集疏的格局、方向和趋势，以此来验证理论假设中关于人口迁移发展阶段论和地域类型理论的论述。

(3) 应用推拉理论框架研究典型的人口疏散地区。识别人口疏散地区对人口的推力作用，分析不同地区自然资源和经济要素的组合情况对人口向外迁出的影响。依据区域人口迁出的不同驱动力类型，判断不同驱动力影响下的人口疏散地区在未来的发展态势。

(4) 应用推拉理论框架研究典型的人口集聚地区。识别人口集聚地区对人口的拉力作用，分析各种拉力在空间的分布差异及组合情况，判断吸引人口迁入的各影响因素的作用力的强弱。依据区域人口迁入的驱动力类型以及区域所处的发展阶段，判断不同类型人口集聚地在未来的发展态势。

(5) 依据马斯洛需求层次理论，在人口决策理性化的前提下对人口个性特征如年龄、性别、文化、收入水平等对人口迁移决策的影响作用进行分析。分析迁移人口在选择迁入地区时的影响要素。通过对未来迁移人口特征的判断，分析人口特征变化对人口集疏的影响。

(6) 分析人口集疏对区域产生的效应。利用数据定量分析人口集疏过程对集聚地和疏散地发展差距的影响。综合分析由于人口在地域空间集疏对人口集聚地和疏散地产生的自然与生态、生产与生活几个方面的影响，分析其对地域功能形成和转换过程中起到的作用。

一、本书采用的研究方法

人口在空间的动态集疏过程是人类活动在地球表面时时发生的普遍现象，同时也是一个与自然地理格局、经济发展水平、地方风俗与制度、区域生态环境承载力等众多因素紧密相关的综合性问题，所以对人口空间集疏规律和合理人口集疏规模的研究，应充分借鉴已有经济学、地理学、社会学、资源学、心理学等诸多学科的相关研究内容。本书主要是以地理学和经济学为主，依托有关产业地域分工原理、居民点体系（城镇体系为主）的空间结构演变规律、自然地理环境的地区性规律、生态功能区划、水土资源和能源矿产资源分布格局等已有研究成果，对人口集疏过程进行研究。具体涉及以下几种方法。

（一）理论与实证相结合的研究方法

在进行人口空间集疏影响机制分析时，引入物理学中热力学第二定律和心理学中马斯洛需求层次理论，从理论上分析人口空间集疏的影响机制和发展过程，对照我国典型地区实际发展情况，判断我国目前所处发展阶段和对应的影响要素结构及其作用机制。

（二）定性与定量相结合的研究方法

利用SPSS和ARCGIS软件，采用定量分析中的聚类分析、相关分析、主成分分析、空间重心分析、影响半径分析等量化方法，研究人口空间集疏的地区类型、影响因素、集疏格局及变化等问题。对于一些难以定量分析的因素则通过定性分析来解译因子的影响作用。对于最初影响因素的筛选也需在已有理论基础上采用定性对比的方法提取。

（三）归纳与演绎相结合的研究方法

通过对已往若干次人口调查的分析，系统地概括归纳出人口空间集疏的主导影响因素。通过对各影响因素的深入研究，将影响因素量化，建立人口集疏模型，通过对影响因素的分析和未来发展趋势的判断，演绎出未来人口空间集疏的发展态势。

（四）室内分析与实地调研相结合的研究方法

本书涉及人口空间集疏的整个过程及相关机制分析的系统性原理，国外对城乡之间、区域之间人口迁移的研究文献已经积累了很多，所以笔者一是在室内借助发达的互联网工具浏览古今相关文献，同时利用图书馆丰富的资源用传统方式进行阅读；二是在全国选取几个典型的社会经济剖面，进行走访调研，根据我国实际情况对现有理论进行修正。

（五）比较分析法

一是通过对不同阶段人口空间集疏原因的对比，分析出不同时段人口空间集疏的主要驱动因素。二是通过对人口集聚地和疏散地、人口集聚地内部、人口疏散地内部影响要素的差异性比较，分析不同地域类型人口空间集疏的影响要素，并且利用影响要素差异性大小来判断不同影响因素作用力的主次。三是通过对未来人口集疏地发展情况的预测与目前发展现状进行比较，找出未来地区发展政策的调控方向。

本书研究技术路线如图 1－1 所示。

二、本书的特点

全书围绕中国人口空间集疏过程的格局、过程、机理和地域效应开展，研究的特色和创新之处表现在：

（1）基于人口迁移现象，提出人口空间集疏的概念。分别从人口集聚地、人口疏散地、人口本身特征三个方面研究影响人口空间集疏过程的内部驱动力。在了解人口集聚地与疏散地差异的基础上，着重探讨集聚地内部和疏散地内部要素组合方式及人口特征对人口集疏的影响。

（2）在明确区域发展阶段的前提下，定量揭示人口集聚区和疏散区内部各要素对人口集疏过程的作用，分析同一影响要素在不同地区对人口集疏作用力方向和强度的差异。通过案例区研究，提出人口受到的疏散区推力与人口疏散度呈倒“U”型曲线规律发展，人口受到的集聚区拉力与人口集疏度呈三次曲线规律发展，人口集聚存在拐点。

（3）在对人口集聚区和疏散区未来发展趋势研究的基础上，分析人口空间集疏的区域效应，提出人口空间集聚过程有利于缩小人口集聚区和人口疏散区的发展差距，强化人口集聚区和疏散区各自的地域功能，有利于空间均衡的形成。

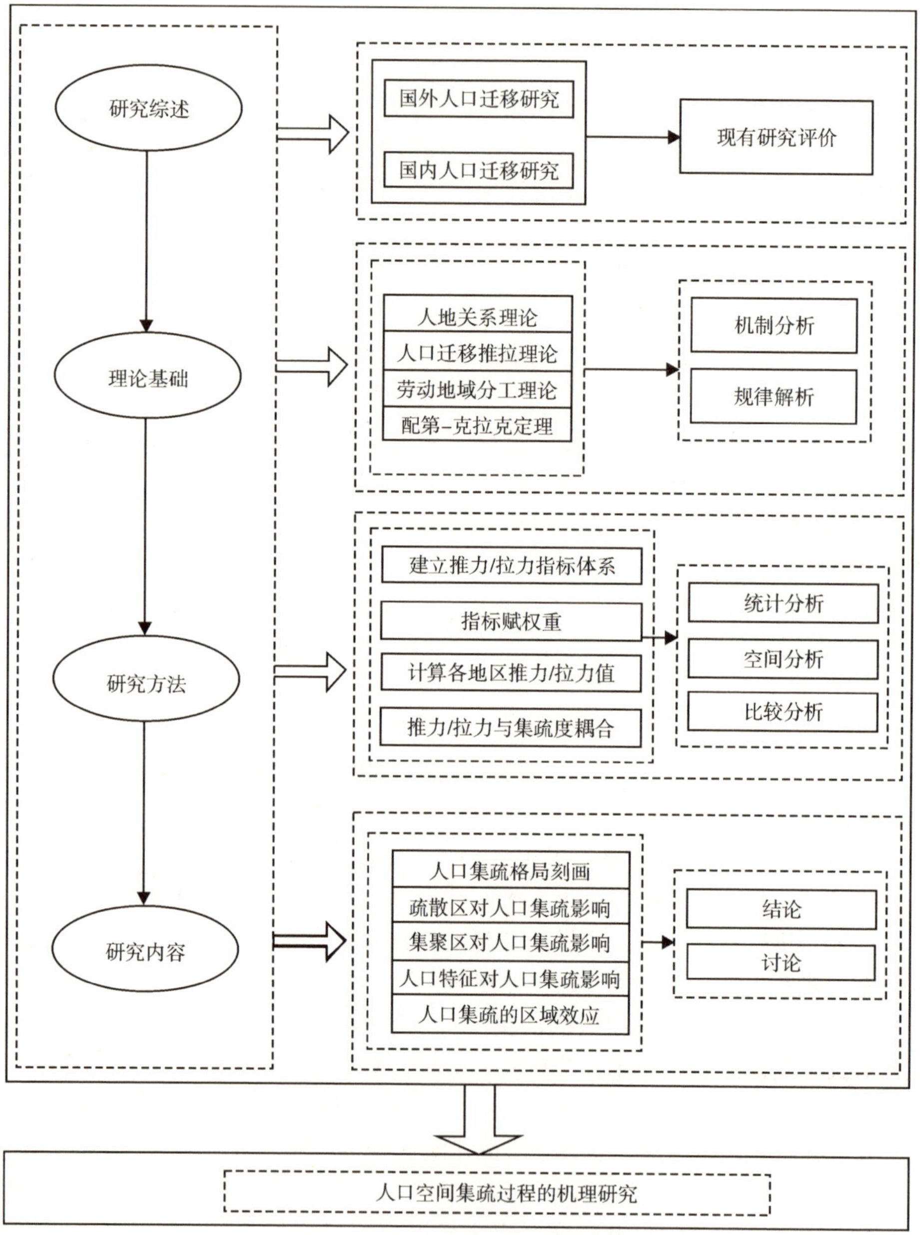

图 1-1　本书研究技术路线

第二章　人口空间集疏相关研究进展

人口空间集疏研究涉及地域空间差异、人口自身特征、经济社会演变规律几大研究领域，是一个跨学科、综合性和现实性的难题。国内外不同学者分别从经济学、社会学、地理学等多个角度对其进行研究，产生了大量研究成果。

第一节　国外人口迁移研究

国外学者对人口迁移的研究主要集中在宏观迁移规律、人口迁移经济学模型、人口迁移的空间规律以及社会学研究领域。

一、人口迁移的非经济学宏观规律研究

（一）雷文斯坦的人口迁移规律理论

英国统计学家雷文斯坦（E. G. Ravenstain）于1885年和1889年以《论迁移的规律》为题，先后在英国地理杂志和英国皇家统计学会杂志上发表了关于迁移定律的长篇论文。这被认为是关于人口迁移规律最早的全面性总结，是人口迁移理论的开端，他提出著名的“人口迁移七大定律”，如表2－1所示。

表2－1　雷文斯坦“迁移定律”

研究领域	具体定律	定律内涵
迁移宏观机制	经济律	为了提高和改善生活质量而进行迁移
	城乡律	乡村居民迁移的可能性比城镇居民要大
迁移人口结构	性别律	女性迁移以短距离为主，且相对于男性迁移倾向更强
	年龄律	各年龄段人口迁移的倾向是不同的，青年人是人口迁移的主体

续表 2-1

研究领域	具体定律	定律内涵
迁移空间特征	距离律	移民的数量分布随着距迁入中心距离的增加而减少
	递进律	中心城市吸纳乡镇人口所造成的空缺，将由乡镇周边更远地区的居民填补，直到中心城市的吸引力波及最偏远的角落
	双向律	迁移的流向不是单向的，每一股主流都伴随相应逆流存在

（二）E. S. Lee 的迁移规律理论

美国学者李（E. S. Lee）在雷文斯坦的理论基础上于1966年在《迁移理论》一书中对雷文斯坦的迁移规律进行了修正。他认为，人们的迁移行动有关以及影响迁移的因素不外乎四个方面：一是与迁入地相关的正因素和负因素；二是与迁出地有关的正因素和负因素；三是介于迁入地和迁入地之间的介入障碍；四是与迁移者有关的个人因素。在以上四个方面，都存在有利于迁移的正的因素（+）和不利于迁移的负的因素（-）以及不起作用的中性因素（0），正负因素的较量和综合促成最后的迁移行动，如图2-1所示。

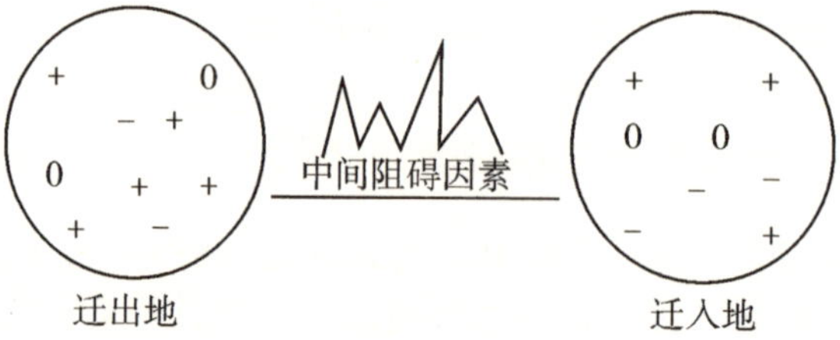

图2-1　李的迁移规律图示

李根据这一基本原理，进一步提出人口迁移主要有以下规律：

（1）人口迁移的规模随两地之间的差别大小而变化，两地在自然、地理和社会经济方面的差别越大，人口迁移的规模也将越大。

（2）人口迁移的规模因人口群体的结构和特征不同而有所不同。不同的年龄、性别和职业群体的迁移量是不同的。

（3）中间的障碍与迁移量有直接关系。

（4）大规模人口向一个方向迁移形成一种迁移流。当一种大的迁移流形成之时，必然会产生一种反向迁移流，也就是某一迁出地在大量人口迁出之后，其他地区的人口又会迁入进来作补偿。

（5）人口迁移规模随经济因素的变动而变化。经济繁荣时期人口迁移规模较大，而经济衰退时期人口的迁移规模较小。

（6）除特殊强制之外，人口迁移规模和迁移率随着时间的推延而不断增长。

（7）随着一国社会经济发展阶段的不同，迁移规模和迁移率也在发生变化。

（三）泽林斯基的“人口流动转变”五阶段理论

泽林斯基（Wilbur Zelinsky）于1971年在美国地理杂志发表了《人口流动转变假说》一文，提出人口流动转变的五个阶段论。他认为人类的迁移活动存在五个阶段，即前工业化社会、早期转变社会、工业革命晚期社会过渡阶段、发达社会及高度发达社会，分析了不同阶段人口迁移和流动水平的关系：

（1）前工业化社会阶段，人口出生率和死亡率都很高，人口自然增长缓慢，人口很少流动，整个社会在空间上被限制在惯常活动范围内。

（2）早期转变社会阶段，伴随死亡率下降，人口迅速增多，出现大规模由农村向城市的人口迁移，同时在国内移民拓荒和殖民海外的迁移流动量急剧上升。

（3）工业革命晚期社会过渡阶段，人口的出生率持续下降，抑制人口自然增长。人口流动在量上和方式的复杂性上仍呈现上升趋势。迁移量上的这些变化一直持续到第四阶段。

（4）发达社会阶段，由于低死亡率和低生育率使人口自然增长率下降，农村向城市迁移的规模较以前更小，然而城市内部和城市之间的人口迁移和流动增强，成为突出的特点，而来自发展中国家的净迁入人口和因商业、旅游活动导致的周期性人口迁移增加。

（5）未来高度发达社会阶段，也许会出现迁移的普遍下降，大多数居民的流动将主要发生在城市内部和城市之间。

泽林斯基对人口流动转变阶段的划分，是基于西方国家发展历史进行概括的，其前提是以经济因素为主要动因的人口流动。当代发达国家都已经历过前三个阶段，现今正处于第四阶段，而一般发展中国家，包括中国在内则仅进入第二阶段，即在工业化过程中人口发展状况正经历死亡率降低和人口迅速增多的阶段，因此，发展中国家的人口迁移特点虽然与西方工业革命早期社会转变时期的人口迁移有相似性，但发展中国家在当代又呈现新的特点，即国内拓荒性质的移民大为减少和海外殖民不复存在。

（四）唐纳德·博格的推拉理论

历史上许多学者在探讨人口迁移时都对影响人口迁移的正负因素进行了分

析。例如雷文斯坦在1889年就提出到人口迁移受到正负因素的影响。所以雷文斯坦的观点被认为是人口流动推拉理论的渊源。但从严格意义上讲，人口流动的推力—拉力理论是唐纳德·博格（D. J. Bogue）等人在20世纪末明确提出的。

唐纳德·博格认为，从运动学的观点看，人口迁移是两种不同方向的力作用的结果，一种是促使人口迁移的力量，即利于人口迁移的正面积极因素，另一种则是阻碍人口迁移的力量，即不利于人口迁移的负面消极因素。在人口流出地存在着一种起主导作用的推力把原住居民推出居住地。产生推力的因素有自然枯竭、农业生产成本提高、农业劳动力过剩导致的失业和就业不足、较低的经济收入水平等。在流出地也存在拉力因素，如家庭团聚的欢乐、熟悉的环境、长期形成的社交网络等，只不过流出地的推力占主导地位。而在流入地，则存在一种起主导作用的拉力把外地人口吸引过来。产生拉力的主要因素有较多的就业机会、较高的工资收入、较好的生活条件、较好的受教育的机会等。与此同时，流入地也存在一些不利于人口流动的推力因素，如流动可能带来的家庭分离、陌生的环境、激烈的竞争、生态环境质量的下降等。总体来看，流入地的拉力比推力更大，占主导地位。

推拉理论是人口迁移领域的经典理论，但该模型仍存在以下几个问题：一是该模型将迁移描述成某一群体被动地被推被拉的过程，无视迁移主体在这一过程中的主动性；二是该模型无法回答当原先存在的推拉因素发生变化之后，为什么移民行为并不一定立刻终止，反之，在某些个案中，推拉的因素并未发生明显变化，移民行为却减少了；三是该理论不能说明为什么在相似的推拉因素作用下某些人发生了迁移，而另一些人却没有发生迁移。

二、人口迁移的经济理论与模型

（一）西奥多·W.舒尔兹（T. W. Schols）的成本—效益理论

美国芝加哥经济学派的代表西奥多·W.舒尔兹把迁移看作是一种带来某种经济收益的投资行为，他认为一个潜在的迁移者要综合考虑他在迁移过程中的成本、投资、代价及迁移后可能获得的好处（即收益），这种理论的核心是经济因素。所以从本质上说，人口的迁移是一种社会经济现象，人口的迁移以社会、经济因素为基本动力，社会经济环境的宏观格局及其动态变化均反映到人口迁移之中，人口的迁移客观上充当了社会经济系统运行的显示器。

西奥多·W. 舒尔兹的成本—效益迁移理论为人口迁移理论引入了经济学分析模型，同时把人口迁移和社会经济系统运行统一起来，丰富和发展了人口迁移理论。但该理论也存在一些缺陷：第一，影响人口迁移的因素已经呈现多样化趋势，指标的选取难以概全；第二，众多的社会指标在很多方面无法量化，给成本—效益量化分析的完整性带来很多困难；第三，事实上并没有多少流动人口能够对迁移的付出与回报进行准确的计算从而做出获得最高收益的决策。

（二）刘易斯（W. A. Lewis）的两部门理论模型

英国发展经济学家刘易斯于1954年发表《具有无限劳动供给的经济发展》一文，他在文中提出发展中国家农业劳动力向城镇工业部门流动的两部门人口流动模型，从而建立了第一个人口流动模型。刘易斯把发展中国家经济划分为资本主义部门和非资本主义部门，前者以现代经济为代表，后者以传统的农业经济为代表。刘易斯认为经济发展依赖现代化部门的扩张，而现代工业部门的扩张需要农业部门提供丰富廉价的劳动力，只有现代化的城市工业部门才是经济增长的主导部门，只有工业部门的发展才能吸引农业剩余劳动力，传统农业和现代化工业两个部门经济结构上的差异和经济收入上的差异，导致两部门之间劳动力的转移，从而引起农业人口向城市的转移。

刘易斯两部门理论模型的意义在于：一是强调了现代部门与传统部门的结构差异及其对人口流动的影响；二是把经济增长过程与劳动力转移过程有机地结合在一起。但刘易斯的理论模型也存在某些缺陷，一是无限劳动供给在现实中不可能存在；二是假定城市工资不变，直到农村剩余劳动力耗完为止；三是假定现代工业部门的劳动与资本比例始终不变；四是假定农业存在剩余劳动，而城市不存在失业，这些都与发展中国家的实际情况不符。

（三）托达罗（M. P. Todaro）的人口流动预期模型

美国发展经济学家托达罗依据发展中国家的经济运行现实，强调要建立一种符合发展中国家现实的人口流动理论，就必须对农村人口流入城市和城市失业同步增长的矛盾现象做出令人信服的解释。正是从这点出发，托达罗创建了自己的人口流动模型，他还提出解决城市人口失业问题决不能仅仅依靠工业部门的扩张，而要同时大力发展农业经济，这才是解决城市人口失业问题的根本出路。托达罗的理论可以用一系列公式来表达：

$$\frac{\bar{s}}{s}(t)=F\left[\frac{Y_U(t)-Y_R(t)}{Y_R(t)}\right],F>0 \tag{2-1}$$

公式（2-1）中的 $\bar{s}$ 表示从农村流入到城镇的净劳动力，s 为城镇原有的劳动力，$Y_U(t)$ 意为 t 时期一个农村劳动力在城镇可获得的收入的现值，$Y_R(t)$ 则为 t 时期一个农村劳动力在农村预期收入的现值。这个式子的含义为劳动力流动量的大小是预期城乡收入差异比率的函数。如果用 $V(0)$ 表示流动者在一定时间内预期城乡收入差异的净贴现值，则劳动力流动量可以表达为：

$$M = F[V(0)],\ F' > 0$$

$$V(0) = \int_{t=0}^{n} [P(t)Y_U(t)e^{-rt} - Y_R(t)e^{-rt}]dt - C(0) \qquad (2-2)$$

$Y_U(t)$ 和 $Y_R(t)$ 分别代表预期时间内城镇和乡村的工资率，r 为贴现率，$P(t)$ 为该期间内就业概率，$C(0)$ 为流动的成本。若 $V(0)$ 为正值，人们就作出迁移决定；反之，$V(0)$ 为负值，农村劳动力就不会流入城镇。

托达罗模型对人口流动与城市失业两种相互矛盾的现象作出了合理的解释，并提出了一切人为地扩大城乡实际收入差异的措施必须消除，同时强调了农业和农业部门发展的重要性。但有的学者认为，托达罗模型关于农村不存在剩余劳动力的假设是十分不合理的。实际上，由于农业人口增长快于城市人口增长，在有限的土地上就必然存在一些劳动生产率很低的剩余劳动者。同时，托达罗模型假设流入城市的劳动者一定会在城市里寻找工作，如果找不到工作他们就宁愿在城里传统部门做些临时工作或完全闲置，这也与实际情况不太相符。此外，某些迁移者虽然暂时性地在城里做工，但一旦挣到一定数量的钱，他们就可能会回到农村把这些收入用于农业投资，来提高农业生产率。

（四）劳里（I. S. Lowry）的回归模型

劳里于 1966 年在其《迁移和大城市增长：两个分析模型》一文中，利用统计模型，把兹普引力模型中隐含的一个地区的人口规模决定了该地区所能提供的就业机会的假设前提具体化。在劳里的模型中，用失业率、制造业的小时工资和用非农劳动力代表就业机会来代替两个地区的人口数量。其公式具体如下：

$$M_{i\to j} = K\left(\frac{U_i}{U_j} \times \frac{W_i}{W_j} \times \frac{L_i L_j}{D_{ij}}\right) \qquad (2-3)$$

公式（2－3）中，$M_{i\to j}$ 表示从 i 地区到 j 地区的迁移量，U_i 和 U_j 分别表示两地区的失业率，W_i 和 W_j 分别表示两地区制造业的小时工资，L_i 和 L_j 分别表示两地区非农劳动力人口数，D_{ij} 是 i 和 j 两地区间的距离。

根据劳里回归模型，人口迁移的方向是由低工资的地区向高工资的地区，由劳动力过剩的地区向劳动力不足的地区流动，人口迁移量由两地区工资和失业率的落差以及非农劳动力人数和迁移距离决定。

三、人口迁移的空间模型

（一）吉佛（G. E. Zipf）的引力模型

关于人口迁移与距离关系的规律早在1889年在雷文斯坦的论著中就已经提及，他认为人口迁移必须要考虑到每个迁入地和迁出地人口总量的情况，人口迁移的主体进行的是近距离迁移，长距离的迁移是较少发生的。总结他的观点，不难发现人口迁移受两大因素制约，人口迁移量与迁入地和迁出地人口总量成正比关系，人口迁移量与迁入地和迁出地之间的距离成反比关系。虽然这一思想由雷文斯坦提出，但是最早运用引力概念解释人口迁移动力并奠定人口迁移引力模型基础的是吉佛，模型的表达式为：

$$M_{ij} = K\frac{P_iP_j}{D^a} \qquad (2-4)$$

公式（2－4）中，M_{ij}为i地区和j地区之间的迁移量，P_i和P_j分别表示i和j地区的人口数，D为i和j地区之间的距离，K和a为常数。按照吉佛模型，两个地区之间的人口迁移总量与两地区的人口数量的乘积成正比，与两地区距离的a次方成反比。仅从数学表达式上看，吉佛的引力模型与牛顿（I. Newton）的万有引力公式十分相似，只是用两地区的人口数取代了万有引力公式中的两个物体的质量。这一表达式隐含的假设前提是：一个地区的人口规模与该地区所能提供的就业机会成正比，从而地区人口规模决定了该地区对外地人口的吸引力。该模型存在的问题在于无法显示迁入力和迁出力这一对引力的作用方向，从而导致迁出地的人口规模反而成为促使迁移的正面因素，同时，用人口规模代表就业机会也不准确。

（二）斯托弗（S. A. Stouffer）的介入机会模型

为了能够反映人口迁移的方向，斯托弗于1960年提出了人口迁移的介入机会模型。该模型认为，由i地区到j地区的人口迁移量不仅受两地区人口规模和距离的影响，而且与这两个地区之间的介入机会有关。所谓介入机会，就是指存

在于 i 和 j 地区间的中间地区的就业、居住等机会。斯托弗认为迁移需要花费成本，因此原本打算由 i 地区迁移到 j 地区的人会由于受到中间地区介入机会的吸引而停滞下来，从而减少迁往 j 地区的人数。斯托弗迁移模型可以用公式表示为：

$$M_{i\to j}=K\frac{M_iM_j}{(MI)^a} \tag{2-5}$$

公式（2-5）中，$M_{i\to j}$表示从 i 地区到 j 地区的迁移量，M_i 表示从 i 迁移到其他地区的迁移人口总和，M_j 表示从其他地区迁移到 j 地区的迁移人口总和，MI 表示介于 i 和 j 地区的迁移人口总和，K 和 a 为常数。

四、人口迁移的社会学理论与模型

（一）罗杰斯（Rogers）的年龄—迁移率模型

为了把握年龄与迁移率的一般关系，计量人口学家罗杰斯等在 20 世纪 70 年代后期就利用欧美国家的人口普查资料，对迁移率与年龄变化的关系进行了大量的实证分析（Rogers，1978、1984）。根据实证分析的结果，提出了年龄—迁移率理论模型。该理论认为，各年龄层的人口中流动人口所占的比率（即迁移率）具有一定的变化规则。表示年龄与迁移率关系的曲线可以分解成相对独立的四个组成部分，即 0～14 岁的前劳力成分、15～64 岁的劳力成分、65 岁以上的后劳力成分和不受年龄影响的常数成分。它们的关系可以用图 2-2 表示。

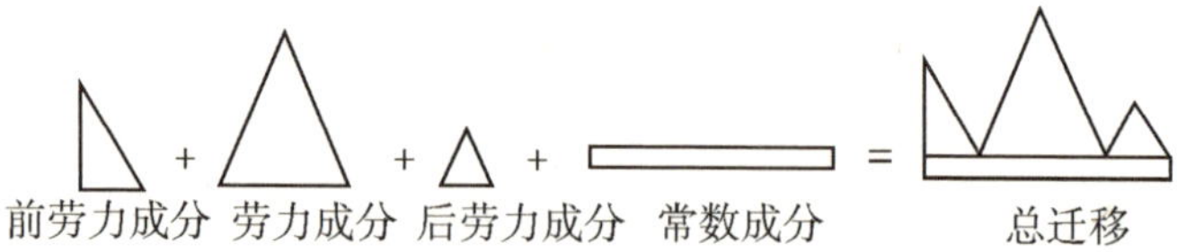

图 2-2 年龄—迁移率曲线的构成示意图

如果把迁移率作为因变量，把年龄作为自变量，两者之间的关系可以用图 2-3 的双指数函数图形表示。

$$\begin{aligned}M(x)=a_0+a_1exp(-b_1x)+a_2exp\{-b_2(x-c_2)-exp[-d_2(x-c_2)]\}+\\a_3exp\{-b_3(x-c_3)-exp[-d_3(x-c_3)]\}\end{aligned} \tag{2-6}$$

其中$M(x)$为x岁人口的迁移率，a_1、a_2、a_3分别表示前劳力成分、劳力成分和后劳力成分的水准参数，b_1、b_2、b_3分别为迁移率曲线的下滑斜率，c_2、c_3分别为劳力成分和后劳力成分的平均年龄，d_2、d_3分别为劳力成分曲线、后劳力成分曲线的上扬斜率，a_0表示常数成分。

（二）人口压力理论

早在18世纪，马尔萨斯（T. R. Malthus）就通过分析游牧民族的迁徙历史试图说明，由于人口增殖力大于生活资料的增长力而产生的人口压力是导致人口迁移的原因。现代人口压力理论则主要是由索维（A. Sauvy）在其《人口通论》的适度人口理论框架中发展和创立。索维认为，从静态来看，经济适度人口（最优人口规模）就是使人均产出最大的人口规模；从动态来看，经济适度人口就是在一定时间里一国的人口增长率使其人均产出增长率最大的人口规模。当一国人口超过其适度规模导致人均产出下降，从而导致生活水平下降时，该国就已经处于人口过剩状态。处于人口过剩状态的国家如找不到提高适度人均产出的办法，人口压力就会导致潜在迁移者为了追求更高的生活水平而向未超过适度人口的国家移民。

历史上，人口国际迁移曾经在一定程度上推动了人口向城市的聚集。19世纪，由于高出生率和较低的死亡率导致当时欧洲人口迅速膨胀，同时农业技术进步形成大量农业剩余劳动力。由于人口压力，欧洲人口大规模向新殖民地国家（人口规模低于适度人口的地区）迁移。在这一过程中，有相当一部分移民迁移到了城市，同时完成了由农民到市民的转变。20世纪以后，新大陆国家已开发完毕，由于种族矛盾等原因，人口过剩的国家已不可能通过大规模向外移民来缓解其人口压力。这时，通过国内迁移将人口向城市制造业转移就成为解决农村失业人口的唯一出路。

（三）迁移生态学理论

与人口压力说不同，迁移生态学派认为人口迁移的动力来自人口自身的主动反应。霍利（A. Hawley）在其1968年出版的《生态学：人类生态学》中指出："人类生态学的一个基本教义是：人类会通过生命过程（变动出生率和死亡率）以及通过迁移再分布以求得自身人口规模和生存机会之间的平衡。"即迁移被看作是人口对其生存环境及生活条件变化的一种反应。

迁移生态学理论认为在人口规模、社会组织、技术和环境之间存在着一种平衡。如果后三种因素发生变化导致原有平衡被破坏，人口会通过调整自身规模和分布来适应这些变化，以便达到新的平衡，其中迁移是最直接有效的一种方式。

具体到乡村—城市迁移这一过程中，人口通过迁移从生存机会萎缩的地区流向生存机会膨胀的地区，从而产生一种不断增进城镇化的趋向。例如，在农村，当农业和采矿业越来越机械化（技术变化），就业机会就会下降（社会组织变化）。与此同时，对机械的需要量增加，城市制造业和服务业的就业机会在增加，社会系统平衡被打破。人口为了追求最大生存机会，通过迁移改变人口在城市和乡村的分布，使城市和乡村的人口规模和生存机会之间形成新的平衡。

迁移生态学理论将人口作为一个整体予以人格化，认为这样一个人口整体能够像其他生物一样对生态（包括社会和自然环境）变化做出相应反应，而这种反应就是导致人口迁移和城镇化的根本动力。因此，生态理论研究的主题是社会整体，这一研究由于缺少对迁移者和潜在迁移者个人动机的考察不能应用到个体。

第二节　国内人口迁移研究

国内学者在研究中国的人口流动问题时，主要从人口迁移的规模、空间格局、影响因素以及迁移人口的内部结构特征等几个角度来探讨。

一、人口迁移规模研究

蔡昉、崔传义等（2004）将中国改革开放以来的人口流动划分为四个阶段。关于人口流动和迁移的具体规模，不同学者持有不同的看法。阎蓓（1997）在《新时期中国人口迁移》一书中根据有关调查资料推算统计：在人口迁移高峰的1979年，省际迁移量达到2263万人，比改革开放前的1978年净增482万人，若将同期省内迁移包括在内，迁移量将更可观。1979年成为改革开放以来我国人口迁移总量增加的起始点。张善余（1995）、杨云彦（1994，2002）等学者总结了不同时期东部、中部和西部三大地区省际人口迁移的迁出、迁入人口比例及净迁移状况，指出在1982—1987年和1990—1995年间，东部地区迁出人口占三大地区迁移人口的比例逐步下降，中部地区同一比例上升，西部大致稳定。而相同时期，东部地区迁入人口占三大地区迁移人口的比例上升，中部地区比例下降，西部地区迁入人口比例也有小部分下降。吴江（2005）利用第五次全国人口普查的统计数据对广东省流动人口的主体、规模、流动原因及从事职业进行探讨，提出了促使人口有序迁移流动的政策建议。李永浮、鲁奇、周成虎（2006）采用 Logistic 曲线拟合和等维递补灰色预测理论，预测“十一五”期间北京流动人口的增长情况，提出高、中、低三个增长方案，并提出等维递补灰色预测是一种可行的人口流动预测方法。朱富言、李东（2008）对北京市人口流动的简要历程给予回顾，并选取 Logistic 曲线对北京市外来人口进行预测。

部分学者从更微观的角度对省内或市（县）内的人口迁移区域模式进行研究，如屈琼斐（1997）、章定富（2000）等分别就广东省及江西省内人口迁移态势在空间上的表现做了分析，周一星（2000）、伍理（2001）探讨了北京及上海市人口的迁移状况。王桂新（1996）利用引力模型研究经济收入对人口迁移的影响与吸引作用。

尽管不同学者对中国流动人口具体数量有不同看法，但学者们一致认为中国人口流动的增长速度非常快，并且认为中国人口迁移规模将继续增大，迁移的主流方向为由农村流向城市，由中西部欠发达地区流向东部沿海发达地区。

二、人口迁移空间格局研究

国内学者对人口迁移空间格局的研究，按照空间尺度划分，可以分为区域层面的空间格局研究和城市层面的空间格局研究。

（一）区域层面的空间格局研究

朱传耿（2002）等利用 1996 年公安部提供的流动人口资料对中国三大城市流动人口圈的流动人口特征进行了分析。沈建法（1996）对中国各省区人口密度、人口增长率、高中以上教育水平人口所占比例等 15 个人口统计指标进行分析，通过变异系数的数值，揭示人口分布形态的空间分异特征。范力达（1995）通过中国各省区迁移流强度的计算，认为中国的迁移流大多从经济落后地区指向发达地区，并且邻近省份的短距离迁移流比重较大。丁金宏（2005）通过分析第五次全国人口普查迁移流数据，认为中国人口迁移进入了高活性、高能力的新阶段，东、中、西部人口迁移的不平衡性不断加剧，并形成了珠江三角洲（简称“珠三角”）、长江三角洲（简称“长三角”）、环渤海地区和西部边缘区四大辐合流场以及湖南、安徽、江西、河南等辐散流场。俞路（2006）认为在全国人口自然增长率相对平均的情况下，人口重心的轨迹可以反映出人口迁移的进程。通过对我国 1953—1995 年人口重心的计算，发现我国人口重心变化较为稳定，伴有小幅向西南方向移动的趋势。

（二）城市层面的空间格局研究

从城市内部空间来探讨流动人口空间分异规律的成果也较丰富。顾朝林（1999）等通过对北京、天津、南京、廊坊等城市流动人口的研究，发现流动人口的迁移动机以经济型为主导，职业倾向具有低附加值、非熟练工作岗位指向，链式迁移是迁移主导形式，地域上具有明显的移民集团和自然区间的社会劳动分工特色。王桂新（2008）对上海的研究表明，上海市流动人口在空间上呈现中心城区密度最高，向外密度下降的郊区化态势。李玲（2001）等对广州进行了类似分析。李若建（2004）利用1982年、1990年和2000年的人口普查数据从职业、人口数、家庭构成、文化程度等方面分析了广州流动人口的空间分布状况。鲁奇（2007）等以问卷为基础分析了北京市中心城区、近郊区和远郊区的流动人口在人口属性特征、职业、收入、住房、消费、未来期待等方面的空间差异。

三、人口迁移影响因素研究

（一）经济发展水平对人口迁移的影响

李树茁（1994）利用20世纪80年代的人口迁移数据进行计量经济分析，指出经济水平与经济结构的差异越大，纯迁移率也越大，距离与纯迁移率之间呈负相关关系。严善平（1998）利用模型说明了省际人口迁移量主要受迁移人口存量影响，经济发展水平或收入水平只是迁移的前提，而非决定因素。朱农（2001）利用Logit模型结合1990年和1995年中国省际人口迁移数据讨论了城市正规部门、非正规部门和农村非农业部门对中国农村劳动力迁移的作用。刘建波（2003）利用第五次全国人口普查资料研究我国省际人口迁移的主要吸引区域及其吸引范围，并认为人均6000元和8000元是人口迁出地和迁入地的两个收入门槛。王桂新（2005）运用空间无制约引力模型分析了区域经济收入与经济规模对省际人口迁入和迁出所产生的吸引和推排作用，结果表明经济规模对人口迁移的影响主要表现为迁出地对人口迁出的推排作用和迁入地对人口迁入的容量吸纳作用。龙奋杰、刘明（2006）运用对数线性需求函数模型对人口迁入的影响因素进行分析，认为城市人口的当前收入与收入增长预期是最大的人口迁入影响因素。

（二）距离及交通可达性对人口迁移的影响

尽管以往文献中没有明确指明距离及区域通达性对人口迁移的影响，但学者们从交通距离、干线布局等方面间接对通达性的影响作用展开了研究。李亚丽（2004）认为河南省交通线路和交通枢纽的布局对人口空间分布具有很大的影响。李国平（2004）以深圳为例，利用重力模型进行回归，认为人口迁移规模与深圳距各省市的交通距离成反比，其他学者也通过各种模型验证了距离因子对人口迁移的负面影响（童玉芬，1994；杨云彦，1999）。俞路、张善余（2006）运用空间统计学中有关方向和距离的研究方法，利用第五次全国人口普查数据对三大都市圈人口流动规律进行探讨，发现影响地区间人口迁移量的主要因素有经济差距、人口规模、地理距离和气候差别等。

（三）制度对人口迁移的影响

与国外学者研究内容和重点不同的是，国内学者在研究中国的人口流动时都十分注重分析制度因素（户籍制度、农村土地安排制度、社会保障制度、城乡分割的劳动力市场等）对人口流动的作用，这与我国特殊的政策制度和历史背景有关。王春光（2003）认为户籍制度的存在使得流动人口的城乡迁移行为在一定程度上是从一个边缘社会进入另一个边缘社会（城市边缘）的行为，他还认为取消户籍制度和劳动力歧视政策有利于加速人口流动。李玲（2000）以在广州所作的1516份问卷调查为基础，通过我国城镇就业人员结构的变化，分析了我国社会经济结构转型期劳动市场的变化，初步揭示了不同类型就业者的行为特征和差异。

（四）其他影响因素研究

李立宏（2000）总结了影响人口迁移的10类因素，分别是迁出地和迁入地间的距离、迁出地和迁入地的经济发展水平（包括融资状况、产业结构情况、失业率）、经济体制与国家宏观经济政策、迁出地和迁入地的总人口、人口迁移量、人地比、资源、气候、环境和社会科技文化发展水平，同时指出在上述众多影响因素中，距离、经济因素和人口变量起主要作用。梁明、李培、孙久文（2007）以托达罗模型为理论基础，利用现有的官方统计数据对影响中国城乡迁移的因素进行实证分析，认为经济增长对城乡迁移有比较明显的促进作用，同时人均耕地面积减少成为城乡迁移比较重要的推动力量，城镇新增就业岗位也对城乡迁移具有显著的正向影响，城镇失业率和中国的城乡收入差距对城乡迁移的作用不显著。冯林杰、陈建（2008）利用托达罗人口流动模型分析我国城乡人口流动因素，认为我国城乡人口流动不仅取决于城乡劳动力收入的差异，还受生活成本、心理成本、交通成本等因素的影响。与托达罗认为的城乡人口流动会引起城市失业率上升的观点不同，我国城乡人口流动即使对城市失业率有影响，其程度也很有限。

四、迁移人口的结构特征研究

张善余（1995）根据1990年第四次全国人口普查资料所作的描述性分析发现：男性比女性更容易发生省际迁移，接受过较好文化教育的未婚男性人口最容易发生省际迁移。段成荣（2000）利用Logistic回归模型对迁移人口的人口学结构进行了分析，认为年龄、性别、受教育程度和婚姻状况等个人因素对人口是否进行省际迁移有显著影响，证实了人口迁移的“人力资本”理论。周皓（2001）运用卡方检验从迁出地、家庭户角度研究了家庭户的各种特征对人口迁移的影响作用。刘金塘、王红丽、蔡虹（2004）根据第五次全国人口普查中的出生地资料，对中国各省人口的终身迁移水平、流向以及不同年龄人口的终身迁移状况进行分析，并对新中国成立以来我国对迁移有重大影响的迁移政策、政治运动以及历史事件做出回顾。许鹏、王晓波（2004）利用第五次全国人口普查数据得出五条人口迁移规律，即省外迁移人口比省内迁移人口要多，省际迁移以就近迁移为主，外来人口的迁移区域趋向扩大化，省际迁移以男性为主，每年的迁移人口数量受政策的影响。吴森富、谌新民（2004）在了解广东省流动人口的地区分布结构、劳动力来源结构、人口等现状的基础上，对影响流动人口结构特征的因素进行分析。赵渺希（2006）对上海市流动人口的社会空间进行了较为深入的研究，把上海流动人口的社会空间归结为长期定居上海群体聚居区、来沪务工群体聚居区、高社会经济地位群体聚居区、社会特殊群体聚居区四类。尹德挺（2007）利用2006年北京市流动人口家庭户调查数据，对来京流动人口的人口结构、来京意愿、来京时间、从事职业、空间分布等进行综合分析，结果发现流动人口空间流动和职业流动速度趋缓，居所和职业的稳定性在提高。

除上述主流的人口流动研究外，部分学者也从其他角度对人口迁移进行研究。如王桂新、秦广强、张娟娟（2006）对我国女性人口迁移现状包括年龄、民族、婚姻、受教育程度和迁移动因、在迁移地适应状况、对城镇化影响、自身生存及生活价值观念转变等方面的研究成果进行了综述。贾小玫、李峰（2007）借用管理学的和谐理论，从宏观、中观、微观三个层面分析，构建了流动人口和谐度的测量模型，以期为政府制定政策提供参考。赵慧英（2007）分析了拉美和非洲地区工业化过程中的人口与劳动力由农村向城市的迁移“过度城镇化”的现象，为我国目前农村剩余劳动力流动的顺利进行提供借鉴。

也有相关学者对人口迁移的研究做了分类总结，如表2-2。

表 2－2　国内相关研究进展

研究方向	研究内容	研究方法	主要研究者
迁移人口属性研究	年龄结构、文化程度、就业结构、迁入地和迁出地状况	实地调查与统计分析	顾朝林、杨云彦、张善余、范力达、沈建法
人口迁移空间格局	人口迁移的流向、源地、空间结构	描述法、空间分析方法	张善余、朱传耿、王桂新、屈琼斐
人口迁移的影响因素	区域经济差异、交通距离、资本投入、就业因素	引力模型、因子分析、回归分析	朱传耿、翟锦云、王桂新、樊杰、田明
人口迁移对社会经济的影响	对迁入、迁出地的正面及负面影响	基尼系数、模型回归	王德、王桂新、蔡昉
人口迁移的政策研究	户籍改革、完善劳动力市场、健全外来人口管理制度	地区个案研究	李玲、朱镜德、杨云彦

资料来源：朱杰：《人口迁移综述及研究进展》，载于《江苏城市规划》2008 年第 7 期。

第三节　相关研究进展的总体评价

一、对研究理论的评述

通过对西方人口迁移理论的回顾可以发现当代西方人口迁移理论假说的共性是：首先，都把工业化进程同迁移现象互相联系起来，并且认为两者之间存在着一定的有机联系；其次，都认为经济发展的不平衡以及分化的经济发展模式的空间分布造成了各种形式的人口迁移；最后，在现代生产方式集中的城市或其他地区人口也相应集中。然而，上述理论、模式或假说的区别和缺陷也比较明显，主要在于：或是表面现象的经验归纳，或是宏观趋势的勾勒，或是忽视甚至无视真正的自由迁移权的存在，或假设现代工业部门充分就业，或假设传统的农业部门充分就业，或假设相对经济地位变化参照系的普遍性。很显然，由于这些理论、模式或假说主要是解释完全市场经济条件下自发性迁移和经济发展的关系，所以它们均不完全适用于解释中国历史条件下的人口迁移问题，但其对我们研究人口迁移规律是有所启发的。

二、对研究方法的评述

国内外学者在已有研究中运用了大量经济学和统计学的方法，最为常见的即Logit 模型和线性回归模型。也有很多社会学者利用扎实的问卷调查得出了翔实可靠的结果。但是由于人口迁移同时具有数量属性和空间方向性的特点，所以利用经济学和统计学方法均不能有效地、全面地表达和分析人口的空间迁移。以GIS 为代表的地理信息技术具有空间现象表达和分析的功能，因而适用于人口迁移的分析研究，但由于该技术刚刚兴起，因此利用 GIS 工具进行人口迁移分析的研究比较少见。

三、对研究切入角度的评述

经济学家主要从二元经济的角度来考察人口迁移，地理学家则是从空间的角度研究人口迁移在区域之间的变动，社会学家从人口的社会属性、迁移人口的社会整合性等角度来进行研究，人口学家则是从人口学特征及其与社会经济之间的关系来进行讨论。从单个角度、运用单一的方法来研究人口迁移是完全不够的，只有跨学科、运用多种方法、从不同的时间与空间范围进行研究，才能真正地了解这种社会现象，进而进行归纳与总结，将其上升为一种具有普遍性的迁移理论，最终用这种理论来指导实践，制定切实可行的人口迁移政策。

第三章　人口空间集疏的理论解析与研究框架

目前学术界关于人口迁移的研究已经有丰硕的成果，但从人口迁移导致人口在地域空间上集聚和疏散的角度来研究的文章相对较少。因此，本章提出了人口集疏度的概念，在阐述其基本内涵和研究意义的基础上，较为系统地构建了人口集疏研究的基本框架，并在此框架下对人口空间集疏研究的基本理论、影响因素、作用机制和变化规律等进行了理论探讨。

第一节　人口空间集疏的概念和内涵

区域人口迁移已经有较为成熟的概念，在新时期，人口空间集疏在内涵上多于人口迁移的概念。人口集疏不但涉及人口迁移，而且涉及人口迁移后对区域格局的影响。

一、人口空间集疏的概念

人口空间集疏是指由于人口在地域之间的大规模迁移，促使人口地域分布格局发生变化，导致一些主要的人口迁入地由于大量外界人口迁入成为人口密度较高的人口集聚地，而一些主要的人口迁出地由于大量人口迁出成为人口密度较低的人口疏散地。

二、人口集聚度和疏散度的计算

由人口集疏过程的概念可知，衡量一个地区人口集聚度的计算公式为公式（3-1），衡量一个地区人口疏散度的计算公式为公式（3-2），衡量一个地区最终由于人口迁入和迁出所引起的地域人口集疏程度变化的计算公式为公式（3-3）：

人口集聚度 = 迁入人口/人口迁入地面积 (3 - 1)

人口疏散度 = 迁出人口/人口迁出地面积 (3 - 2)

人口集疏度 = (迁入人口 - 迁出人口)/区域面积 (3 - 3)

第二节 人口空间集疏的分析框架

改革开放以后，我国人口在地域空间上发生了大规模的集聚和疏散，重新塑造了我国的地域空间格局，出现了新的发展现象，表现出新的发展规律，也带来了新的研究问题。其研究内容主要包括人口迁移类型的划分、人口集疏的影响因素、作用机制、变化规律等。从研究体系看，主要包括基本理论研究、量化方法研究及实证研究。

一、基本理论研究

基本理论研究主要包括：①人口集疏过程的产生机制，即什么因素导致人口在地域之间发生迁移，人口在不同地区集聚和疏散的原因是什么。②人口集疏过程的影响因素，即人口集疏度的大小受哪些因素影响，其中哪些是主导因素，哪些是次要因素。③人口集疏的变化规律，即在不同的发展阶段，人口集疏的规模以及人口集疏的类型对应有哪些变化。

二、量化方法研究

量化方法研究即根据人口集疏度的概念和内涵，计算各地区人口集疏度的值来反映各地区人口集疏情况。人口疏散区对人口的推力和人口集聚区对人口的拉力的综合指标模型是量化的重点，在此基础上分析人口集疏度与推力和拉力的耦合关系以及同一要素在不同地区的作用方向和强度的变化。同时通过对已有模型的改进反映同样拉力情况下，影响人口选择迁入地的其他因素及其影响强度。

三、实证研究

为了将人口空间集疏过程的基本理论与量化方法落实到具体的地域空间上，首先应选择典型的人口集聚地和人口疏散地进行重点研究，通过人口集疏过程空间格局的描画、人口集疏度影响因素的研究，以及人口集疏度影响因素指标模型的构建，着重分析不同地域和不同人口类型对于人口迁移决策的影响，通过探讨影响要素的组成和变化，来分析不同类型地域未来人口集疏的趋势以及迁移人口变化对人口集疏的影响。通过对人口集疏过程的分析以及人口集疏的空间效应研究，可以为区域制定宏观调控政策提供决策依据，具有重要的实践价值；还可以在此基础上研究人口集疏的基本理论和量化方法，推动人口集疏的研究框架和理论体系不断成熟和完善。

第三节　人口空间集疏的理论基础

人类是依附于自然而存在的生命系统，因此人类社会的发展必然与自然系统运行规律相关。同时，人类社会自身运行又受到经济规律的支配，因此经济规律对人口集疏也产生了影响。

一、物理学熵定律

早在1943年，著名科学家薛定谔（E. Schro-dinger）就在其著作《生命是什么》中，以熵变的观点分析了生命有机体的生长与死亡，虽然单单汲取负熵并不构成生命，但是生命离不开汲取负熵。因为生命体就是典型的耗散结构，它是一个时刻从系统外吸收负熵，同时向系统外排放熵的新陈代谢过程。正是由于外界的能量输入，生命体在非平衡态保持了其空间和功能上的有序性。人类社会与生命体一样也是一个典型的耗散结构。首先，人类社会存在于地球生态系统之中，是一个与地球生态系统有能量和物质交换的开放系统。其次，人类社会的存在和功能的维持依赖于地球生态系统"负熵流"的输入。这种"负熵流"的输入体现在两个方面，一方面是人类社会从生态系统获得各种矿物质（包括化石能源）和各种自然能量（如太阳能、风能、水能、核能、潮汐能等），并通过生产活动将其加工成各种产品；另一方面表现在人类社会通过对这些产品的生产和消费得以维持和发展，并同时把运转过程中产生的废弃物和废热（正熵流）排入生态系统，在导致系统总体和生态系统熵增的情况下，实现人类社会的熵减。诺贝尔化学奖获得者弗雷德里克·索迪（F. Soddy）曾经说："（热力学定律）最终控制着政治制度的兴盛与衰亡，国家的自由与奴役，商务与实业的命脉，贫困与富裕的起源，以及人类总的物质福利①。"原因在于人类社会与生命体相同，

---

①（美）J. 里夫金、T. 霍华德：《熵：一种新的世界观》，上海译文出版社1987年版，第5页。

生命体是通过自身的新陈代谢向外界输出熵，并以食物的方式汲取来自外部的负熵。而人类社会是以生产和消费的方式从外界吸收负熵，从而维持社会的稳定。

地区之间由于发展阶段不同，发展水平各有差异，因此向外界吸取负熵能量来维持社会正常运转的能力也不相同，另外，人口密度和规模不同，通过新陈代谢向外界输出的正熵也不相同。由于不同地区之间正负熵的排放和利用能力各不相同，因此人口会以迁移的方式来平衡地区之间正熵的排放和负熵的吸收，人口迁移可以看作人类系统内部为了缓解局部地区压力而采取的减压手段之一。

二、产业地域分工及比较优势理论

地域空间分异规律是地理学存在的基础，也是导致人口发生空间集疏的根本原因。由于不同地域的自然环境要素构成和组合方式存在差异，地区经济发展水平和经济结构不同，文化习惯、社会制度以及历史发展轨迹均有差异，因此不同地区具有各自相应的特色。大卫·李嘉图（David Ricardo）在其代表作《政治经济学及赋税原理》中提出了比较成本贸易理论（Theory of Comparative Advantage），即在两国间，劳动生产率的差距并不是在任何商品上都相等。处于绝对优势的国家，应集中力量生产优势较大的商品，处于绝对劣势的国家，应集中力量生产劣势较小的商品，然后通过国际贸易互相交换，从而使彼此都得到益处。比较优势理论的核心内容是“两利取重，两害取轻”。地域分工理论正是建立在比较优势理论的基础上，只不过大卫·李嘉图的比较优势论中的地域主体是国家，而地域分工理论中的地域主体可以是任意空间尺度的地域。地区具有不同的自然资源条件和发展优势，因此合理的劳动地域分工有利于地区间相互支援和合作，充分发挥各自的比较优势，从而提高劳动生产率。地域分工是社会部门分工在空间上的表现形势。另外，新兴的产业集群理论也指出在某些地域集中存在着特定产业的众多具有分工合作关系的不同规模等级的企业，以及与其发展有关的各种机构、组织等行为主体，通过纵横交错的网络关系形成一种新的空间经济组织形式。

传统的地域分工和新兴的产业集群都使具有不同发展条件的地区形成了各具特色的地域主体功能，这种地域主体功能之间的差距导致其对人口的吸引力有所不同。同时，由于不同人群的生存环境、收入水平、个人成长背景、家庭状况等因素各有差别，因此不同类型的人口对于特定地域类型特点具有特定的偏好。例如，意图增加收入的迁移人口会对经济发展快、有新资源新项目开发的地区产生强烈的兴趣，而其迁出地必然是经济发展缓慢或是资源枯竭型地区；意在改变生活环境来养老或度假类型的人口，对于具备舒适宜人的自然环境的地区有着更多的向往，其迁出地必然是自然环境相对较差、不适宜疗养养生的地区。

然而，有迁移意向的人口未必都能迁移，因为迁入地对于进入的人口也具有选择性。比如经济发达地区的发展需要劳动力，其对迁入人口的年龄、性别、素质都有特殊的要求；自然条件风光较好的地区通常生活成本较高。因此只有同时具备了迁移意愿，又能负担起迁移所需花费，同时有能力支付在迁入地生活成本的人才有可能实现迁移。只有当人口的迁移意愿、迁移能力和地域功能之间的差异这三个条件互相契合并成为主流时，才会发生大规模的人口空间迁移现象。由于大规模有主流方向的人口迁移使人口流入地的人口密度迅速增加，而人口流出地的人口密度迅速减少，导致人口集聚地和疏散地的自然、经济、社会状况都相应地发生了改变，在一定程度上又改变了地域功能属性，因此人口空间集疏过程正是人地系统相互作用、相互影响的体现（图3-1）。

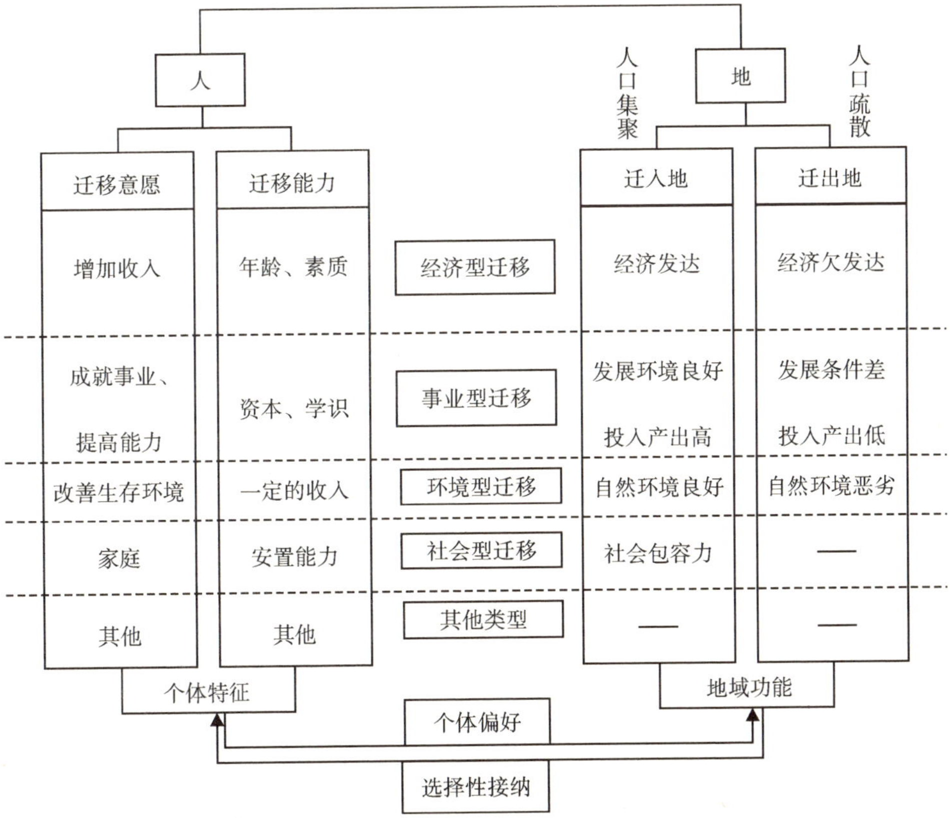

图3-1　人口集疏类型与地域功能

三、产业结构升级理论

人类社会具有经济属性，因此经济水平和结构的变化必然影响人口空间集疏。在人类发展历史中，第一产业是最早出现的产业，但是当人们的生活水平达到一定程度后，对于农产品的需求难以随着收入的增加而同步增加，它的收入弹性出现下降。而人口对第二产业和第三产业所提供的工业产品及服务的需求随着收入增加而显著增加，因此第二产业、第三产业的收入弹性显著高于第一产业（图 3 -2）。另外，由于农业生产周期长，农业生产技术的进步要比工业困难得多，因此，对农业的投资会出现一个限度，即出现“报酬递减”的情况。而工业的技术进步要比农业迅速得多，工业投资多处于“报酬递增”的情况，随着工业投资的增加，产量的加大，单位成本下降的潜力很大，必将进一步推动工业发展。因此，非农产业带来的利润和产品需求会吸引人口从农业向非农业转移。

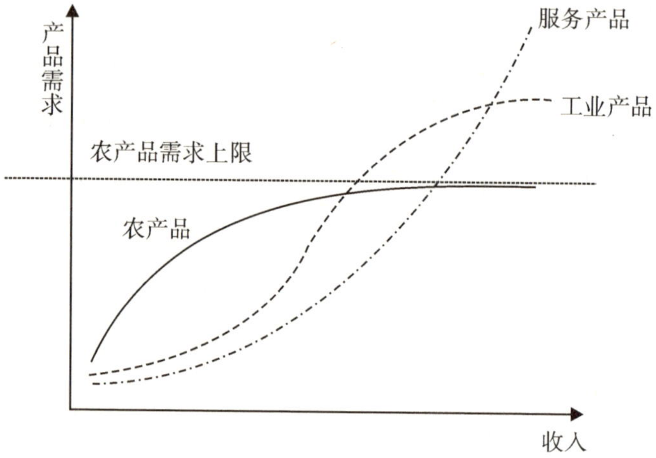

图 3 -2　随着收入增加人口的需求变化

根据配第 - 克拉克定理，随着人均国民收入水平的提高，劳动力首先从第一产业向第二产业转移，当人均国民收入水平进一步提高时，劳动力便向第三产业转移。配第 - 克拉克定理揭示了经济发展过程中劳动力在三次产业中分布结构的演变规律，指出劳动力分布结构变化的动因是产业之间相对收入的差异（表 3 - 1）。与配第 - 克拉克定理相类似，库兹涅茨（Kuznets）也通过统计分析的方法证实了随着工业化发展和人均收入水平的提高，劳动力在产业间进行转移的过程（表 3 -2）。

表 3－1　配第－克拉克定理

阶　段	第一产业（%）	第二产业（%）	第三产业（%）	人均 GDP（美元）
工业化准备期	80.5	9.6	9.9	673
工业化初期	63.3	17.0	19.7	1406
工业化中期	46.1	26.8	27.1	2882
工业化成熟期	31.4	36.0	32.6	4802
工业化后期	17.0	45.6	37.4	9604

注：人均 GDP 按 2005 年美元价格计算。

表 3－2　库兹涅茨的统计分析

<table>
<tr><th>经济发展阶段</th><th>人均收入水平
（1985 年，美元/人）</th><th>三次产业
结构（%）</th><th>城市占总人口
比重（%）</th><th>劳动力在三次产业
中的比重（%）</th></tr>
<tr><td rowspan="2">工业化前的准备阶段</td><td>100 以下</td><td>49.8：22.8：27.4</td><td>22.9</td><td>80.5：9.6：9.9</td></tr>
<tr><td>100～199</td><td>32.7：28.6：38.7</td><td>32.0</td><td>63.3：17.0：19.7</td></tr>
<tr><td rowspan="3">工业化的实现和经济高速增长阶段</td><td>200～349</td><td>33.7：29.0：37.3</td><td>36.0</td><td>46.1：26.8：27.1</td></tr>
<tr><td>350～574</td><td>15.1：39.4：45.5</td><td>49.9</td><td>31.4：36.0：32.6</td></tr>
<tr><td>575～999</td><td>14.0：50.9：35.0</td><td>65.8</td><td></td></tr>
<tr><td>工业化后的稳定增长阶段</td><td>1000 以上</td><td>—</td><td>68.2</td><td>17.0：45.0：37.4</td></tr>
</table>

资料来源：根据《现代经济增长》［（苏）库兹涅茨著，商务印书馆 1989 年版］整理。

随着生产力的发展和人们生活水平的提高，劳动力必然在产业之间转移。但不同地区发展阶段以及各自资源特色不同，使地区产业内部构成也有差异，并且产业的地域空间分布也不均衡。另外，地域内部就业结构和产业结构也未必能匹配，因此产业的空间分布及其与就业结构的不匹配导致了就业人口转移，映射到地域空间上即表现为区域内部劳动力的转移和区域之间劳动力的转移，从而表现为人口的集疏过程。因此，这一类型的人口迁移同时受到区域内部和区域之间产业结构演变和分布差异的影响，从而表现为经济型的人口迁移过程。产业的构成、分布、演变速度，以及产业结构与就业结构的匹配程度决定了人口在产业部门之间转换的方向、速度和规模。在空间上则表现为人口从区域 i 迁移到产业层次水平更高的区域 j，同时区域 i、j 内部表现为人口从第一产业迁往第二产业和第三产业的过程（图 3－3）。

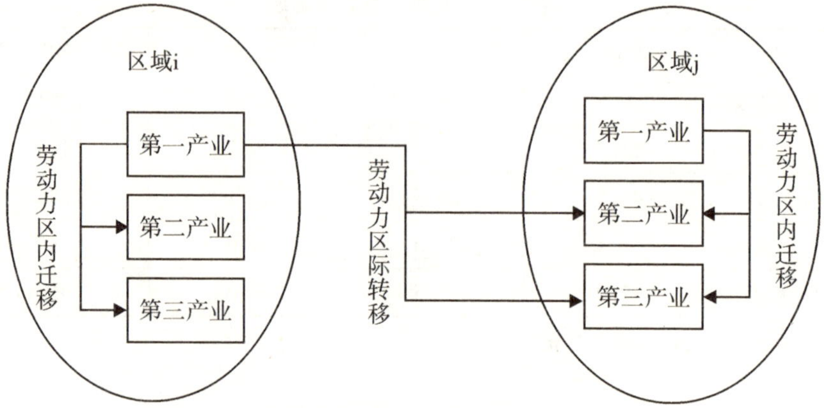

图 3-3　产业结构地域分布引起的人口迁移

四、增长极理论与集聚不经济

法国经济学家弗郎索瓦·佩鲁（Francois Perroux）于 1955 年在《增长极概念的解释》一文中正式提出了“增长极”的概念。他指出：经济增长并非同时出现在所有地方，而是首先集中在某些具有创新能力的企业或主导部门，形成发展的核心，这种核心是一种具有创新优势的“产业极”或“活动极”，在经济空间中发挥着类似“磁极”的作用，吸引周围的经济要素向中心积聚，同时产生外部经济能力，具有带动许多企业、行业发展的乘数作用。另外，由于供给函数和市场需求的不可分性，这些具有创新能力的行业和主导部门通常都聚集在大城市。

瑞典经济学家冈纳·缪尔达尔（Gunnar Myrdal）在 1957 年提出循环积累理论。他认为在动态的社会过程中，社会经济因素之间的变化是互相关联的，某一社会经济因素发生变化会相应地引起另一社会经济因素的变化，而后一个因素的变化反过来又加强了前一个因素的初始变化，并导致社会经济过程始终沿着最初那个因素变化的方向发展，从而形成累积性的循环发展趋势。他认为市场力量的作用一般趋向于强化而不是弱化区域间的不平衡，即如果某一地区由于初始的优势而比别的地区发展得快一些，那么它凭借已有优势，在以后的日子里会发展得更快一些。这一原理的作用就导致“地理上的二元经济”结构的形成。

阿尔伯特·赫希曼（Albert Otto Hirschman）认为在经济循环累积过程中同时存在着极化效应和涓滴效应。前者指落后地区的资金、劳动力向发达地区流动，导致落后地区要素不足，发展更慢；后者指发达地区的资金和劳动力向落后地区流动，促进落后地区的发展。他认为增长的累积性并不会无限地循环下去，表现为发达地区发展到一定程度后，由于人口稠密、地价上涨、交通拥挤、污染严重、资本过剩、自然资源相对不足等原因，使其生产成本上升，外部经济效益逐渐变小，从而减弱了经济增长的势头。这时，发达地区生产规模的进一步扩大将变得不经济，资本、劳动力、技术就自然而然地向落后地区扩散。从长期看，地理上的涓滴效应（即扩散效应）将足以缩小区域之间的差距，有助于落后地区的发展。

人口空间集疏过程实际上对应了区域发展集聚经济和集聚不经济的各个阶段。由增长极理论和循环累积理论可知，在区域发展的初期，人口作为生产要素之一通常受到增长极高速发展和集聚规模效应的双重吸引，因此，这一时段的人口多是从其他地区向增长极迁移，由此产生人口在地域空间的集疏过程，使增长极的人口更密集，而其他地区人口更稀疏。这类增长极在地域空间上通常表现为具有集聚规模效应的城市地区或新的经济增长点区域，人口集疏过程也可以看成是城镇化、新资源开发型地域扩大、新经济增长点成长壮大的表现。但是城市地区的规模不可能没有限度地增大，当原本吸引人口流入的集聚地由于规模过大而产生集聚不经济，同时其他地区受到涓滴效应影响有一定程度发展时，原本向该地区流动的人口规模将减少。人口集聚的主要方向是其他地区内具有聚集规模效应和吸引力增长点的地域，人口的疏散地区仍是缺乏竞争力和吸引力的地区。

五、个人效益最大化理论

经济学中常将理性人作为研究的主体，因此进行迁移活动的每个主体都遵从各人效益最大化的原则。对于迁移的微观主体，每一次迁移的决策都是在充分衡量了利弊之后做出的选择。然而不同类型的人群迁移的动机并不相同，比如为了增加收入的经济型迁移、为了改善生活环境的环境型迁移、为了家庭原因的社会型迁移，等等，因此各种迁移类型内部的效益构成也不同，其迁移的内部驱动机制也不相同。

由于目前我国处于经济快速发展阶段，人口迁移以经济型迁移为主，因此本书只对这一类型人口迁移的个人效益构成做分析。经济型迁移微观主体的决策过程可以用成本与收益曲线来表达。我国现阶段人口迁移的主要群体是农民工，主要目的是增加收入，因此对于这一类的迁移主体，迁移时主要的机会成本为从事农业的效益产出，主要收益为迁移后从事非农产业的经济收入。然而，从事农业的收入与从事非农业的收入随着生产部门劳动率的进步和发展而不断变化，因此人口迁移规模也随之变动。

（一）迁移主体的成本分析

起初由于农村存在着大量的剩余劳动力，因此边际产出极低，农业劳动力的边际产出曲线基本平滑，农村人口迁移成本基本不变。如图 3－4 所示，在人口迁移的初始阶段，由于外迁人口数量较少，因此需要付出的搜寻成本和承担的风险较高，人口迁移成本较高，即阶段Ⅰ。随着农业劳动力不断外迁，带来的信息更加丰富准确，外迁的成本和风险降低，由于此时农村仍有剩余劳动力，因此单位人口从事农业的收益不变，这一阶段的迁移人口成本最低，即阶段Ⅱ。而后随着农业劳动力的大量外迁，在农业生产要素配置结构不变的前提下，劳动力的逐步减少将使边际劳动力的产出逐步增加，因此外出务工的机会成本也逐步增大，迁移成本曲线上扬，即阶段Ⅲ。在这一阶段如果农业生产要素配置结构发生变化，即农业技术进步导致生产效率提高，或者机械化耕作减少了对农业劳动力的需求，将使农村不断产生新的剩余劳动力，劳动力的边际收入下降，外迁务工的机会成本减少，继续外迁的可能性增大，此时表现为 C 曲线。此处没有考虑农产品价格上升给农民收益带来的影响，原因在于农产品是工业生产的原料，农产品价格上涨势必导致工业产品价格同向变动，因此在城市从事非农业劳动所获得的收入也将同步增长。所以为简化分析过程，近似地认为对于外出务工的农民来讲，技术进步导致的农产品价格上升不会对他的净收益造成影响。但是，当国家人为地通过各种政府手段补贴农业生产或者农民生活时，此时的人口迁移成本曲线将上升至 B 曲线。由人口迁移的成本曲线可知，剩余劳动力最多、人口迁移机会成本最低的地区大多是生态环境较恶劣，人类生存成本较高的山区或者人口密度过大、生计空间较小的农业功能区。因此，以农业和生态功能为主的地区是主要的人口疏散区。

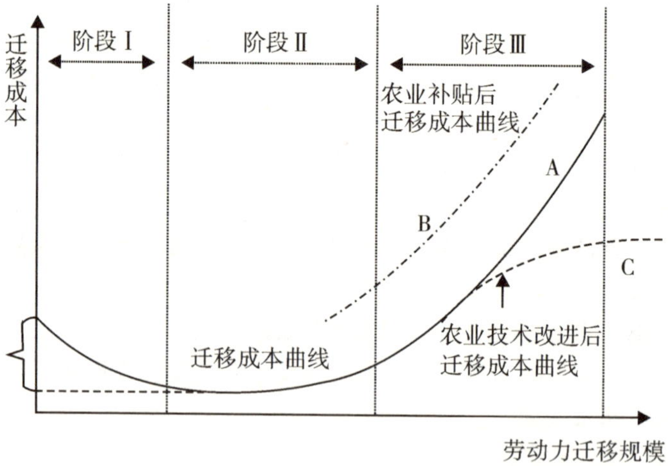

图 3－4　迁移主体成本曲线分析

（二）迁移主体的收益分析

迁移人口的收益主要为在城市从事非农产业的收入。如图3－5所示，在工业化开始以后，城市地区的非农部门迅速扩张，对劳动力需求极大，此时人口迁移的收益是上涨的。劳动力作为生产要素注入，使得地区经济加速发展，地区经济的加速发展又进一步刺激了劳动力需求，因此这一阶段人口迁移的收益是不断上升的，如曲线A阶段Ⅰ所示。在这一快速发展时期，人口的主要迁入地时常会伴随着一系列改革，这些改革既有生产技术的改进，又有生产规模的扩展，因此当这类改革发生时，迁移的收益曲线将上扬如曲线C所示，这一变革将容纳更多的人口，同时提高迁移收益。然而随着迁入地区资金的不断积累和新技术、新工艺的改革，城市非农产业部门的内部配置结构也在不断变更。以制造业为例，其附加值的提高将更依赖以技术为代表的新生产要素的拉动，而不是单纯劳动力的投入和生产规模的扩大，此时普通劳动力的边际劳动产出将下降。技术进步得越快，普通劳动力的边际产出越低，地区对普通劳动力的需求量越少，因此迁移收益曲线呈下降趋势，这是人口迁移收益曲线的阶段Ⅱ。这一阶段，如果再次发生技术变革，则务工型迁移人口的收益曲线将大幅下降，且边际收益下降速度加快，如曲线B所示。由于人口从事第二产业、第三产业的收入一般较高，而且第二产业、第三产业集聚的地区一般都位于生态环境较好、地形平坦、气候宜人、建设成本较低的区域，因此这类区域更容易成为人口集聚地。

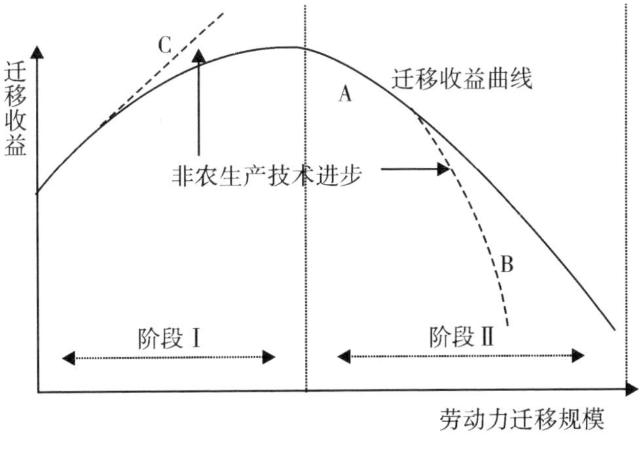

图3－5 迁移主体收益曲线分析

（三）迁移主体的净收益分析

将人口成本和收益曲线综合起来如图 3-6 所示，人口外出务工迁移分为两个阶段。阶段Ⅰ外出务工的利润空间不断增加，此时迁移的收益曲线上涨而成本曲线下降或基本不变。阶段Ⅱ不但迁移的收益曲线下降而且成本曲线上升，外出务工的利润空间不断缩减，但由于此时的利润仍大于零，因此仍然不断地有人口迁移。最终收益曲线与成本曲线相交于点 A，即为外出务工人口的平衡态。然而，由于农村和城市发展过程中都不断地面临着生产技术改革、国家补贴等多种因素的影响，因此，最终收益曲线与成本曲线相交的平衡点将有多种可能。比如国家对农业给予补贴，将人为拉升成本曲线，使其与收益曲线相交于点 D，与原始平衡点 A 相比，D 处的劳动力迁移规模将减小。当农业技术改革时，成本曲线趋缓，此时收益与成本曲线的交点 C 将落在 A 点的右侧，迁移劳动力规模将增大。由经济型人口集疏的成本和收益分析可知，人口疏散区一般为收入较低、迁移机会成本较小、以生态和农业功能为主的地区，人口集聚区一般为收入较高、发展机会较多、以第二产业和第三产业为主的城镇地区。

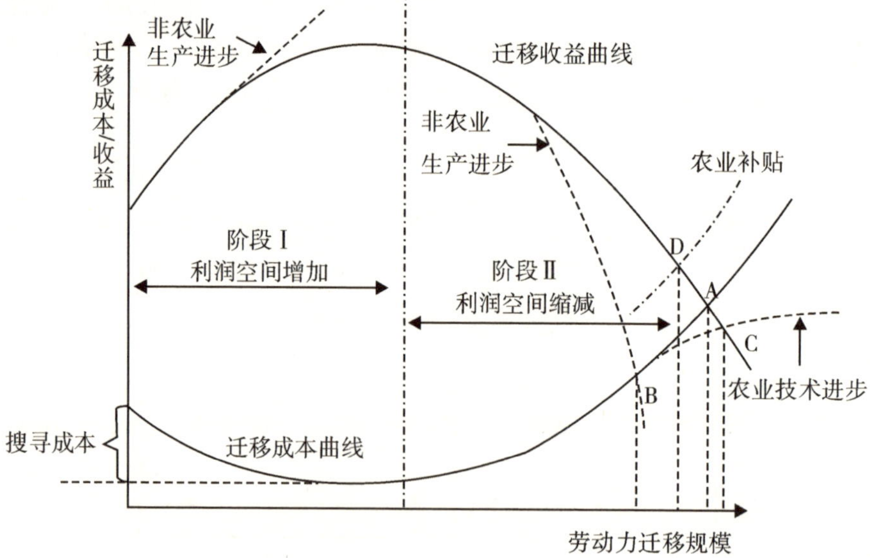

图 3-6　迁移主体净效益曲线分析

第四节　人口空间集疏的变化规律与机制分析

一、迁移主体类型的变化规律

人类在地域空间的一切活动都围绕着生存和发展两大主题。人口在地域之间的迁移也是生存和发展的直接体现。伴随着生产力发展和人类社会的不断进步，人口空间集疏的主导因素也会变化。根据心理学家马斯洛的需求层次理论，人类的需求分生理需求、安全需求、社交需求、尊重需求和自我实现需求五类，由较低层次到较高层次逐级递升。当较低层次的需求相对满足时，人类就会向高一层次发展，追求更高一层次的需求就成为驱使行为的动力。按马斯洛的理论分析，人口在空间迁移的行为也可以分为以下几类（图3－7）：

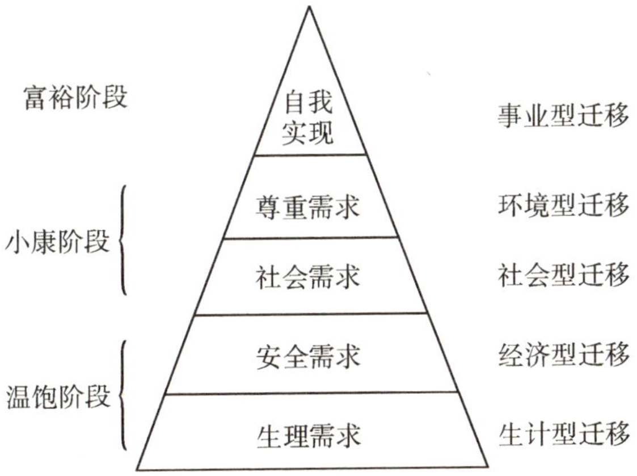

图3－7　人类需求五层次理论对应人口迁移类型

（1）生计型迁移，即人类为了生存而急需改变目前生存环境所产生的迁移。这一类型的人口迁移通常是被迫进行的，比如原住地人口过多，食物来源少，难以糊口，或由于各种自然灾害如洪水泛滥、灾荒，以及社会动荡原因如战争、种族歧视等使得原居住地已经不宜于人类生活，而产生了人口迁移。

（2）经济型迁移，即人口为了改变当前的收入状况，从经济条件较差、收入较低的地区向经济发达、收入较高的地区迁移。具有这类迁移意愿的一般是在经济快速发展时期自身收入水平较低的人群。

（3）事业型迁移。这类人口迁移形式往往对应着人口需求理论中自我实现和社会认同的较高层次，表现为人口为了追求更高的目标，获得事业满足感和自我成就感而产生的迁移，是人口经济迁移的高级形式。在国内表现为工作调动、录用分配、投资生产等。显然，事业型迁移也或多或少带有经济因素。

（4）环境型迁移，即人口为了改变恶劣的自然生存条件、追求舒适的生活环境而发生的空间迁移，比如养老型和度假型人口迁移。

（5）社会型迁移，即指由于社会原因而发生的地域空间迁移，如婚姻嫁娶导致的人口异地迁移，子女随父母或者老人随子女发生的伴随式迁移、投亲靠友发生的迁移，等等。

（6）其他类型迁移。由于人口迁移是一种个人行为，所以还有一些与个人实际情况相对应的其他迁移类型。但这些迁移数量较少、空间上具有随机性，因此不纳入本书的讨论范围。

人类迁移类型的改变受到生产力发展水平和技术条件的限制。在人类社会初期，由于生产力不发达，人们适应自然、抵抗风险的能力较差，因此人口在地域空间上的迁移常常受到自然环境的影响。自然条件的变化显著影响人口的集疏规模和格局，比如游牧人群逐水草而居，河流沿岸人口随着河水的涨退而不停移居，都是自然条件变化影响人口生存空间，导致人口空间集疏的典型事例。工业革命以后生产力大发展，人类改造自然、适应环境的能力增强，人类的基本生存已经得到保证，此时人口的需求层次向上移动，迁移类型由原来的生计型迁移转化到经济型迁移，人口集疏的动力在于获得更多的收入改善自己的生活，因此人口集聚地为收入水平高、经济快速发展的地区。当生产力进一步发展，人口的经济收入较高，生活条件较好时，生活质量和生活环境以及自我价值体现成为人们活动的基本动力，这时自然条件宜人、具有发展潜力的区域成为人口迁入的集聚地，而自然生态条件恶劣和没有发展潜力的地区成为人口迁出的疏散地。社会型迁移一直是人口迁移的一部分，并且随着生产力的发展，人类对于社会氛围、家庭生活的要求将更高，因此社会型迁移的重要性将越来越突显。

二、人口集疏规模变化规律

人口的集疏规模通常与人口本身数量以及影响因素的构成和变化强度相关。人口本身的数量变化规律在英国人口学家布莱克（C. P. Blacker）于 1947 年发表的《人口增长的阶段》中得以阐述（图 3 - 8）：

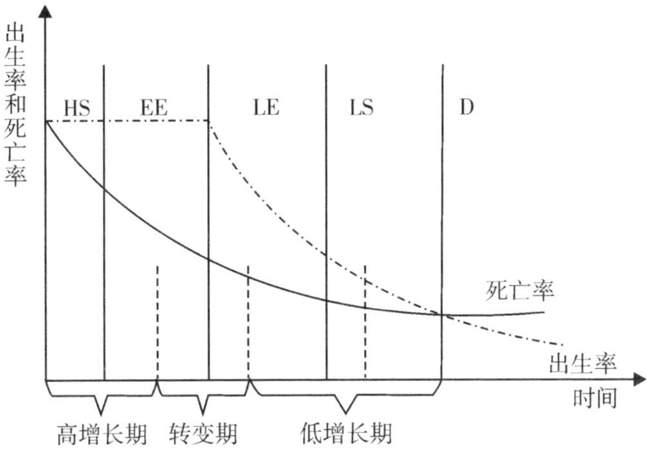

图 3－8 人口增长阶段

HS 是高位静止（High Stationary）阶段，指工业化以前的时期，生产力水平低，经济发展缓慢，人口数量受到生活资料数量的限制。人口出生率很高，同时因技术条件落后死亡率也较高。因此人口处于高位静止状态，人口总数较少。

EE 是早期扩展（Early Expanding）阶段，指工业化初期，出生率基本维持不变，死亡率开始下降并且下降速度逐渐加快，两者的差距逐渐加大，人口自然增长率逐渐上升，人口规模不断扩展。

LE 是后期扩展（Late Expanding）阶段，指工业化进一步发展时期，死亡率继续下降，但出生率下降速度快于死亡率的下降速度，人口增速减缓，规模继续增大。

LS 是后期静止（Late Stationary）阶段，指完全工业化阶段，即完成向“城市工业”转变和实现现代化的阶段，出生率和死亡率都降到很低水平，死亡率保持稳定的低水平，出生率略有波动而趋于稳定，人口自然增长率很低，基本降到零或甚至小于零。

D 是减退（Diminishing）阶段，出生率和死亡率都很低，而且出生率低于死亡率，人口处于绝对减少的状态。

人口迁移的规模受人口总量的影响。同等条件下，人口总量越大时，人口的迁移数量也就越大，对应同等地域面积上产生的集疏度越大。人口迁移规模也受地域差异的影响。在人类发展的历史长河中，工业化所导致的城镇化进程是人口迁移的最大动力，因此处于工业化进程中的人口集疏度也较大。考察人口总量与人口集疏规模影响因素，发现两者在发展阶段上也是耦合的。人口规模最大的时期恰好对应着工业革命发生后第二产业、第三产业比重增大，第一产业比重缩小，城镇化加速的时期。因此，在工业化的前期和中期应该是迁移人口规模最大的时期。

第五节　经济型人口空间集疏的影响因素分析

人口空间集疏过程从微观视角看实际是人口做出迁移决策并付诸实施的过程，由于经济型人口迁移规模最大，对地域影响最深刻，因此此处仅对经济型人口迁移决策过程进行分析，影响其决策的各要素及相互关系可用图 3－9 来表示。

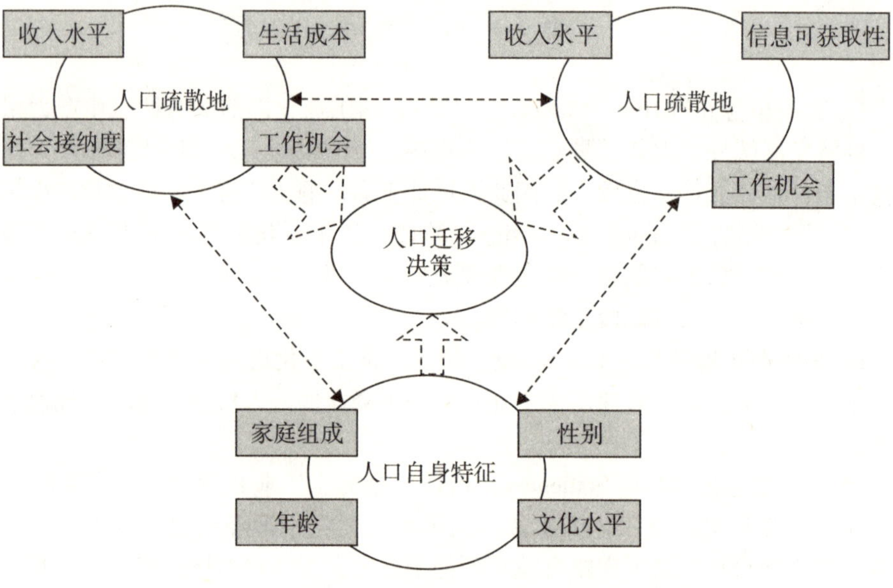

图 3－9　影响人口迁移决策的各要素及相互关系

经济型人口在做出迁移决策的过程中必然综合考虑自身条件、迁入地状况和迁出地状况。这一类型人口迁移的目的是增加收入。

因此，从迁入地角度看，迁入地应具备以下特点：①迁入地的收入水平高于迁出地；②迁入地的生活成本不能过高，起码在迁入地的收入水平可以抵消掉在迁入地的生活成本，净收益要高于迁出地；③在迁入地要有工作机会，有适宜的工作岗位来接收迁入人口；④迁入地的社会氛围、文化环境和政策能够接纳并有利于外来人口迁入。

从迁出地的角度看，迁出地应具备以下特点：①迁出地的收入水平普遍不高，或相对不高；②迁出地对外部信息掌握比较准确，能有效降低人口外出时的搜寻成本和进入成本；③迁出地缺乏工作机会，生活条件较差。

从迁移人口自身的条件来看，迁移人口应具备以下特点：①年龄处于适龄劳动阶段；②文化水平相对较高，能够适应外出务工的工作；③家庭构成简单，外出没有更多牵绊；④不同性别人口能在不同的迁入地找到适宜的工作。

综合人口迁入地和迁出地及人口自身的特点，影响经济型人口迁移决策的主要因素包括以下几个方面。

一、收入水平差距

从经济学观点对人口迁移做微观层次的研究，首先发现的就是收入水平对人口迁移的影响。早在17世纪，英国古典经济学家威廉·配第（William Petty）就发现，收入的差距促使劳动力在不同产业之间流动，从而集中于收入高的部门。学者们通过一系列的实证研究证明了工资差异在劳动力迁移中所占的统治地位（J. B. Lansing & E. Mueller，1967）。我国学者在一系列的调查研究中也相继证实了收入水平差距是诱发人口和劳动力流动的主要因素（蔡昉，1996；林毅夫，2004）。

二、迁移成本及生活成本

经济型人口迁移的主要目的是提高净收益，因此，收入水平并不能完全代表人口迁移的动力，人口迁移要全面衡量收入与支出状况，迁移成本和在迁入地的生活成本也会影响人口迁移。即人口在迁入地的生活成本和为了迁移付出的交通成本、社会心理成本能够被迁入地的高收入抵消。

三、产业结构差异

产业结构差异是促使人口迁移的根本驱动力。经济学家刘易斯（1954）认为，在发展中国家，农村传统农业部门和城市现代工业部门之间劳动生产率的差异是人口由农村流向城市的主要动力。配第-克拉克（1691）的研究也显示人口具有由第一产业向第二产业、第三产业转移的趋势。因此，各类型产业在不同地域间分布也促使人口在地域间流通。

四、集聚因素及路径依赖

由增长极理论可知，某些条件适宜的地区会形成经济增长点，这一经济增长点对外部地区人口具有较强的吸引力，会引发人口等生产要素向其集聚，导致人口的空间迁移。马歇尔（Alfred Marshall）提出了外部经济原理，指出集聚经济根植于生产过程，某一地理区域中公司、机构和基础设施间的联系引起规模经济和范围经济。以保罗·克鲁格曼（Paul Krugman）为代表的新经济地理学中也阐述了集聚对于经济发展的推动作用。由于集聚产生的正效应必然吸引更多的人口流入。同时，人口的迁移与经济发展类似，也存在路径依赖效应，已迁入的人口对尚未迁入的人口产生了巨大的示范效应和广告作用。

五、人口迁移动力与迁移能力

人口作出迁移决策之前必然根据自身的条件来充分比较迁移前和迁移后的发展情况。人口的年龄、性别、文化程度、收入水平、家庭情况等都会影响人口最终的迁移决策。另外，有迁移能力的人口未必具有迁移意愿，而有迁移动力和意愿的人口未必具有足够的迁移能力，因此，只有当人口的迁移动力与迁移能力完全吻合时，才能形成空间迁移。

第四章　中国人口空间集疏格局及变化特征

人口集疏探讨的是地域之间的人口流动。而人口的空间分布格局既是人口迁移形成的结果，同时又是促使人口发生区域间流动的初始原因之一。人口现状分布的格局特点必然有其合理性，因此对现状人口分布格局和影响因素的探讨对于研究人口集疏格局和影响因素的探讨具有重要意义。

第一节　中国人口空间分布格局及影响因素研究

一、人口空间分布格局

美国统计学家洛仑兹（Lorenz）将一国人口按收入由低到高排列，把这样得到的人口累计百分比和收入累计百分比的对应关系描绘在图形上，即得到洛仑兹曲线。在洛仑兹曲线的基础上计算收入分配的差异度，这一数值被称为基尼系数。收入分配越是趋向平等，洛仑兹曲线的弧度越小，基尼系数也越小；反之，收入分配越趋向不平等，洛仑兹曲线的弧度越大，基尼系数也越大。基尼系数被西方经济学家普遍认为是一种反映收入分配平等程度的参照。此处借用基尼系数的数学原理进行人口密度的分布测算。

利用洛仑兹曲线的数学原理，以县域人口数的累计百分比为横轴，以人口密度的累计百分比为纵轴，绘制2005年我国县域人口密度的洛仑兹曲线如图4-1所示，该曲线明显偏离平衡线，且与公平线之间的差距很大。在洛仑兹曲线的基础上进行基尼系数计算，得出2005年全国县域人口密度的基尼系数达到0.55，根据基尼系数的判定原则可知，全国县域人口密度分布差距悬殊。

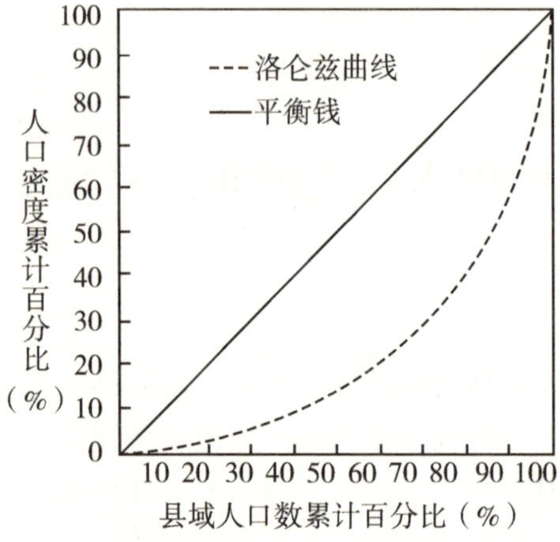

图 4－1　2005 年中国县域人口密度洛仑兹曲线

空间数据和时间序列数据的根本区别在于观测对象在地理空间上的排列特征不同。为了揭示现象或属性值之间的空间联系，可以通过定义一个空间连接矩阵来衡量。空间连接矩阵可以通过空间数据的拓扑属性（如邻接性）来构造，也可以通过空间距离来构建。邻接矩阵与距离矩阵分别定义为：

$$W_{ij} = \begin{cases} 1 \text{ 区域 } i \text{ 和区域 } j \text{ 相邻} \\ 0 \text{ 区域 } i \text{ 和区域 } j \text{ 不相邻} \end{cases} \tag{4－1}$$

$$W_{ij} = \begin{cases} 1 \text{ 区域 } i \text{ 和 } j \text{ 在 } d \text{ 之内} \\ 0 \text{ 区域 } i \text{ 和 } j \text{ 在 } d \text{ 之外} \end{cases} \tag{4－2}$$

权重矩阵 W_{ij}的取值规则与研究问题的性质有关。由于此处研究的空间范围为全国尺度，共有 2394 个样本单元，研究问题为区域人口密度的空间集聚性，因此采用基于邻接性的空间关系给权重矩阵赋值。

全局自相关是对属性在整个区域空间特征的描述，反映空间邻接或空间邻近的区域单元观测值的相似程度。一般在涉及空间全局自相关的研究中都应用 Moran I 指数表示（公式 4－3）。其值在正负 1 之间，大于零表示存在空间正相关，小于零为负相关，等于零则表示不存在空间相关性。

$$I = \frac{\sum_{i=1}^{n} \sum_{j \neq 1}^{n} W_{ij}(x_i - \bar{x})(x_j - \bar{x})}{S^2 \sum_{i}^{n} \sum_{j \neq 1}^{n} W_{ij}} \tag{4－3}$$

$$S^2 = \frac{1}{n}\sum_{i=1}^{n}(x_i - \bar{x})^2 \tag{4-4}$$

$$\bar{x} = \frac{1}{n}\sum_{i=1}^{n}x_i \tag{4-5}$$

x_i、x_j 为位置 i 和位置 j 的属性值，在此处为各县域的人口密度。n 表示单元个数，$\bar{x}$表示位置平均值，W_{ij}为前述空间权重矩阵。一般采用 Z 检验来检验区域之间是否存在空间自相关关系，Z 的计算公式为：

$$Z = \frac{I - E(I)}{\sqrt{VAR(I)}} \tag{4-6}$$

$VAR(I)$ 是 Moran 指数的理论方差，$E(I)$ 为理论期望。

局部自相关是衡量每个空间要素属性在局部的相关性质。局域空间自相关的表示方法很多，此处采用 Local Moran I 指数。观测单元 i 的局部自相关统计定义为如下形式：

$$I_i = \frac{(x_i - \bar{x})}{S^2}\sum_{j \neq 1}^{n}W_{ij}(x_j - \bar{x}) \tag{4-7}$$

式中 n、x_i、x_j、W_{ij}含义同公式（4-3）。I_i 的绝对值越大，表示子区域空间关联性程度越高。I_i 的 Z 检验为：

$$Z = (I_i - E[I_i]) / \sqrt{Var[I_i]} \tag{4-8}$$

利用 ArcGIS9.3 软件对 2005 年县域人口密度采用分位法进行五级分类，所得结果如图 4-2 所示。从图中可以看出，2005 年我国人口分布格局仍呈东南密集、西北稀疏的空间态势，虽然经过了 70 多年的发展，胡焕庸先生于 1935 年提出的人口分布线在今天看来仍能反映我国人口空间分布的大致格局。由五级人口密度分布图可以看出，京津冀都市圈、长三角、珠三角、四川盆地、中原城市群和东北哈大经济带是全国人口最稠密的地区，位于西北内陆的干旱、半干旱地区以及青藏高原地区仍然是国内人口稀疏的区域。

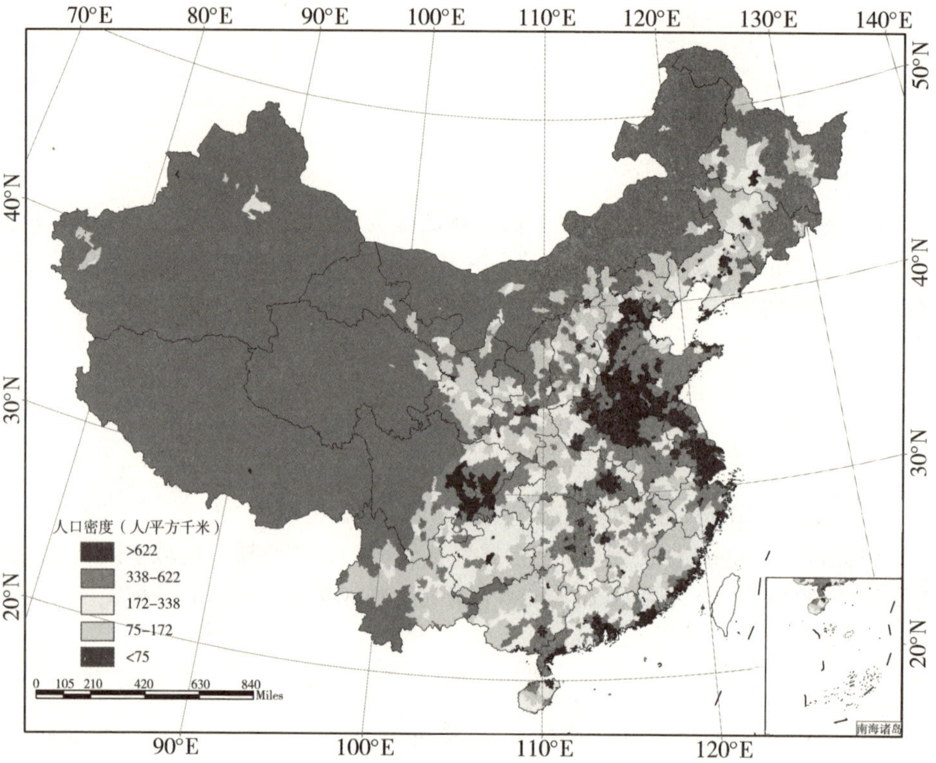

图 4 – 2　2005 年中国分县人口密度图（5 级）

采用 2005 年全国县域人口密度值进行全局空间自相关计算，得出全局空间自相关指数 Moran I 为 0. 42，正态统计量 Z 值为 102. 38，远大于正态分布函数在 0. 01 水平下的数值 2. 58，通过了统计检验。这表明我国县域人口密度在空间分布上具有显著的正相关性，人口分布总体在空间上是集聚的。另外，对人口密度进行局部空间自相关分析，得出结果如图 4 – 3 所示，在对通过统计检验的地区进行观察可以发现，人口分布的高高集聚地区仍然集中在京津冀都市圈、长三角、珠三角和四川盆地，人口密度的低高区则集聚在其四周分布。然而在五级人口密度分类中同为人口稠密区的部分城市如哈尔滨、长春、银川、昆明等，由于发展水平不及几大城市群，因此对周边地区的正向辐射力度不如几大城市群的辐射力度强劲，使得该区成为全国人口分布的高低集聚区。西北干旱区和大部分半干旱区、内蒙古北部、东北北部山区则是自身和周边人口密度均较低的低低集聚区。

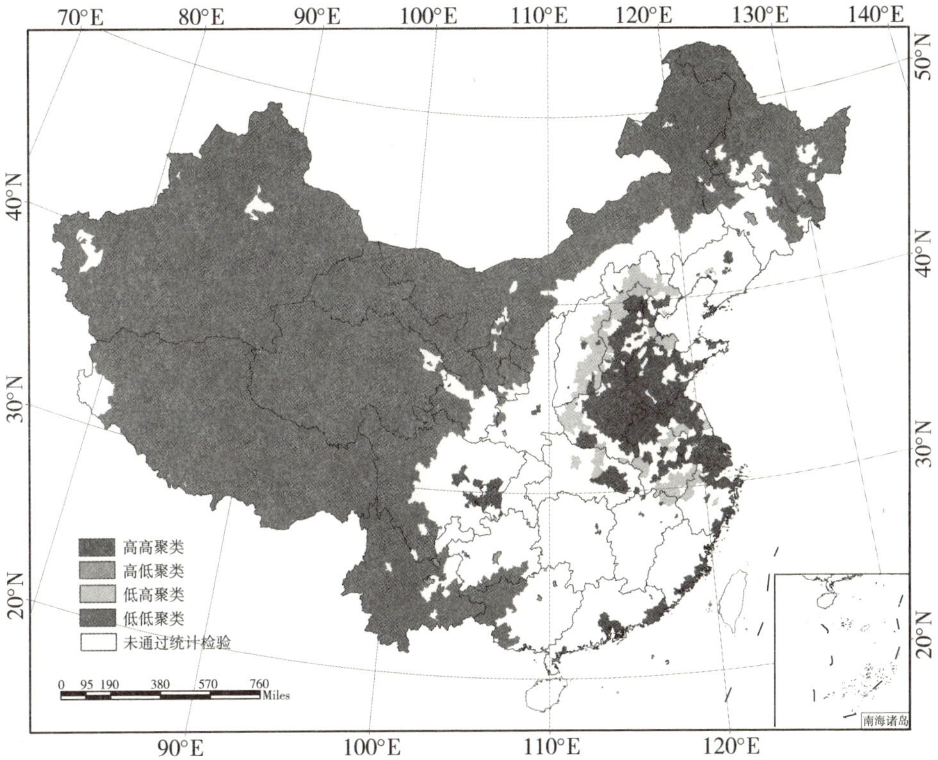

图 4-3　2005 年中国分县人口密度局部空间自相关

二、人口分布与影响因素的空间耦合

为便于分析人口分布与影响因素的空间关系，先将不同级别人口密度的空间格局化简。在物理学上重心是指一个区域空间上各部分所受重力产生合力的作用点。1874 年美国学者弗朗西斯·沃尔克（Francis Walker）将其应用到人口空间分布中，把地区人口分布形象地理解为人口分布图上具有确定的点值和位置的散点群，在平面上全部力矩达到平衡的支点就是人口密度重心。人口密度重心计算公式如下：

$$X = \frac{\sum_{i=1}^{n} x_i \times P_i}{\sum_{i=1}^{n} P_i} \qquad Y = \frac{\sum_{i=1}^{n} y_i \times P_i}{\sum_{i=1}^{n} P_i} \qquad (4-9)$$

其中 X、Y 分别为人口密度重心的横坐标和纵坐标。x_i、y_i 分别为次一级各区域的横纵坐标，P_i 为相应的人口密度，n 为次级区域的个数。

利用 ArcGIS 9.3 中的重心功能将全国范围内县域利用人口密度值加权后进行重心计算，形成不同级别的人口密度重心图（图 4－4）。

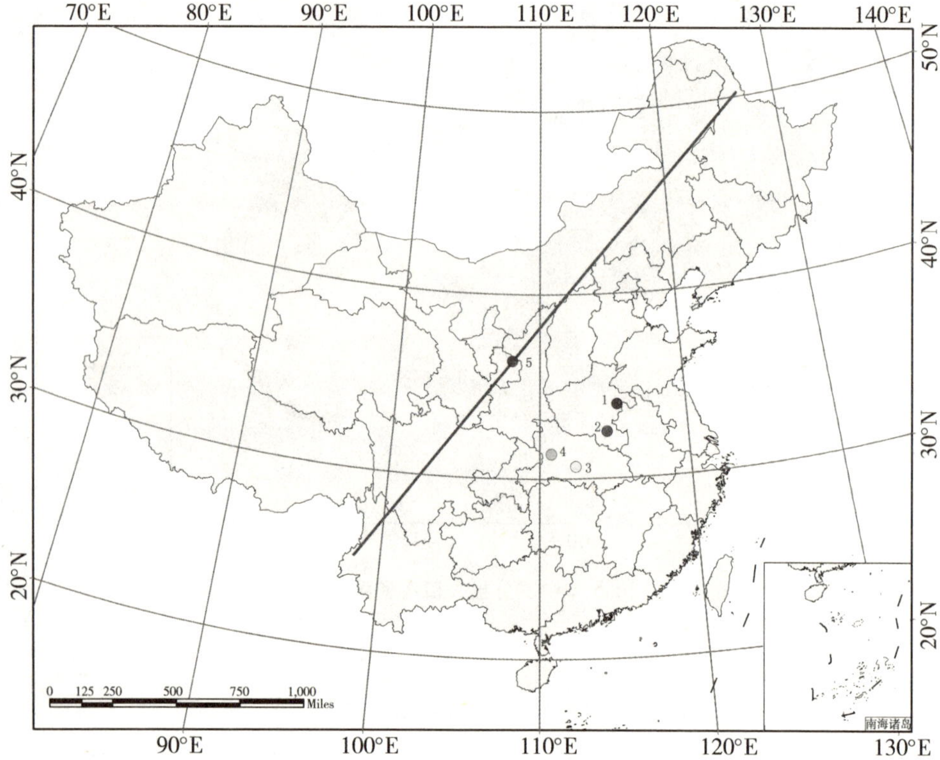

图 4－4　2005 年中国人口密度重心图

由图 4－4 可以看出，我国县域人口密度由高到低分成五级的分类重心都位于胡焕庸线以东，说明全国范围内的人口仍偏东分布。并且五级人口密度重心也是按稠密程度由东向西渐进分布的，人口密度最高一级的重心位于最东端，向西人口密度依次减小。对人口密度重心的纬度特征进行分析可以发现，五个人口密度重心都集聚分布在北纬 30°～北纬 40°的暖温带之中。这说明影响我国人口空间分布的自然因素仍然是以气候和地形为主，随着气候的逐渐湿润、高程的逐步降低，人口密度也随之逐渐增大。

（一）人口密度与气候区的空间耦合分析

在 ArcGIS 9.3 中，对 2005 年县域人口密度的矢量数据进行栅格化处理，同时利用 Zonal statistic 命令将其与不同类型的气候区进行空间统计分析，所得结果如表 4-1 所示。我国不同气候带的人口密度随着湿润度的增大而显著增加，湿润区的人口密度是干旱区的 20 倍。亚热带的人口密度明显高于温带和热带，高原气候区每平方千米仅有 6.44 人，是全国人口密度最低的区域。

表 4-1 2005 年不同气候带的人口密度比较

湿润带	人口密度（人/km^2）	气候带	人口密度（人/km^2）
湿润区	249.81	热带	123.42
亚湿润区	214.87	亚热带	28.91
亚干旱区	48.85	温带	119.97
干旱区	10.70	高原气候区	6.44

（二）人口密度与高程的空间耦合分析

利用 ArcGIS 9.3 软件将高程数据按地形高度标准进行分级，将 2005 年全国分县人口数据与高程数据进行空间叠合统计分析，所得结果如表 4-2 所示。海拔高度在 200 米以下的地区占国土总面积不到 1/10，却承载了 1/3 以上的总人口，海拔高度在 4000 米以上的地域占国土面积近 20%，却只承载了 0.14% 的总人口。随着海拔高度的不断下降，区域的人口密度显著增加，海拔高度在 200 米以下的区域人口密度是海拔高度在 200～500 米区域人口密度的两倍多，是海拔高度在 1000～2000 米区域人口密度的近十倍。可见海拔高度对中国人口的空间分布具有显著影响。

表 4-2 2005 年海拔高度对区域人口密度的影响

海拔高度（m）	面积比例（%）	人口数比例（%）	平均人口密度（人/km^2）
200 以下	8.53	37.79	567.61
200～500	14.32	27.69	247.62
500～1000	16.40	16.86	131.63
1000～2000	28.57	13.01	58.34

续表 4-2

海拔高度（m）	面积比例（%）	人口数比例（%）	平均人口密度（人/km²）
2000～3000	6.51	3.47	70.01
3000～4000	5.71	0.68	17.21
4000 以上	19.96	0.14	3.46

（三）人口密度与经济的空间耦合分析

经济发展水平导致的收入差异会对人口空间分布产生影响，不同的产业、行业性质对人口的吸引力和容纳力也不同。1883 年，法国学者列凡塞尔从人口统计方面提出了经济发展程度和人口数量之间的如下对比关系公式：人口密度每平方千米 0.02～0.03 人为渔猎时期，每平方千米 0.5～2.7 人为畜牧业时期，每平方千米 40 人以上为耕作业时期，每平方千米达 160 人为工业时期，如果人口密度更大则为商业时期。为研究中国县域人口密度与地区产业结构的关系，将全国县域人口密度五级分类的结果与对应每一级别的县域产业结构进行统计所得结果如图 4-5 所示。随着产业结构中第二产业和第三产业比重的逐步上升，区域人口密度也随之提高。区域产业结构层次越高，吸纳的人口也越多。可见产业结构的组成显著影响了区域的人口密度。

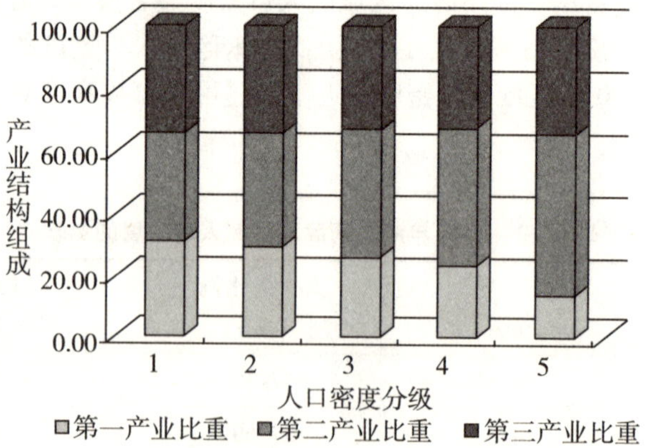

图 4-5　2005 年县域产业结构对区域人口密度的影响

（四）人口密度与交通的空间耦合分析

人口的空间分布与交通条件有着不可分割的关系，实际上在中国境内，不少乡镇、县城乃至城市就是基于过境公路、铁路发展起来的。此处直接将已有研究成果中对交通优势度评价的得分利用分位法分成五级，将结果与人口的密度分级结果做耦合分析。采用 SPSS 17.0 进行交叉列联表计算，所得结果如图 4－6 所示。由于交叉列联表分析的数据类型为定序型方形数据，故采用 Kendall's tau-b 系数进行检验。所得卡方检验概率值 P＝0.000 远远小于 0.05，并且 Kendall's tau-b 的取值为 0.438，故可以认为交通优势度与人口密度有较强的正相关关系，即交通优势度越大，人口分布的集聚程度越高。根据交叉列联表的结果，在人口密度级别最高的五级区中有一半县域的交通优势度也同时被评为五级，随着人口密度级别的下降，该级别县域对应的交通优势度评价等级也逐渐降低。人口密度较低的县域大部分交通条件在全国也是较差的。因此可以看出，交通通达度是显著影响人口分布的因素之一。

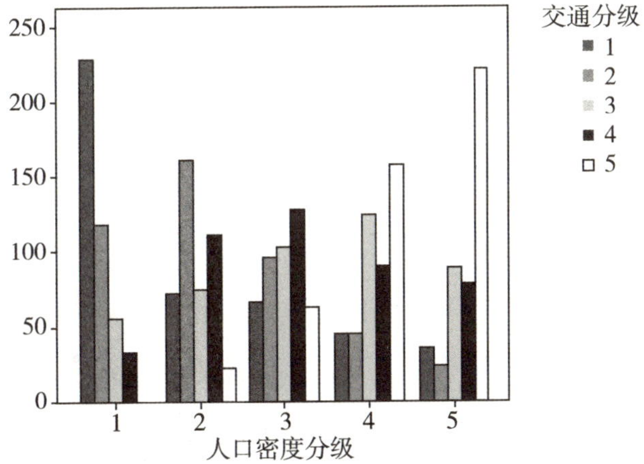

图 4－6　2005 年交通通达度对人口密度的影响

三、影响因素的流动性和替代性研究

（一）自然要素的流动性

在所有影响人口空间分布的因素中，自然要素的流动性最差，甚至在许多经济学著作中干脆将其视为是不能流动的。但此处认为，由于自然要素又可细分为若干次级要素，影响人口空间分布的如水资源、能源资源、矿产资源、土地资源与气候资源等，各个次级要素的流动性和由此引发的流动成本是不同的（图4－7），因此对人口空间分布的影响力度也不同。例如，地形、气候资源是完全不能流动的，而水资源则可以通过一些水利工程部分地进行空间转移，能源和矿产资源的流动性则随着运输成本的降低而逐渐增强，可以发生大规模低成本转移，比如日本虽然人口众多，资源严重稀缺，但其依赖资源进口来发展也取得了很好的成绩，资源流动对其经济起了决定性的作用。因此，未来人口空间分布的情景与目前影响其人口分布的自然资源的流动性有极大关系。比如，目前因为气候和地形因素导致某一区域成为人口稀疏地，由于地形和气候的改变成本过高，因此未来这一地区依然会成为人口相对稀疏地。当前因为自然生态环境适宜人类生存而产生的人口集聚区，未来依然有进一步集聚人口的可能。自然资源作为人口空间分布的基底，其构成和组合很大程度地决定了人口空间格局。

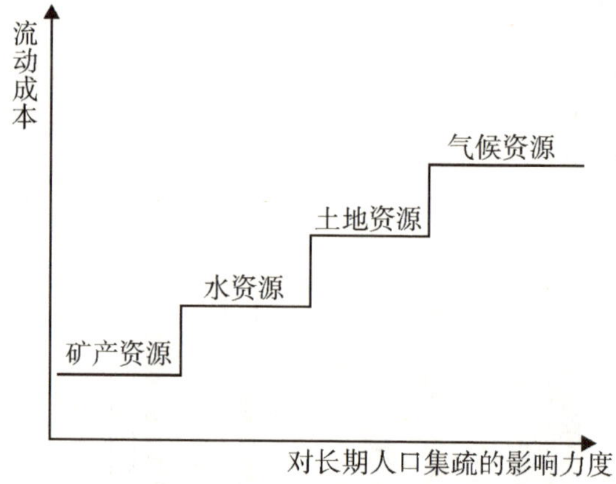

图4－7　不同类型自然资源的空间流动成本

由于自然因素短期内不会大范围地改变，因此也不会成为短期之内改变全国人口空间集疏格局的因素。但是从长期来看，自然因素仍然是影响区域人口空间集疏格局的主要因素，因为人类作为生物对所生存的自然环境是有所依附的。即使未来经济发展、技术进步，由于经济活动本身追求效益最大化的原理，人们仍然会避免在不宜人口居住、生产成本投入相对较大的自然条件恶劣区位进行生产生活。所以自然因素是影响人口空间格局的长期因素。

（二）经济要素的流动性和对自然要素的替代性

随着人类技术的进步和生产方式的改变，人口在地域空间的分布形态也相应发生改变。产业结构的空间分布对人口空间格局具有极大的影响。然而产业结构和生产方式演进本身受到资本投入、技术进步和人力资源等因素的影响，所以区域人口空间格局也与资本流动、技术转移和人力资源注入息息相关。一般情景下，相对于影响人口分布的自然要素，技术、资本、产业结构等因素发生流动的可行性更大、成本更低。所以未来短时期内人口空间分布的变化趋势主要与技术、投资、产业在空间的转移密切相关。

此外，随着生产方式的改变和技术的进步，人类对自然资源的支配和利用能力日益增强，所以自然资源对人口空间分布的约束力将降低，经济因素对人口空间格局的影响力增强，同时，经济要素对自然要素的替代性也将增强。以土地资源的利用为例，随着生产技术的提高，单位面积耕地可以产出更多的粮食，供养更多的人口，所以以化肥、遗传技术等为代表的新生物技术可以在一定程度上代替自然资源。另外，随着生产工艺的改进，生产单位产品对能源和原材料的需求程度也会逐步降低，这些都在一定程度上改变了自然要素对人口空间分布的约束作用。

第二节　改革开放以来中国人口集疏主体及空间格局变动

改革开放之前，我国区域之间人口的集疏过程较多地体现了国家建设的需要，带有浓厚的计划经济色彩。改革开放以后，人口的空间集疏过程更多地反映了市场经济下人口自由迁移的意愿。

一、人口迁移数量变化

改革开放以来，中国政府逐步推进由计划经济体制向市场经济体制转变，以户籍制度为核心的城乡二元社会体制明显减弱，区域经济快速发展，地区之间发展差距拉大和城镇化进程加速，都导致人口在地域空间上发生大规模的迁移。几次全国人口普查与调查的数据显示，随着改革开放的逐步深化，人口迁移规模逐年增大（表4－3），2000年全国人口普查数据显示我国人口迁移量已经突破1亿人次，占全国人口总数的7%以上。

表 4-3 改革开放以来中国人口迁移变化态势

（单位：万人）

时间	全国迁移人口总量	省内迁移人口总量	跨省迁移人口总量
1982—1987 年	3053	2421	632
1985—1990 年	3413	3230	183
1995—2000 年	14400	10158	4242
2000—2005 年	14700	9921	4779

资料来源：1987 年、1995 年、2005 年 1% 人口抽样调查，以及 1990 年、2000 年全国人口普查资料。

二、人口迁移原因变化

改革开放以来，全国迁移人口总量在持续增加的同时，迁移人口内部结构也出现了较大的调整。通过几期全国人口普查和抽样调查中对人口迁移原因的统计比较可以看出，随着市场经济的深入和区域经济的发展，务工经商类的迁移人口在人口数量和人口迁移比率上都显著增长。另外，将普查表中的迁移原因划分成经济型人口迁移和社会型人口迁移来比较，也可以看出经济型人口迁移的比重不断扩大，而社会型迁移的比重则相对缩小（表 4-4）。这说明在经济快速增长时期，区域经济格局变动相对较大，造成地区之间发展水平和收入差距不断扩大。而处于这一发展阶段的人口追求的目标大多是维持生计和改善生活，因此随着区域经济和收入水平差距继续扩大，对应不断地有经济型人口迁移发生。社会型人口迁移在区域经济加速发展时期并不是迁移的主流。

表 4-4 改革开放以来中国人口迁移原因的变化

（单位：%）

时间	经济型人口迁移					社会型人口迁移					
	务工经商	工作调动	分配录用	学习培训	小计	投亲靠友	拆迁搬家	随迁亲属	婚姻迁入	其他	小计
1982—1987 年	8.24	20.57	5.10	8.72	42.63	13.27	—	19.78	15.76	8.56	48.81
1985—1990 年	25.12	11.87	6.03	12.14	55.16	9.84	—	10.44	13.94	10.62	34.22
1995—2000 年	30.73	4.28	3.11	11.66	49.78	5.02	14.52	12.85	12.02	5.81	44.41
2000—2005 年	43.07	2.91	0.74	3.45	50.17	8.40	9.95	14.87	8.45	8.16	41.67

资料来源：根据 1987 年、1995 年、2005 年 1% 人口抽样调查，以及 1990 年、2000 年全国人口普查资料计算。

具体考察省内迁移和省际迁移的原因变化也可以发现两者存在一定的差异。（表4-5）从第四次全国人口普查到第五次全国人口普查这个时段内，省内人口迁移中非经济原因的比重上升，而经济原因的比重下降。通过观察其内部构成可以发现，由于务工经商而产生省内迁移的人口比例虽然没有太大变化，但省内务工经商的迁移人口总量显著增加。省内迁移中总量和比例均变化较大是由于拆迁搬家而引起的人口迁移，这也与我国发展的实际情况相符。在省域内部尤其是经济发达地区，快速的城镇化进程促使城市人口和用地规模不断增大，城市空间拓展迅速侵占了周边的部分用地，造成该用地上原来生活着的居民搬迁。另外，由于地区经济发展迅速，区域用地置换、改造、升级均较快，所以人口的拆迁搬家总量和迁移比例也随之上升。在省际迁移中，由于经济原因而发生迁移的人口总量和比例显著增加，其中务工经商型迁移人口由第四次全国人口普查时的22%增长到第五次全国人口普查时的65.3%，说明随着经济的快速发展，经济型人口迁移成为地域之间尤其是远距离地域间人口迁移的主要组成部分。

表4-5 第四次全国人口普查和第五次全国人口普查中省内迁移和省际迁移中的迁移原因构成比较

（单位：%）

迁移原因	1985—1990年		1995—2000年	
	省内迁移	省际迁移	省内迁移	省际迁移
经济原因	53.8	56.4	40.5	75.6
务工经商	22	29.4	18.9	65.3
工作调动	10	14.5	4.7	2.6
分配录用	6.5	4.7	3.6	1.5
学习培训	15.3	7.8	13.3	6.2
非经济原因	46.2	43.6	59.5	24.4
拆迁搬家	1.6	1.5	19.7	0.8
婚姻迁入	14.3	14.2	14.6	5.4
随迁家属	10.2	10.8	14.2	9.2
投亲靠友	9.5	10.6	5	5
其他	10.6	6.5	6	4.1
总计	100	100	100	100

资料来源：根据1990年、2000年全国人口普查资料计算。

三、省级空间尺度的人口集疏格局变化

改革开放以来，随着区域经济的不断发展，各省之间的经济地位不断调整，省际迁移人口规模和方向也随之不断变化。将1985—1990年第四次全国人口普

查期间省际人口集疏度与1995—2000年第五次全国人口普查期间省际人口集疏度相比较可以看出，各省份在人口集疏的空间格局和深刻程度上都发生了较大的变化（图4－8、图4－9）。从格局上看，在第四次全国人口普查时期为人口净迁入省的湖北省和青海省，在第五次全国人口普查时演变成为人口净迁出省份；在第四次全国人口普查时期为人口净迁出省的浙江省、云南省和西藏自治区，在第五次全国人口普查时演变成为人口净入省份。在第四次全国人口普查时期排名前三位的人口集聚省份是上海、北京、天津，排名前三位的人口疏散省份为浙江、广西、安徽；在第五次全国人口普查时期排名前三位的人口集聚省份是上海、北京、广东，排名前三位的人口疏散省份为江西、湖南、河南。与此同时，第五次全国人口普查时期人口在空间的集疏度较第四次全国人口普查时更高。全国省际之间人口迁移数量增加，导致区域人口集疏度显著增大，广东、福建、江苏、北京和上海由于人口连续不断地净迁入导致这几个地区的人口集聚度在几年间增长了4～13倍。江西、河南、湖南等地由于人口连续不断地净迁出导致这几个地区的人口疏散度在几年间增长了10～30倍。人口在省域空间的大规模集聚使各省份地域空间格局发生了显著的变化。

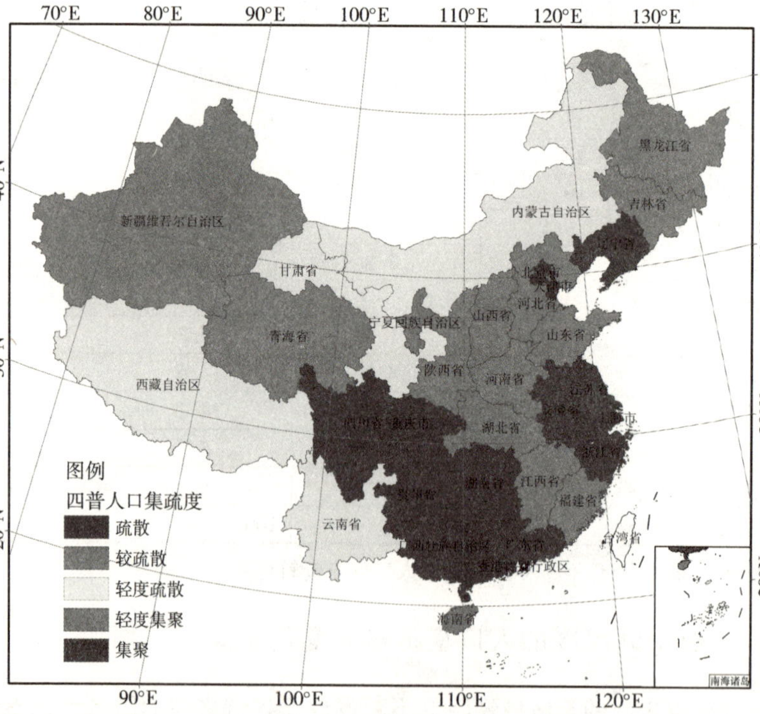

图4－8　1985—1990年省际人口迁移集疏格局

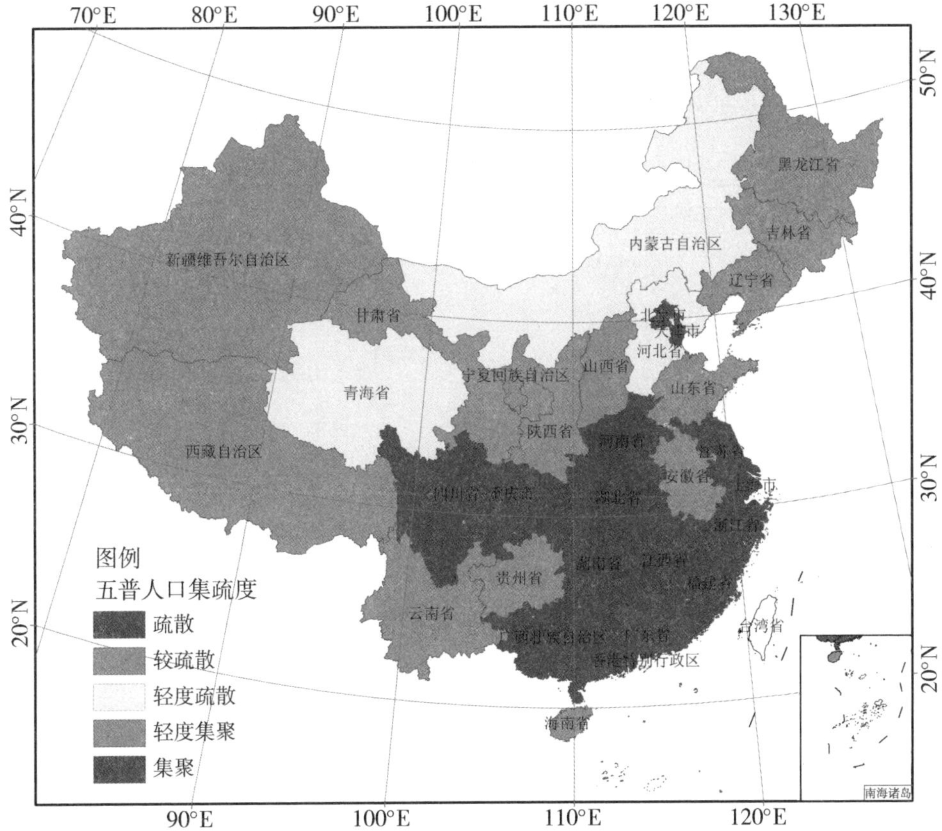

图 4-9　1995—2000 年省际人口迁移集疏格局

数据来源：根据 1990 年、2000 年全国人口普查数据计算。

从人口集聚和疏散的地区性看，改革开放以来人口向东部沿海地区集聚的趋势越来越明显（表 4-6）。在 20 世纪 80 年代，三大地区的人口迁出比例大致相等，东部的人口迁入比例高于中西部地区。到 20 世纪 90 年代以后，人口迁移格局发生巨大变化，东部地区迁出人口比例大幅减小，中部地区迁出比例快速增加，西部地区基本保持不变。与此同时，东部地区人口迁入比例大幅增加，中部地区和西部地区人口迁入比例都减小，并且中部地区的下降幅度较大。由全国人口迁移数据可知，我国人口的区域集聚具有明显的“向海性”。

表4-6 改革开放以来中国省际人口迁移的地区性差异①

迁移变量	时间	1982—1987年	1985—1990年	1990—1995年	1995—2000年
迁出人口比例（%）	东部地区	31.76	33.08	26.29	18.51
	中部地区	34.83	31.39	38.74	46.95
	西部地区	33.41	35.54	34.97	34.54
	合计	100.00	100.00	100.00	100.00
迁入人口比例（%）	东部地区	52.02	54.58	65.05	76.41
	中部地区	24.65	23.99	14.71	9.06
	西部地区	23.33	21.42	20.25	14.53
	合计	100.00	100.00	100.00	100.00

资料来源：根据1987年、1995年1%人口抽样调查，以及1990年、2000年全国人口普查资料计算。

东部地区一直是人口跨地区迁移的首选之地，并且东部地区迁入人口主要集中在珠三角、长三角和京津冀地区。同时，中部、西部地区尤其是制造业发展较慢的区域吸引力相对减弱。

四、区县级空间尺度的人口集疏格局变化

利用2000年第五次全国人口普查的分县数据计算出区县级空间尺度人口集聚度和疏散度，利用分位法将集聚度和疏散度分成五级，整体格局如图4-10和图4-11所示。从图中可以看出，人口流入比较活跃的地区同时也是人口流出的活跃地，这证明雷文斯坦人口迁移定律中的第七定律——凡是人口流动的迁入地必然有反向的迁出流——在我国的人口迁移中也是适用的。

---

① 三大地区按国家提出西部大开发战略后新的划分标准划分。其中东部地区包括北京、天津、河北、辽宁、上海、江苏、浙江、福建、山东、广东、海南11个省、直辖市。中部地区包括黑龙江、吉林、山西、安徽、江西、河南、湖北、湖南8个省。西部地区包括重庆、四川、贵州、云南、广西、西藏、陕西、甘肃、青海、宁夏、新疆、内蒙古12个省、自治区、直辖市。

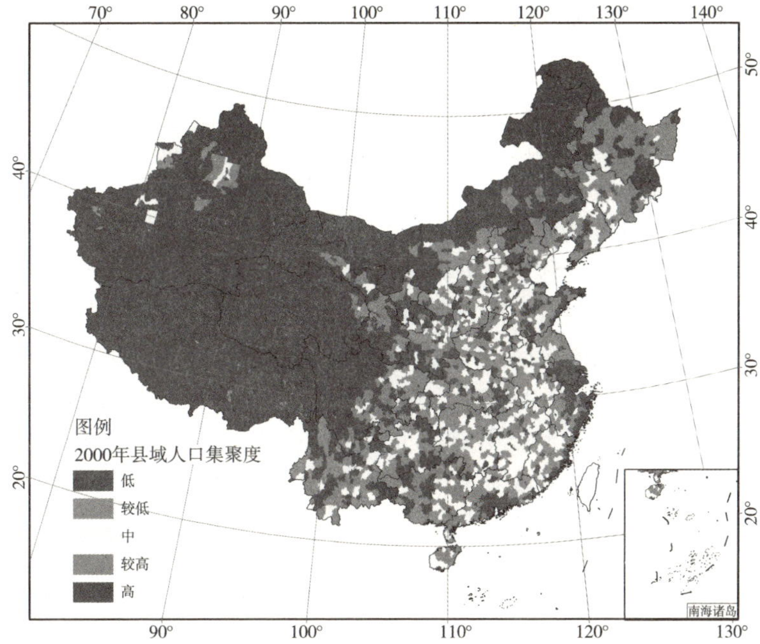

图 4－10　2000 年中国县域人口集聚度分布格局

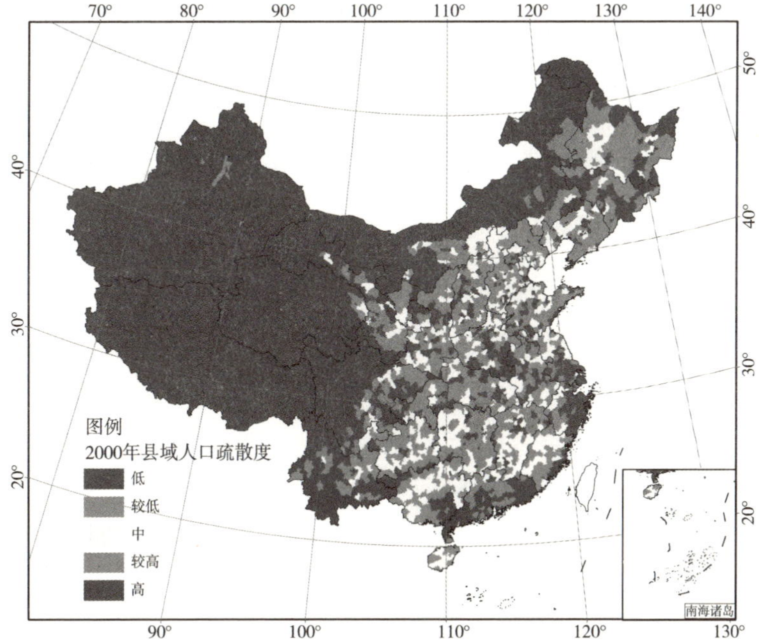

图 4－11　2000 年中国县域人口疏散度分布格局

人口集聚度最高的地区都是改革开放以来受益于对外开放优惠政策和良好区位条件发展较快的东部沿海区县以及中部的区域性中心城市。人口疏散度最高的地区大多围绕这类区县布局。这证明在经济发展的加速初期，区域内部的增长点会吸引周围地区的人口不断迁入，造成增长极人口数量不断增加和周围区域人口的不断缩减。第五次全国人口普查期间各区县间人口迁移过程促进了区域增长极的发育，改变了人口地域分布。

通过对县域人口净迁移集疏度格局的划分，可以更加清晰地看出区域性中心城市对周边市县人口的吸引作用。通过对人口集聚区集疏度的比较可以看出，同是人口净迁入区，对周围地区人口的引力也不相同。人口集疏度最大的区县对周围地区人口的作用力最强，是整个区域的中心，而人口集疏度稍弱的区县对周围地区人口也是正向吸引，但吸引力度不如一级中心强烈，可看成是区域的副中心。人口集疏度基本平衡的区域大部分分布在西部地区，其本身人口存量较小，对应人口集疏度也较低（图 4－12）。

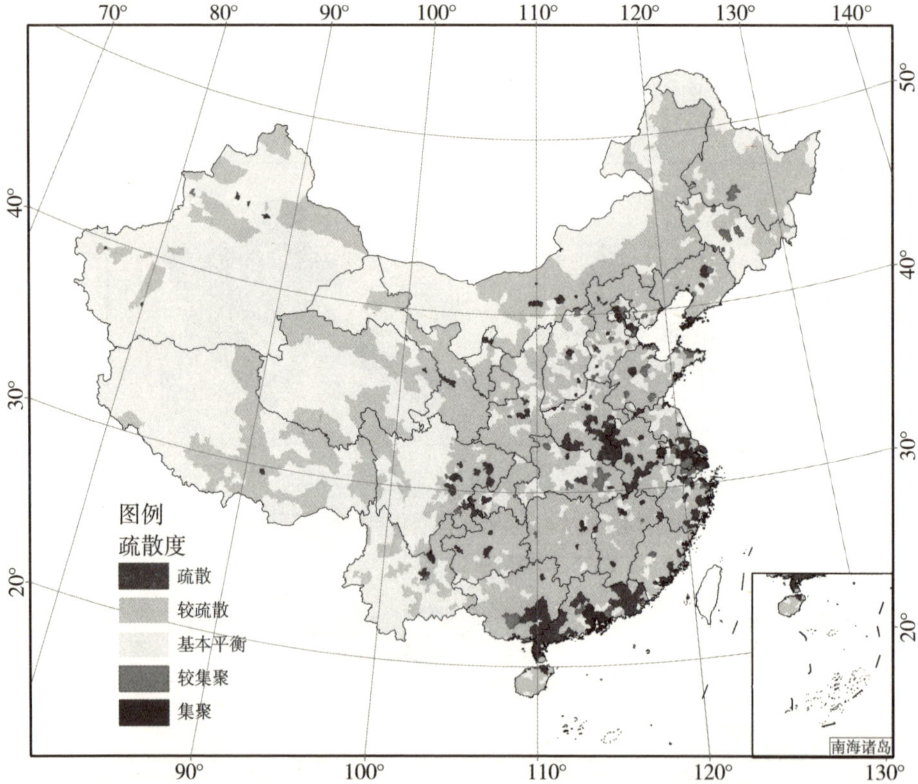

图 4－12　2000 年中国县域人口集疏度分布格局

根据 Northam 提出的城镇化呈"S"型曲线发展的理论，可以判断我国正处于工业化、城镇化的加速期。因此从人口流动的城乡角度来看，人口应该不断地从农村迁往城镇，促进全国城镇化水平加速提高。我国几次人口普查数据也符合这一规律。1982—1987 年从农村地区净迁入城镇的人口达 1451. 19 万人。经过近 20 年的发展，农村净迁入城镇的人口达 5065. 5 万人。随着城镇化进程的逐步深入，农村常住人口逐渐减少，城市常住人口数量激增，农村迁向市镇的人口占总迁移人口的比例会逐渐减少，但是农村人口向城镇地区迁移的趋势仍不可逆转，而市镇之间的迁移人口随着市镇人口总数的上升比例逐年增加（表 4 - 7）。

表 4 - 7　改革开放以来中国农村、城镇迁移人口演变

时间	迁出入	农村（县）		市、镇		农村迁向市镇人口	
		万人	%	万人	%	万人	%
1982—1987 年	迁出	2076. 02	67. 99	977. 24	32. 00	1454. 19	74. 43
	迁入	721. 50	23. 63	2331. 69	76. 37		
1985—1990 年	迁出	2130. 11	62. 48	1279. 00	37. 52	1671. 82	78. 48
	迁入	590. 47	17. 30	2822. 29	82. 70		
1990—1995 年	迁出	1985. 55	59. 75	1337. 43	40. 25	1194. 71	60. 17
	迁入	948. 96	28. 56	2374. 02	71. 44		
1995—2000 年	迁出	7316. 24	58. 70	5148. 17	41. 30	5065. 50	68. 96
	迁入	1710. 94	11. 85	12728. 14	88. 15		

资料来源：根据 1987 年、1995 年 1% 人口抽样调查，以及 1990 年、2000 年全国人口普查资料计算。

第五章　人口疏散地域对迁出人口的作用机理

不同类型迁移人口在地域空间集疏的原因和机理各不相同。鉴于经济型人口迁移是目前我国快速发展时期人口迁移的主流，并且对区域空间格局和地域功能的影响力最大，因此本章主要分析经济型人口迁移。

雷文斯坦（1885，1889）在其“迁移定律”中对人口迁移的机制、结构、空间特征规律分别进行了总结，提出著名的人口迁移七大定律，其中包括人口流出地区对人口迁移的推力和阻力作用。赫伯尔（1983）也认为人口迁移是由一系列“力”的作用引起的，人口做出迁移的决策是由于人口本身受到迁出地的推力或排斥力和迁入地的拉力或吸引力共同作用的结果。从迁移者个体的行为决策过程来看，推力—拉力理论的成立包含两个基本假设：一是假设人们的迁移行为是一种理性的选择，二是假设迁移者对原驻地和迁入地的信息有比较充分的了解。只有这样他才能根据两地之间的推力和拉力，从比较利益的角度出发做出相应的选择。美国学者李（1966）在其《迁移理论》一文中系统总结了“推力—拉力”理论。他将影响迁移行为的因素概括为四个方面：①与迁入地有关的因素；②与迁出地有关的因素；③各种中间障碍；④个人因素。

由理论分析可知，经济型人口迁移在决策时会同时受到人口迁入地、迁出地和人口自身条件等因素的综合影响。为了简化研究，本章主要分析人口疏散地对迁出人口的作用力。

第一节　人口疏散区对迁出人口的推力分析

根据雷文斯坦的人口迁移定律，人口发生迁移必然受到人口迁出地的推力影响，同时人口迁出地本身对人口流动也有阻力。根据熵理论，地区作为一个开放的系统不断地与外界发生能量交换，当系统内部熵值增大，压力增大时，系统必然采取一定手段向外界吸取能量来降低自身的熵值。

从熵定律的角度来看，因为一切生命体都可看作一种能量耗散系统，生命体需要不断从外界吸取能量，并不断做排除无序的功，不断耗费这种能量用于保持新陈代谢，这样生命才能得以维持和繁衍。因此，某物种个体数量与一定时间内进入该物种所在营养级的能量存在如下对应关系：

某物种个体数量＝进入该物种所在营养级的能量/单位个体能量的消耗量

人类作为地球生态系统内众多物种之一也服从这一规律。人类社会作为有序系统，要靠外界能量的输入以对抗自身产生的正熵值。所以人类与其他生物一样，需要不断从外界吸取能量，并且不断做排除无序的功，不断耗费能量用于保持新陈代谢，人类生命才能得以维持。有的生态学家根据人类和其他生物的这种相似性，从生物圈能够提供的生物量（能量）出发，推算出地球上的最大人口容量。但是这种推算没有考虑到人类本身作为智能生命体，与其他生物在获取生存资料和改善生活方式的手段存在着根本性的差异。人类作为食物链上的一个消费者，本身不断地吸收和消耗外部输入的能量，但是人类作为高智能生命体，本身可以通过技术改造、人工合成食物、转基因等方式不断降低自身能量的耗费，未来只要人类掌握足够的技术和能量，由消费者变为生产者，技术链能流能够显著地提升人口容量（史学斌，2006）。

根据热力学第一定律，即能量守恒定律，生态系统内的能量流动，包括外能流（O）和内能流（I）都应遵守如下平衡式：

$$G=\frac{P\times E}{N\times n} \tag{5-1}$$

其中，G 为生态系统内全部能量流量（$O+I$）。P 为地区人口总数。E 为人均能量利用量（包括食物链能量和技术链能量），是衡量人均能量消耗的指标。因为不论是衣、食、住、行等人的基本需求，还是娱乐、旅游等高级需求，其本身都是能量消耗的过程，都需消耗内能流来获得能量。N 为能量吸纳率，是衡量人类把在人类社会外部流动的能量纳入内能流的能力大小的指标。n 为能量利用率，表示人类对内能流利用的总效率。

将公式（5－1）变形，可以计算一个地区的人口数。根据熵定律，一个地区的人口数往往与地区总能量、能量吸纳率和能量利用率成正比，与人均消耗的能量成反比。

人口在地域空间是按有效能量进行分布的。当内能流在地域空间流动耗散的强度和方式发生变化时，人口分布也会相应地发生变化，这种变化最直接的表现方式即人口迁移。当一个地区内能流规模发生变化时会导致该地区人口能量密度发生相应变化，因此该地区与其他地区之间会产生能量势差，这种能量势差是驱动人们从熵值较高的地区向熵值较低的地区迁移的根本动力。即在不考虑人口自身迁移能力的前提下，地区的压力越大，熵值越高，两个地区间人口能量差越大，向外流出的人口越多。

根据前面的人口容量公式，地区人口受到的压力主要与地区生态系统内部能量、人类能量的吸纳率和利用率，以及人均能量利用量相关。生态系统内部能量主要与地区的资源环境状况相关，地区资源环境条件适合人类生存，人类能够方便地从周围环境中获得较多的能量，此时人口的压力就小。人类能量的吸纳率和利用率主要与经济技术发展水平相关，即地区的技术经济越发达，越能够高效地利用周围能量，地区的人口压力越小。另外，人类对能量的吸纳和利用率也与人口自身结构和周围基础设施等的发展状况相关。同样，在生态系统内部能量、人类能量吸纳率和利用率不变的前提下，地区人均能量消耗量越高，人口承受的压力越大。

根据前述人口数量的决定因素，考虑人类和自然之间交互作用的方式以及人类社会运行的特点，可以将人口在地域空间承受的压力因素分为三大类别。每一类别的压力越大，即系统内部熵越大，对人口向外迁出的推力越大，人口外迁的可能性和数量就越大。

一、资源环境

第一类压力是资源环境的压力。人类在地域空间的生存分布首先受到资源环境的影响。人类生存环境中适宜人口生产生活等日常活动的空间越小、人类利用自然资源的方便程度越低（即人类从外界能够获取的能量越少），人口生存的压力越大。因此，人口受到来自区域人口密度、人均耕地、区域的地形起伏度和坡度等区域资源环境的压力。

二、经济水平

第二类压力是经济水平的压力。由前述理论分析可知，人类利用自然界能量的能力越强，人口在地域空间上生存的压力越小。人类利用自然界能量的水平通常与地区发展水平相关，地区发展水平越高，人类对自然界的利用效率和程度越高。同样地从外界系统吸收相同的能量，生产技术水平越高的地区能供养的人口越多。由于从事第二产业和第三产业的技术含量一般高于单纯的农业耕作，所以这类地区能量的利用效率较高。地区人均财政收入水平越高，非农产业越发达，人口受到的经济压力越小。反之，第一产业比重越大的地区人口经济压力越大。

三、生计水平

第三类压力是生计水平的压力。当地区人均耕地和人均粮食产量较少，同时人口收入较低，无法通过商品粮的方式解决生存压力时，人口的生计压力较大。另外，当人口需要抚养的老年人和儿童的比例过高时，能够从事劳动生产的人口相对较少，并且人口收入水平较低，无法通过商品交换的方式来降低生存压力和改善自身生活，人口向外界吸收能量、创造财富的能力较低，此时人口生计压力较大。同时，人口自身的素质影响人类利用外界能量的能力，当地人口的知识水平越高，对外部信息的掌握能力越强，人口生存压力越小。人口的知识水平和见识程度往往与地区基础设施尤其是交通设施密切相关，一般情况下综合基础设施比较发达的地区人们眼界见识以及能力水平高于偏僻地区人，因此这类地区人口生存压力较小。

人口疏散区对人口迁移的正向和负向影响因素实质上就是地区对人口迁移产生的推力和阻力。即代表人口分布状态的人口密度、代表自然环境适宜度的地形起伏度和坡度、代表人类利用自然资源能力和发展阶段的第一产业从业人员比重都是人口向外疏散的推力因素。而代表人口工作机会的人均耕地面积越大、代表人口生活水平的农民人均纯收入和人均粮食产量以及人均地方财政收入越高，人口外迁的阻力越大。从外出务工个体微观的角度也可以理解，因为此时人口外出的机会成本较大。

第二节　人口疏散区对迁出人口的影响——以汶川地区为例

在我国大规模的人口集疏过程中，外出务工型是人口迁移的主体。而务工型人口迁移的主体由广大农村地区的农民工构成。通过对当前我国人口集疏格局现状的研究可知，我国典型的务工型流动人口一般分布于人口密度较高的平原农业区和人口相对稀疏、自然环境较差的山区。汶川地区位于四川省成都市以北，区域内既有典型的山区又有典型的平原农业区，同时也是我国典型的务工人口流出区，基于以上原因笔者选择将这一地区作为研究人口疏散区的实证区域。综合考虑区域内部自然环境、经济发展水平以及外出务工人口情况，笔者确定将汶川县、理县、黑水县、什邡市、绵竹市、安县、中江县七个县（市）143 个乡镇作为人口疏散区压力研究的基础单元。

一、研究区域概况

汶川地区位于我国四川盆地的西北部边缘地区。区域内部自然环境复杂，各市县自然、经济差异较大。区域内部高程和坡度如图 5－1 和表 5－1 所示，区域内既有高海拔的汶川县、理县和黑水县，也有低海拔的中江县，中间过渡分布着绵竹、什邡两市。耕地质量参差不齐，其中汶川县、理县和黑水县三个县的耕地中有一半以上分布在坡度大于 25 度的土地上，而绵竹、什邡两市 90% 以上的耕地分布在坡度小于 5 度的土地上，如表 5－2 所示。

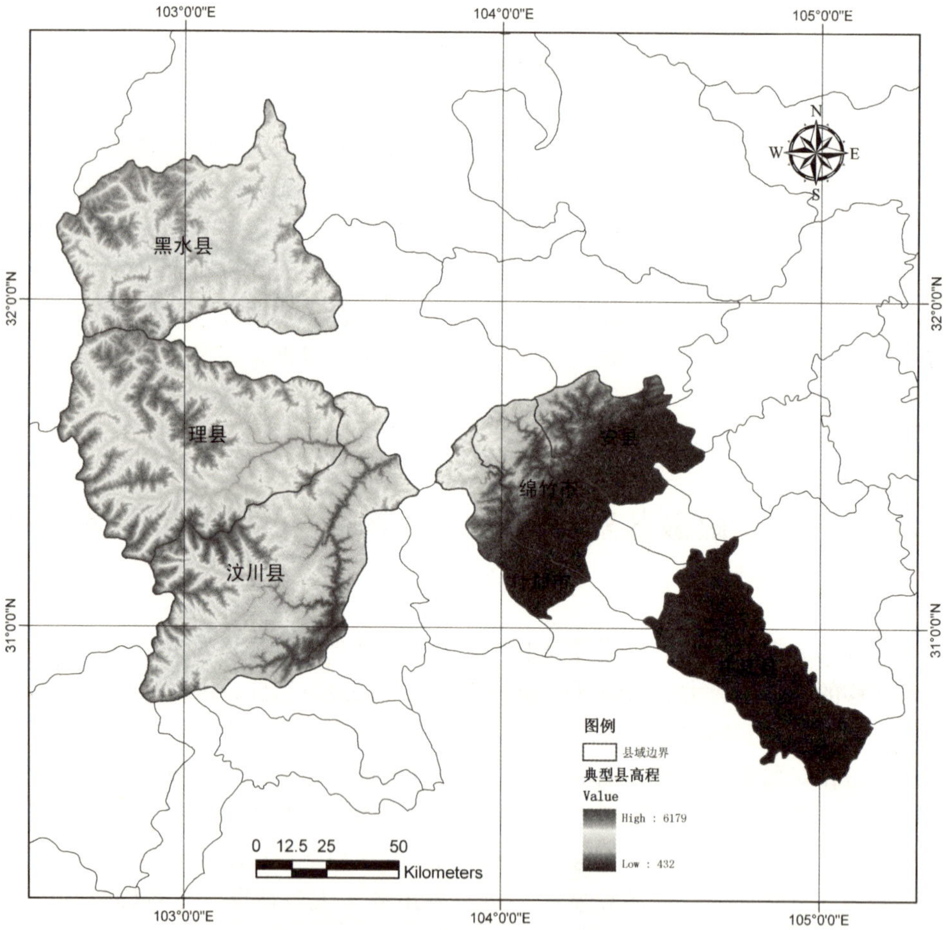

图 5－1　汶川地区典型县（市）高程分布图

表 5-1 汶川地区典型县（市）地形坡度分级统计

县（市）名称	总面积	<800m		800～1200m		1200～2000m		2000～3000m		>3000m	
	(km^2)	面积 (km^2)	比重 (%)	面积 (km^2)	比重 (%)	面积 (km^2)	比重 (%)	面积 (km^2)	比重 (%)	面积 (km^2)	比重 (%)
汶川县	4087.05	0.66	0	103.50	3	651.71	16	1363.19	33	1967.99	48
理县	4322.20	0.00	0	0.00	0	89.76	2	755.44	18	3476.99	80
黑水县	4145.00	0.00	0	0.00	0	19.05	0	735.13	18	3390.82	82
绵竹市	1246.43	589.54	47	124.46	10	250.91	20	185.12	15	96.40	8
什邡市	820.63	388.26	47	109.90	13	147.32	18	79.59	10	95.56	12
安县	1400.20	829.39	59	221.43	16	283.31	20	65.69	5	0.37	0
中江县	2200.32	2174.17	99	26.15	1	0.00	0	0.00	0	0.00	0

表 5-2 汶川地区典型县（市）耕地资源坡度分异

县（市）\ 名称	<5°	5°～8°	8°～15°	15°～25°	>25°
汶川县	4.01	3.45	12.26	28.04	52.24
理县	2.65	2.80	8.24	21.61	64.70
黑水县	1.23	1.53	8.29	30.99	57.96
绵竹市	93.24	1.47	1.83	1.94	1.52
什邡市	93.78	1.19	1.68	2.15	1.20
安县	68.52	13.28	10.76	4.02	3.42
中江县	28.75	16.58	30.37	20.56	3.74

汶川地区各县（市）经济发展水平差异较大，位于西部山区的黑水县和东部平原的中江县是人均收入最低的地区，中部半山半平原的绵竹市、什邡市以及西南部的汶川县是人均收入较高同时第二产业、第三产业发展较好的地区，如表 5-3 所示。

表 5-3 区域经济发展基本水平

市县名称	人口（万人）	GDP（亿元）	第一产业比重（%）	第二产业比重（%）	第三产业比重（%）	财政总收入（万元）	人口密度（人/平方千米）	人均 GDP（元）	人均消费额（元）
汶川县	10.54	28.62	6.27	77.15	16.58	28334	25.81	27143	3512
理县	4.51	6.34	12.04	64.18	23.78	5409	10.43	14069	1969
黑水县	5.90	5.02	19.05	56.52	24.43	3928	14.24	8511	1026
绵竹市	51.36	142.41	11.59	68.60	19.81	195396	412.11	27728	5465
什邡市	43.08	107.42	11.98	64.50	23.52	287090	525.04	24936	6528
安县	51.64	52.08	35.55	39.41	25.04	28526	368.87	10085	3583
中江县	142.08	106.16	36.51	33.26	30.23	31985	645.72	7472	2196

二、人口疏散格局

汶川地区是全国典型的人口迁出区，其内部各乡镇之间的疏散格局也有显著的差异。根据人口疏散度的定义，将调研收集的各乡镇外出务工人口数量与乡镇面积的比例作为该乡镇的人口疏散度，以此测量由于人口外出务工对地区人口密度产生的影响。通过计算汶川各乡镇 2005 年的迁出务工人口疏散度可以发现，各乡镇之间人口疏散的差异较大，基尼系数达 0.5449。各乡镇人口疏散度在数量上分布不均衡的同时，在空间格局上也有较大差异。通过对 2005 年汶川地区典型县（市）人口疏散度按自然断裂点法进行分级，结果如图 5-2 所示。这一时段人口疏散度具有明显的区域集聚性，空间自相关系数达 0.4436，整体来看，东部、中部和西部县市都有地理空间上临近，同时人口疏散度较大的乡镇。

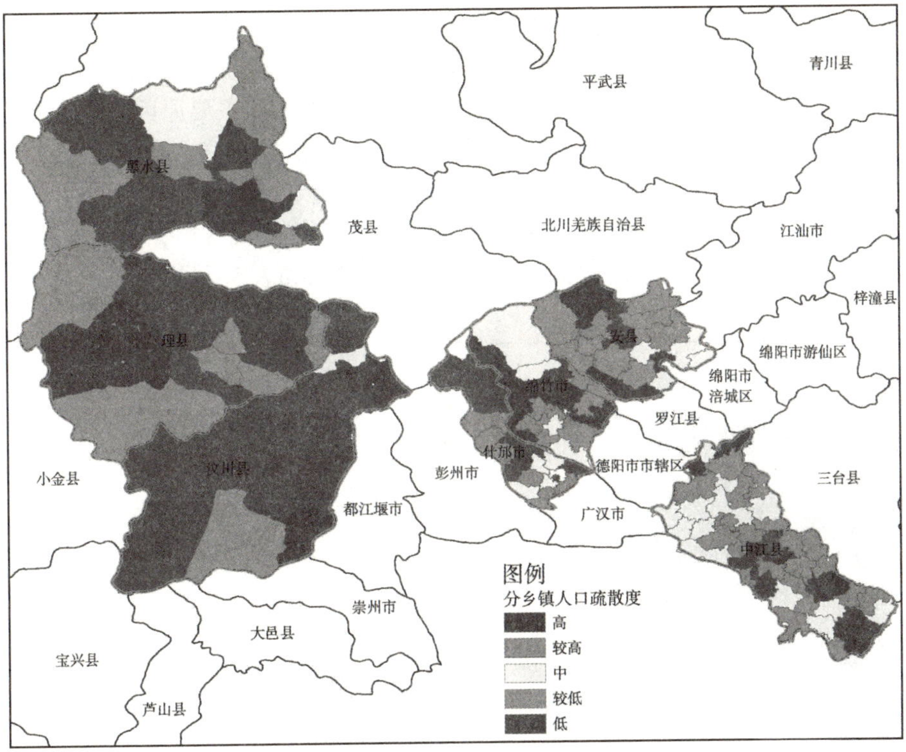

图5－2　汶川地区典型县（市）人口疏散格局

三、人口疏散区的影响因素及机理

（一）人均耕地数量

从宏观生态系统熵的角度来看，区域人均耕地数量少，意味着人口从外界获得的可利用的内能流量少，此时区域系统内部压力较大，人均占有能量较低。如果系统可以从其他地区摄取能量，或系统降低自身新陈代谢产生的熵值，则区域内部压力减小。为降低系统熵，需要向外迁移人口，人均耕地越少意味着外界能量越少，人口压力越大，地区人口疏散度越大。从迁移微观个体的角度来看，如果以从事农业耕种作为主要生活来源，则耕地是成年劳动力的主要工作对象。当地区人口过量、人均耕地较少时，会产生大量剩余劳动力，这部分青年劳动力被囿于狭小的土地上，人均拥有极少量的工作对象，使农村人均收入极低，随着农业耕作机械化的推进，剩余劳动力将越来越多，而这部分剩余劳动力实际上构成了农村的隐性失业，仅靠有限的土地并不能改善人口的生活条件，也不利于人口自身的发展。我国很多学者通过对农民工的大量调查问卷也证实了，家中土地较少、农业现代化水平高，在家无事可做是农民外出务工的主要原因之一（侯峰，2007）。以汶川地区为例，2006 年汶川地区人均耕地的数量分布如图 5 - 3 所示，耕地数量呈偏态分布，即较多的人口占有较少的土地，人均耕地较少的区域占大多数。现将人均耕地数按分布频率如图 5 - 4 由少到多分成五组，分别计算各组人均耕地数量对应的人口疏散度的平均值，所得结果如表 5 - 4 所示。

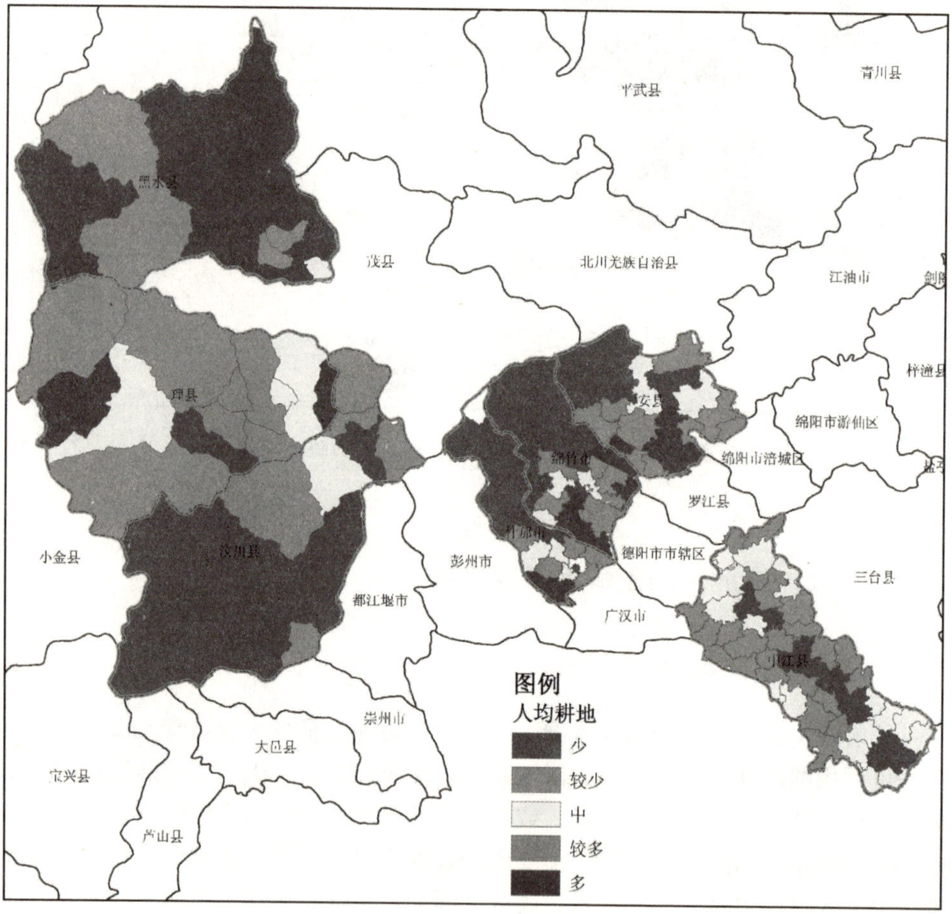

图 5 - 3　2006 年汶川地区人均耕地分布图

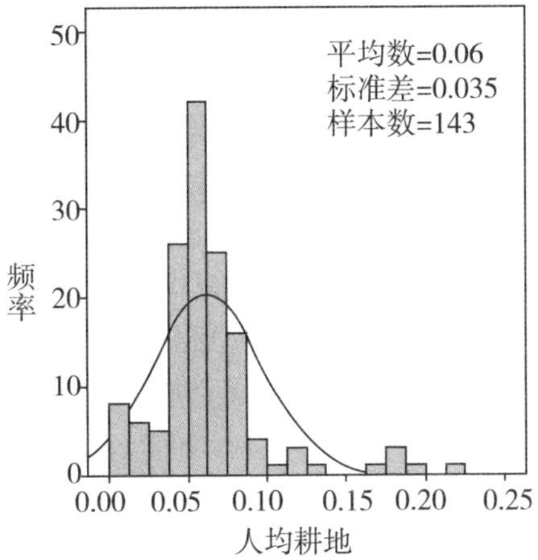

图 5-4 汶川地区人均耕地分布频率

表 5-4 人均耕地面积与人口疏散度的对应关系

人均耕地面积分级	人均耕地面积（人/hm^2）	人口疏散度平均值（人/km^2）
少	<0.02	11.49
较少	0.06～0.02	104.34
中等	0.08～0.06	88.55
多	0.08～0.15	68.51
较多	>0.15	2.51

从表 5-4 中可以看出，农村人均耕地较少的地区是人口疏散度最高的地域，即人均耕地面积较少的地区单位土地面积上外出务工的人口最多。而人均耕地面积较多的区域人口疏散度普遍较低。但是人均耕地最少的区域人口疏散度并不是最低，有两种可能的原因可以解释这一现象：一是人均耕地最少的地区有可能是以第二产业和第三产业发展为主，非农经济的发展可以吸纳更多的劳动力就业，所以人口不向外迁出；二是地区人均耕地过少，人们的生活来源主要依靠土地，当人均土地量较少，人民生活极度贫困，农民经过若干年的劳作之后仍没有积累起足够的资本，没有能力支付向外务工时需要花费的成本，也丧失了与外界沟通的有效途径，思想观念封闭，所以单位面积人口向外迁移量较少。

（二）农民人均纯收入

从宏观生态系统熵的角度看，进入人类生态系统的能量越高的地区承受人口集聚的能力越强，而人类利用外部能量的多少，一是取决于外部发展环境，二是取决于自身的发展水平，发展水平越高的地区越能够有效地利用外部能量，因此人口越集聚。衡量区域发展水平高低的指标之一为农民人均纯收入，即农民人均纯收入越高的地区人口迁出的压力越小。从微观个体收益角度出发，任何一个理性的经济型迁移者所做的迁移决策都是为了增加自身收入，提高生活水平。当人口通过迁移能获得更高的收入时，人们就产生迁移的意愿。根据托达罗人口迁移模型的解释，农业劳动者在决策是否要迁移到城市时主要受两方面因素的影响，一是考虑城市与农村实际收入的差异，二是考虑城市的就业率或失业率，即农业人口在城市找到工作的可能性。根据我国先后开展的对外出务工人口迁移目的调查统计的结果可知，提高收入是我国人口迁移的首要原因。

当人均收入较低时，人口需要为外出付出的机会成本相对较小。根据美国经济学家刘易斯的理论，发展中国家一般存在着由传统农业部门和现代工商业构成的二元经济结构。在一定的条件下，传统农业部门的边际生产率为零或负数，劳动者在最低工资水平上提供劳动，因而存在无限劳动供给。城市工业部门的工资比农业部门的工资稍高，并假定这一工资水平不变。由于两部门存在较大的工资差异，诱使农业剩余人口向城市工业部门转移。

以汶川地区为例，将人均地区生产总值与对应的人口疏散度做皮尔逊相关分析，其相关系数达0.46。由此可见，人均收入对人口向外迁移具有决定性影响。但是托达罗和刘易斯的理论在我国并不能完全适用，在我国人口做出向外迁移决策时存在着收入门槛，低于或者高于这一收入门槛人口向外迁移的数量都较低。以汶川地区为例，通过对143个乡镇务工型人口的收入和人口疏散度研究发现，这一地区农民人均纯收入在3000～4500元时，人口向外疏散的程度急剧增加，如图5－5、图5－6所示。

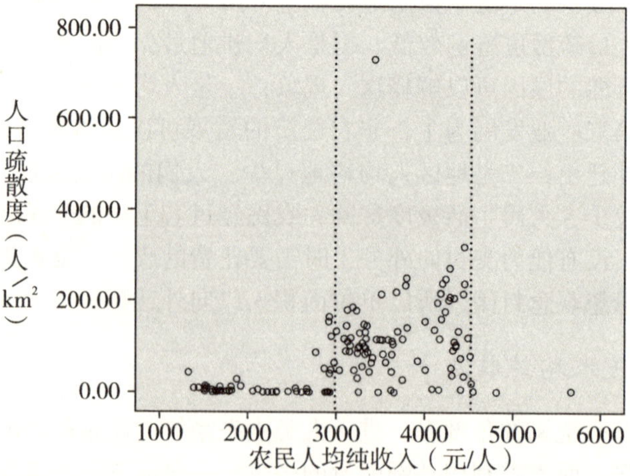

图5－5　汶川地区农民人均纯收入分布频率

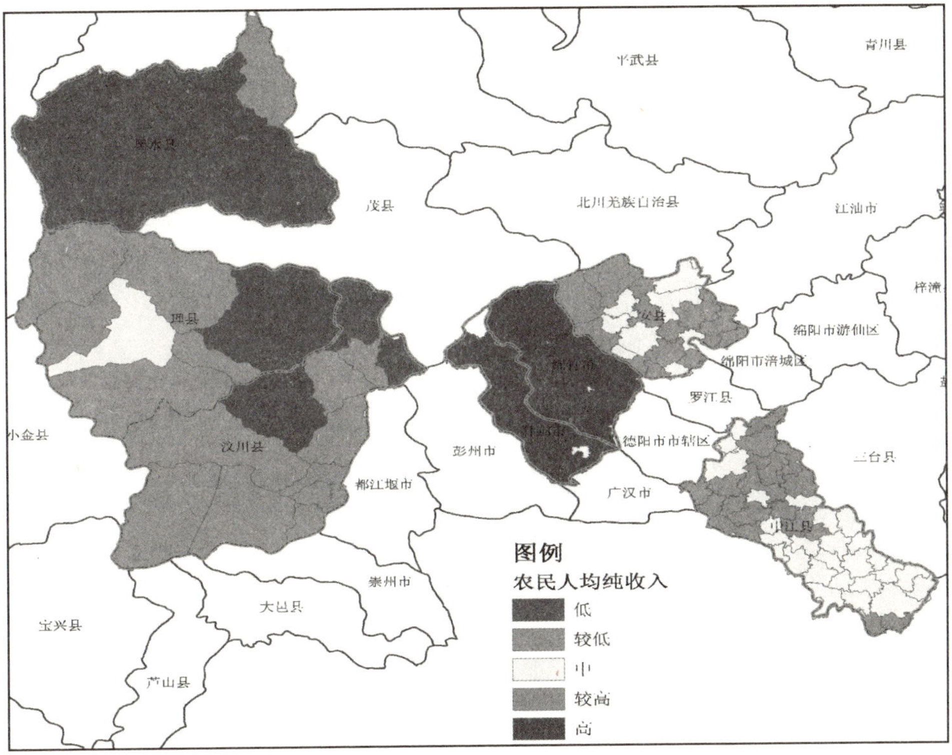

图5-6 汶川地区农民人均纯收入分布格局

（三）产业结构

从宏观生态系统熵的角度来看，人类生态系统靠外部输入能量来生存。在外部能量数量相同的情况下，以第二产业和第三产业为主的地域能够更高效地将人类系统以外的能量转换为系统内部能量使用，使相同地域面积能容纳和供养更多的人口，与此对应的第一产业供给人口相对较少，因此地区之间的能量差使人口从以农业为主要功能的地区向以非农为主的第二产业、第三产业集聚的地区流动。从微观个人收益角度看，从事一般种植业的收入和发展机会远低于从事制造业和服务业的收入和发展机会，因此，当人口具有改变自身旧有发展路径的能力时，原本从事农业的人口会选择跳出农业圈向第二产业和第三产业移动。根据经济学中的配第-克拉克定理，随着人均收入水平的提高，劳动力首先由第一产业向第二产业转移，当人均收入水平进一步提高，劳动力由第二产业向第三产业转移。

通过观察汶川地区人口就业结构和产业结构可以发现，目前这个地区人口就业大部分停留在第一产业，第一产业的产值比例明显高于四川省乃至全国的平均水平，而第一产业的劳动生产率是三大产业中最低的，因此该地区人口收入水平必然低于全国平均水平。此外，地区经济结构还决定了人口就业机会的多寡，从而影响人口迁移的决策。研究区中绝大部分县（市）的第二产业、第三产业比重低于全省和全国平均水平，因此未能提供充足的就业和发展空间，这些都是迫使人口向外迁移、寻求更好发展前途的推力因素。汶川地区各乡镇第一产业产值分布情况如图5-7、图5-8所示。为研究产业结构对人口疏散度的影响，现将汶川地区第一产业产值比例按分布频率分成五组，分别计算不同产业结构下各组人口疏散度的平均值，所得结果如表5-5所示。

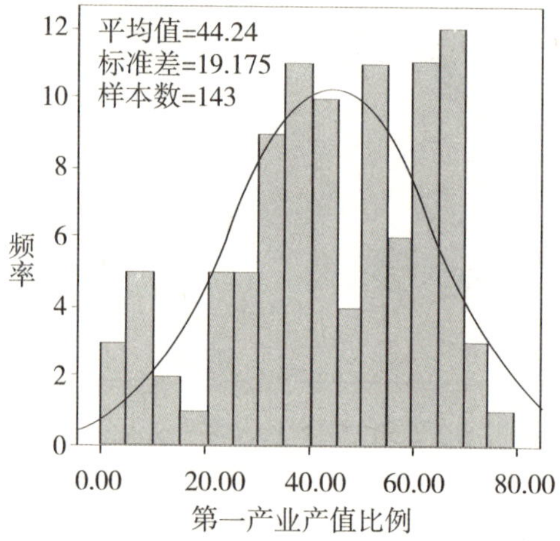

图5-7 汶川地区各乡镇第一产业产值比重分布频率

表5-5 不同产业结构下人口疏散度的变化

第一产业比例分级	人口疏散度（人/km^2）	第一产业产值比例（%）
低	88.94	<20
较低	110.65	20～35
中	130.81	35～50
较高	156.30	50～60
高	111.20	>60

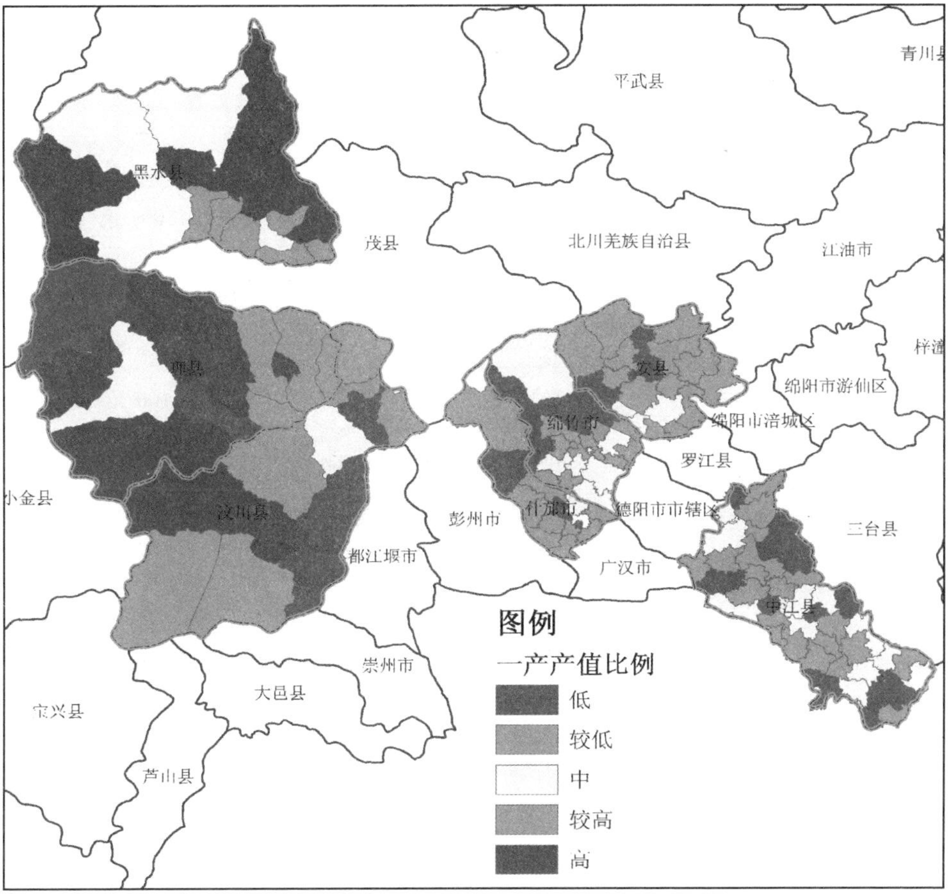

图 5-8　汶川地区第一产业产值比重空间分布格局

由表 5-5 可以看出，当地区第二产业、第三产业较发达时，对人口的吸纳力较强，因此地区人口疏散度较低。而以第一产业为主要经济支柱的地区由于缺少就业岗位，单位土地面积上外出务工的人口较多。汶川地区第一产业的比例在 35%～60%之间的乡镇人口疏散度最大。从统计表中可以看出，第一产业比例最高的地区并不是人口疏散度最大的区域，主要原因在于本身耕地较少又以务农为主要收入来源的家庭，人口净收入较少，没有足够的迁出能力。以汶川地区的中江县为例，中江县是一个典型的传统农业大县，通过对当地农户种植水稻的成本和效益进行的调查发现，扣除种植过程中的育秧、耕作、收割等劳动用工支出，以及种子、肥料、农药等物质费用支出，每亩（1 亩≈666.67 平方米）水稻的净收益仅 263.5 元（表 5-6）。而通过对中江县外出务工人口的问卷调查统计发现，外出务工人口的收入远高于在家务农的收入（表5－7）。

表5－6　2007年中江县农户水稻生产成本和效益核算表

<table>
<tr><th colspan="2">项目</th><th>数量</th><th>单价</th><th>金额</th></tr>
<tr><td colspan="2">水稻产值</td><td>600千克/亩</td><td>1.78元/千克</td><td>1068元/亩</td></tr>
<tr><td colspan="2">其中主产品产值</td><td>600千克/亩</td><td>1.78元/千克</td><td>1068元/亩</td></tr>
<tr><td colspan="2">副产品产值</td><td>0</td><td>0</td><td>0</td></tr>
<tr><td rowspan="6">劳动用工</td><td>育秧</td><td>2个/亩</td><td>50元/亩</td><td>100元/亩</td></tr>
<tr><td>耕作</td><td>1个/亩</td><td>50元/亩</td><td>50元/亩</td></tr>
<tr><td>移栽</td><td>2个/亩</td><td>70元/亩</td><td>140元/亩</td></tr>
<tr><td>大田管理</td><td>1.5个/亩</td><td>50元/亩</td><td>75元/亩</td></tr>
<tr><td>收获</td><td>1个/亩</td><td>70元/亩</td><td>70元/亩</td></tr>
<tr><td>小计</td><td>8.5个/亩</td><td></td><td>435元/亩</td></tr>
<tr><td rowspan="7">物质费用</td><td>种子</td><td>1千克/亩</td><td>20元/千克</td><td>20元/亩</td></tr>
<tr><td>肥料</td><td></td><td></td><td>60元/亩</td></tr>
<tr><td>农药</td><td></td><td></td><td>9.5元/亩</td></tr>
<tr><td>灌溉</td><td></td><td>120元/亩</td><td>120元/亩</td></tr>
<tr><td>机械</td><td></td><td>60元/亩</td><td>60元/亩</td></tr>
<tr><td>其他</td><td></td><td></td><td>100元/亩</td></tr>
<tr><td>小计</td><td></td><td></td><td>369.5元/亩</td></tr>
<tr><td colspan="2">总成本</td><td></td><td></td><td>804.5元/亩</td></tr>
<tr><td colspan="2">收益</td><td></td><td></td><td>263.5元/亩</td></tr>
</table>

资料来源：农户访谈及农产品交易网站。

表 5－7　中江县外出务工人口收入调查

指标名称	单位	全国	东部地区	中部地区	西部地区
在外务工总收入	万元	224.3	58.5	34.3	131.5
外出人数	人	341	80	51	210
人均收入	元	6578	7312	6725	6262
人均月收入	元	730	813	748	696

资料来源：汶川地区调研，2005 年中江农民工调查报告。

四、人口压力指数的综合测度

（一）指标选择

借鉴已有的综合测度指标体系成果，遵循系统性、完整性、有效性、科学性、可操作性等原则，在前述对人口疏散地迁出人口承受压力分析的基础上，将人口疏散地对迁出务工人口施加的压力，即人口迁出地对人口的推力归纳为资源环境、经济水平以及生计水平三个方面：①资源环境类指标，主要反映地区自然资源环境对人口发展的压力，具体包括地区人口密度、地形起伏度、坡度大于 25 度的土地面积占总面积的比重；②经济水平指标，主要反映地区经济发展水平对人口流动的影响，具体包括人均财政收入，第二产业、第三产业的从业人口比重，综合基础设施建设；③生计水平指标，主要反映人口获得生计的难易程度对人口迁移的影响，包括农民人均纯收入、人均粮食产量、人均耕地数量和人口抚养比。三个方面既有联系又有区别，笔者通过研究这三个方面指标力求全面准确地反映地区发展综合水平对人口迁移的影响。

（二）指标权重的确定方法——熵值法

确定模型指标权重通常有两种方法：一种为主观型权重确立法，采用专家赋值法，通过统计专家组打分，把指标得分率作为指标权重；或者按指标重要性进行两两比较，按 1～9 标度求取判断矩阵，再用 AHP 法（层次分析法）求排序向量，则求得的归一化后的排序向量的各个分量就是相应的指标权重。另一种为客观型权重确立法，是在数据分类标准已知的条件下，通过数据挖掘确定指标权重。熵值法确定权重现已被广泛运用于社会经济等研究领域。在社会系统中应用时，信息熵在数学含义上等同于热力学熵，但含义上主要是指系统状态不确定性程度的度量。一般认为信息熵值越大，系统结构越均衡，差异越小，或者变化越慢；反之，信息熵值越小，系统结构越是不均衡，差异越大，或者变化越快。所以，可以根据熵值大小，也即各项指标值的变异程度计算出指标权重。由于目前人口推力因素各指标相对重要性难以确定，不同专家意见也不同，为了避免人为确定权重的主观性，此处运用熵值法，以汶川地区7个县（市）143个乡镇为基本评价单元，对各乡镇对人口产生的推力进行综合评价。

熵值法计算步骤如下。

（1）构建原始指标数据矩阵：有 m 个城市，n 项评价指标，形成原始指标数据矩阵 $X=\{x_{ij}\}m\times n(0\leqslant i\leqslant m,\ 0\leqslant j\leqslant n)$，$x_{ij}$ 为第 i 个地区第 j 个指标的指标值。

（2）数据标准化处理：对于正向指标 $X'_{ij}=X_{ij}/X_{\max}$，对于逆向指标 $X'_{ij}=X_{\min}/X_{ij}$。

（3）计算第 j 项指标下第 i 个城市指标值的比重 P_{ij}：

$P_{ij}=x'_{ij}/\Sigma x'_{ij}$。

（4）计算第 j 项指标的信息熵值 e_j：

$e_j=-k\Sigma p_{ij}lp_{ij}$，其中 $k=1/lnm$。

（5）计算评价指标 j 的信息熵冗余度，即差异性系数 g_j：

$g_j=1-e_j$。

（6）计算评价指标 j 的权重 W_j：

$W_j=g_j/\Sigma g_i$。

（7）计算单项指标得分 S_{ij}：

$S_{ij}=W_j x'_{ij}$。

（8）计算第 i 个地区得分值 S_i：

$S_i=\Sigma S_{ij}$。

（三）人口疏散地压力的综合测试结果及分析

根据熵值法计算的步骤，对汶川地区11项指标生成的1573个原始数据进行处理，计算出相应值，并绘出有关图件，以分析汶川地区不同乡镇对人口推力的空间差异。其中11项指标的信息熵、冗余值和权重值如表5－8所示，从指标的权重排序看，前五位是人均耕地、人口密度、人均粮食产量、第二产业从业人口比重和农民人均纯收入。这说明在汶川地区造成地区人口向外疏散和地区间人口疏散情况差别的主要因素是人地关系紧张度（即人均耕地、人口密度），以及经济水平（即产业结构和农民收入状况）。

表 5－8　人口疏散区对流出人口施加推力的综合测试指标体系

系统层	子系统层	指标层	信息熵	冗余度	权重
地区对迁出人口的推力	资源环境	人口密度	0.9660	0.0340	0.1935
		地形起伏度	0.9909	0.0091	0.0517
		坡度大于 25 度	0.9857	0.0143	0.0814
	经济水平	人均财政收入	0.9862	0.0138	0.0786
		第二产业从业人口比重	0.9814	0.0186	0.1056
		第三产业从业人口比重	0.9934	0.0066	0.0378
		综合基础设施建设	0.9908	0.0092	0.0524
	生计水平	农民人均纯收入	0.9851	0.0149	0.0847
		人均粮食产量	0.9808	0.0192	0.1091
		人均耕地数	0.9652	0.0348	0.1977
		人口抚养比	0.9987	0.0013	0.0075

1. 人口承受的自然资源环境压力

从人口承受的自然资源环境压力子系统得分数值可以看出，各乡镇之间的自然资源环境压力差异比较悬殊（表 5－9），地区间得分数值差距较大，同时空间分布也有一定的规律，资源压力分布的空间自相关度极高。西部山区人口承受的资源环境压力最大，从东向西依次经过平原、丘陵和山地，随着海拔高度不断上升，地形起伏度和坡度逐步增大，人口的自然环境压力逐渐增强（图 5－9）。

表 5－9　资源压力得分统计量

资源类	样本	范围	最小值
	143	$1.92E^{-1}$	$1.40E^{-3}$
	最大值	平均值	标准差
	$1.94E^{-1}$	0.033	0.035
	方差	偏度	峰度
	0.001	1.006	0.203

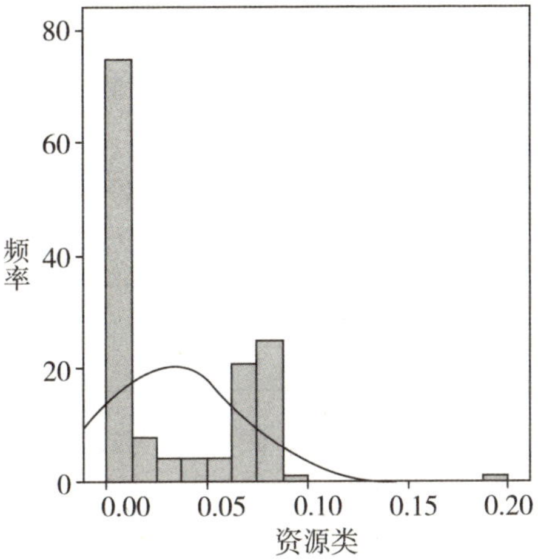

图 5－9　资源压力分布

从具体的评价指标来看，人口密度和地区坡度值变化较大，是影响各乡镇人口资源环境压力差异的主要因素。汶川地区自然资源环境压力分布图如图 5 - 10 所示。西部地区的大部分乡镇以及中部什邡市、绵竹市、安县的部分乡镇人口自然压力大的主要原因是地区坡度大于 25 度的用地占总用地面积的比重过大，导致人口能够利用的生存空间极少，使得人类生存的自然环境压力较大。东部中江县部分乡镇资源压力较大的原因在于这一历史悠久的农业耕种地区经过长时期的发展，繁衍了大量的人口，使地区人口密度较大，导致人口的自然环境压力较大。

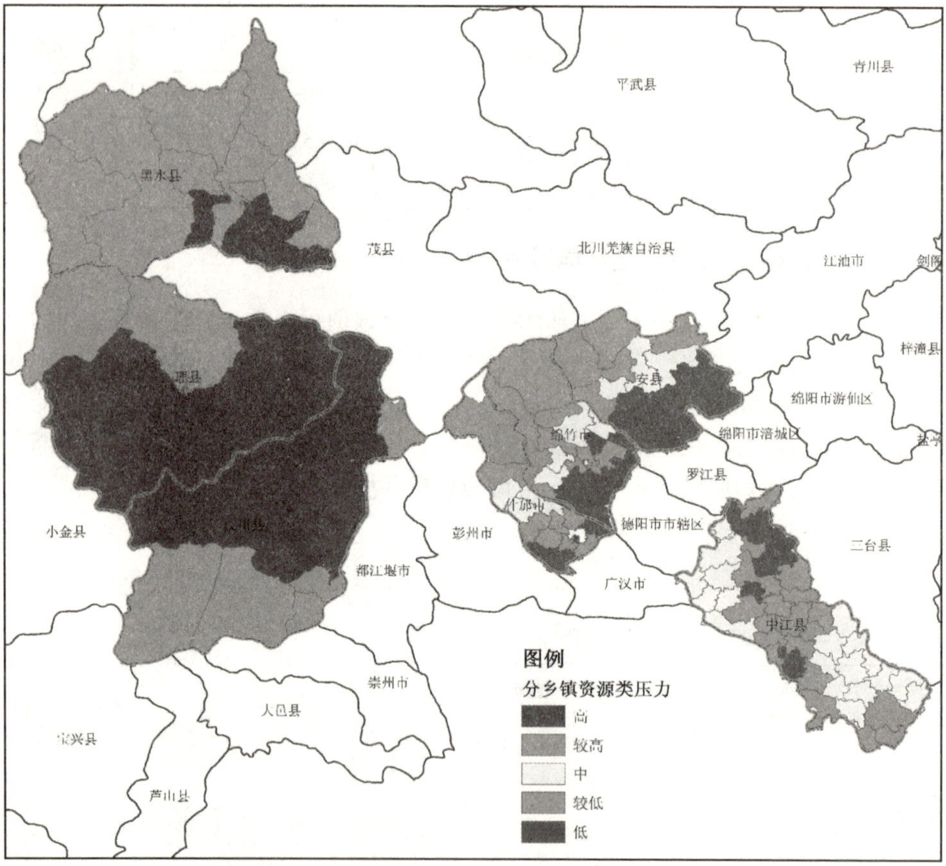

图 5 - 10　汶川地区自然资源环境压力分布图

2. 人口承受的经济压力

从人口承受的经济压力子系统得分数值可以看出，各乡镇之间的经济压力也呈偏态分布（表5-10），并且地区间得分数值差距较大，同时经济压力的空间分布存在极大的空间自相关性。经济压力的整体格局是东西两冀地区人口承受的经济压力最大，从东西两翼缓慢向中部地区过渡人口承受的经济压力逐渐减小（图5-11）。

表5-10　经济压力得分统计量

经济类	样本	范围	最小值
	143	$3.93E^6$	0.082
	最大值	平均值	标准差
	$3.93E^6$	$7.79E^5$	$7.49E^5$
	方差	偏度	峰度
	0.001	1.18	1.15

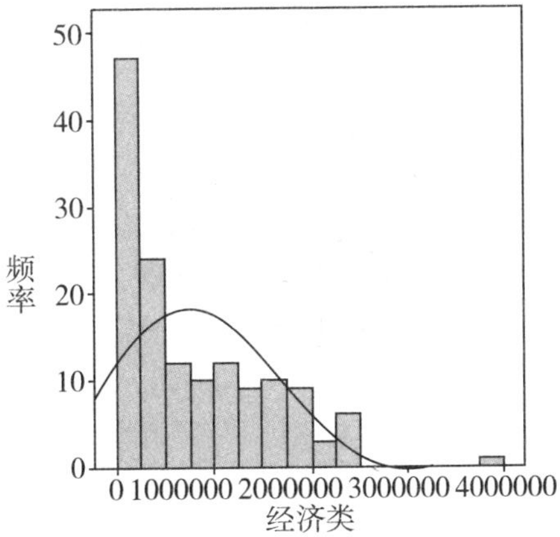

图5-11　经济压力分布

从具体的评价指标来看，第二产业在经济中所占的比重是影响各乡镇人口经济压力的主要因素，也是导致各乡镇经济压力差异的主要原因。汶川地区经济压力分布如图5-12所示。西部地区的大部分乡镇地势较高、坡度较大、第二产业发展落后，地区的人均财政收入较低，导致人口生存的经济压力较大。东部中江地区的产业结构也以第一产业为主，从事第一产业的人口比例远高于全省的平均水平，人口众多，耕地较少，同时人均收入较低，从而导致人口经济压力较大。

3. 人口承受的生计压力

从人口承受的生计压力子系统得分数值可以看出，各乡镇之间的生计压力差异比前两个系统更为悬殊（表5-11），地区之间差距更大，同时地区之间同一类型地域在空间上的集聚性也更强。整个西部山区人口承受的生计压力是这一地区中最大的，从西部向中部地区依次减少。经过山地、丘陵、平原的过渡带时这一现象尤其明显。到东部地区，人口的生计压力增大（图5-13）。

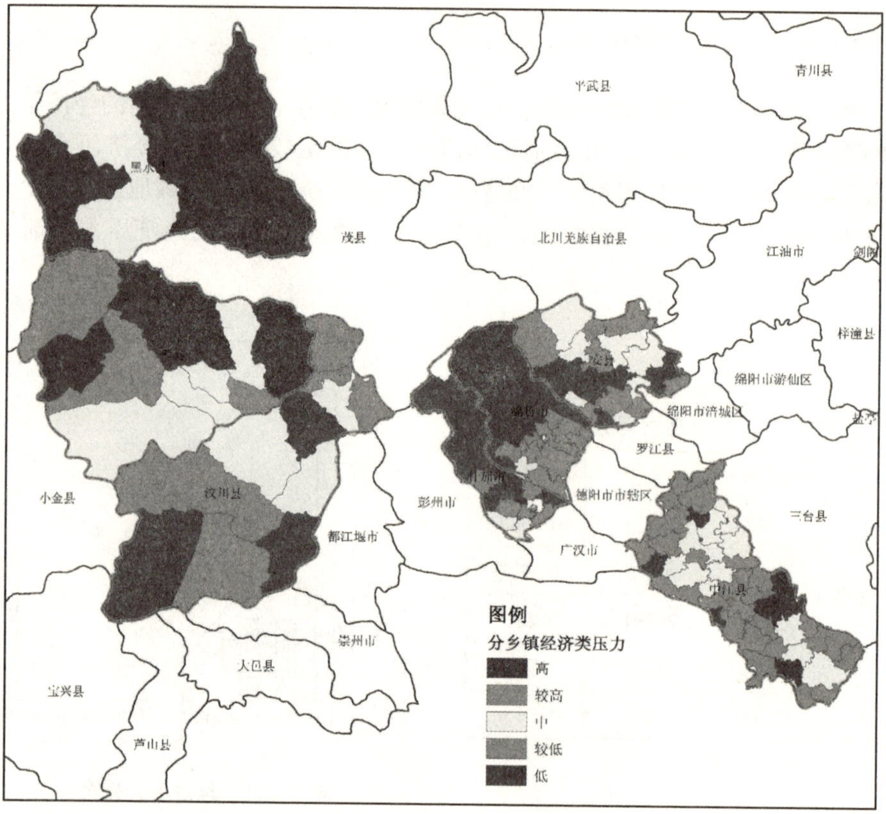

图 5-12　汶川地区经济压力分布图

表 5-11　生计压力得分统计量

生计类	样本	范围	最小值
	143	2.31	2.45E^{-2}
	最大值	平均值	标准差
	2.334	0.095	0.22
	方差	偏度	峰度
	0.049	8.091	76.774

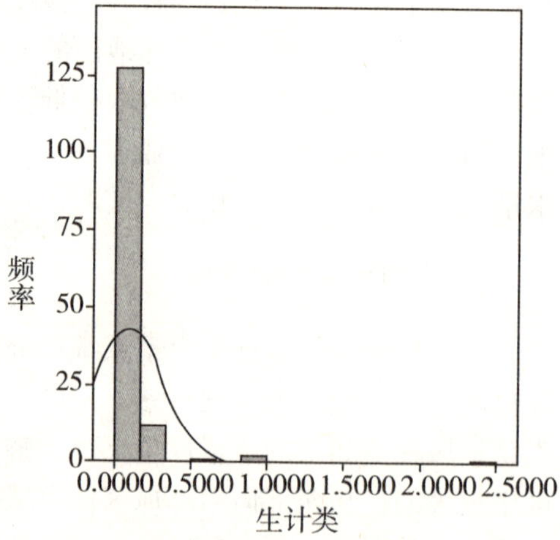

图 5-13　生计压力分布

从具体的评价指标来看，人均耕地占有量和农民人均纯收入是影响各乡镇人口生计压力的主要因素，也是导致各乡镇生计压力差异的主要原因。汶川地区人口生计压力分布如图 5－14 所示。西部地区的大部分乡镇地势较高、坡度大，可以利用的优质耕地少，地区人均耕地较少导致人口生存压力较大。东部中江县的耕地数量较多，是全国粮食生产先进县标兵。但是由于县域人口总量大、密度高，导致人均占有耕地量较少，同时在地区的产业结构中第二产业、第三产业比重较低，人口没有其他的出路，所以生计压力较大，即地区对人口流出的推力作用较强。

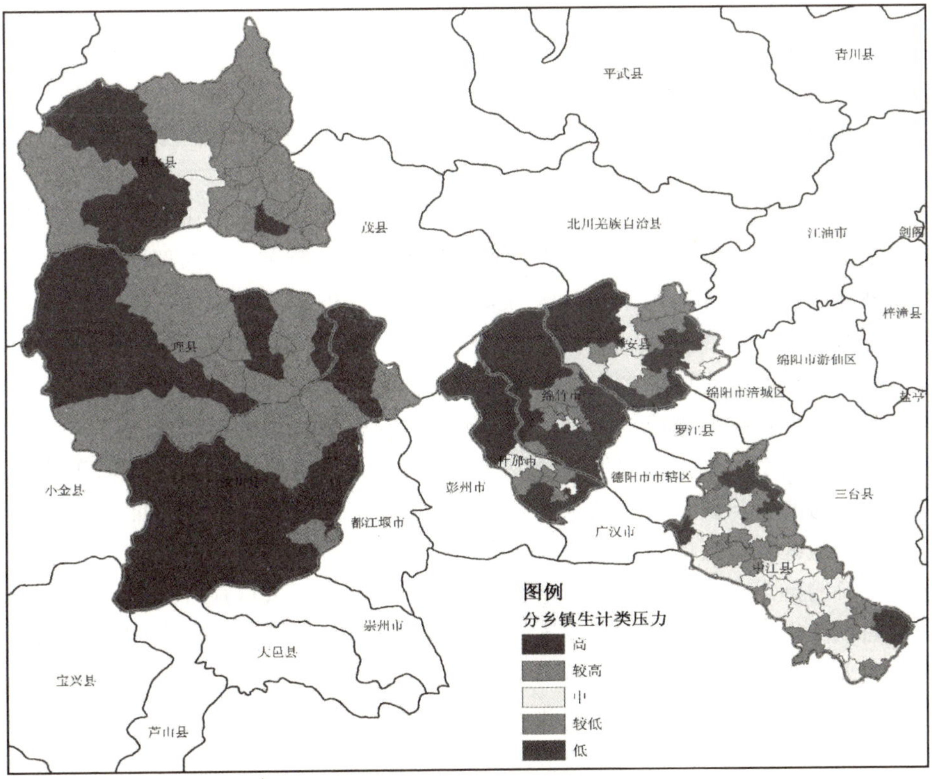

图 5－14　汶川地区人口生计压力分布图

4. 人口承受的地区总压力

在三个子系统得分计算的基础上可以得出汶川地区各乡镇的人口所受到的总体压力值，即区域对人口的推力值（表 5－12、图 5－15）。

表5-12 人口压力总得分统计量

人口压力	样本	范围	最小值
	143	0.4791	0.0101
	最大值	平均值	标准差
	0.4893	0.067164	0.0961164
	方差	偏度	峰度
	0.009	2.938	8.461

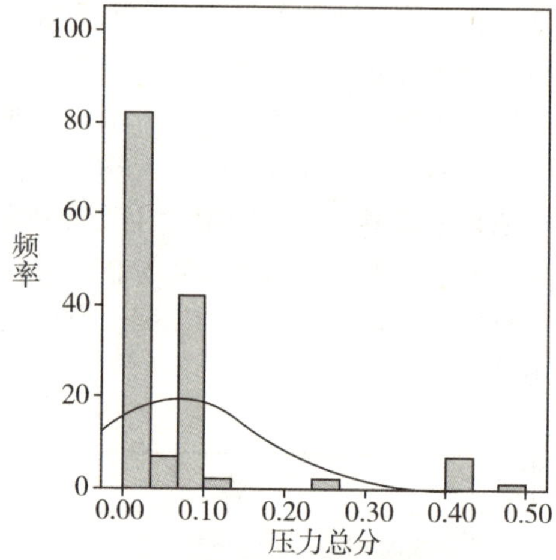

图5-15 总体压力分布

通过对总体压力数值差异以及空间分布格局的比较，人口压力在地域和空间上的集聚性较强。整个西部山区人口承受的生计压力最大，从西部向中部人口压力逐渐减小。到东部地区，人口压力又继续增大，但东部平原地区整体的压力仍小于西部山区（图5-16）。

从上述理论分析可知，人口所承受的压力越大，即地区对人口施加的推力越大，对应的人口疏散度应该越高。为研究地区对人口产生的推力与人口疏散度的数量关系，将地区推力按分位法分成五级，分别计算各级别的人口疏散度平均值和对应压力的平均值，所得结果如表5-13所示。随着地区对人口推力作用的不断增加，地区人口疏散度不断增大，即单位面积流出的人口不断增多。但是当地区对人口的推出力，即人口压力增长到最高值区间时，人口疏散度反而降低，即单位面积流出的人口反而减少。这一反常现象可用人口的迁移能力来进行解释，因为当人口压力最大时，人口所在地的自然条件、经济状况、生计状况均较恶劣，同时人口自身对外界的认知和对向外流动后生活改善的程度都没有足够的把握，因此压力最高的地区人口疏散度反而减少。地区对人口的推力与区域人口疏散度大致呈倒“U”形对应关系（图5-17）。

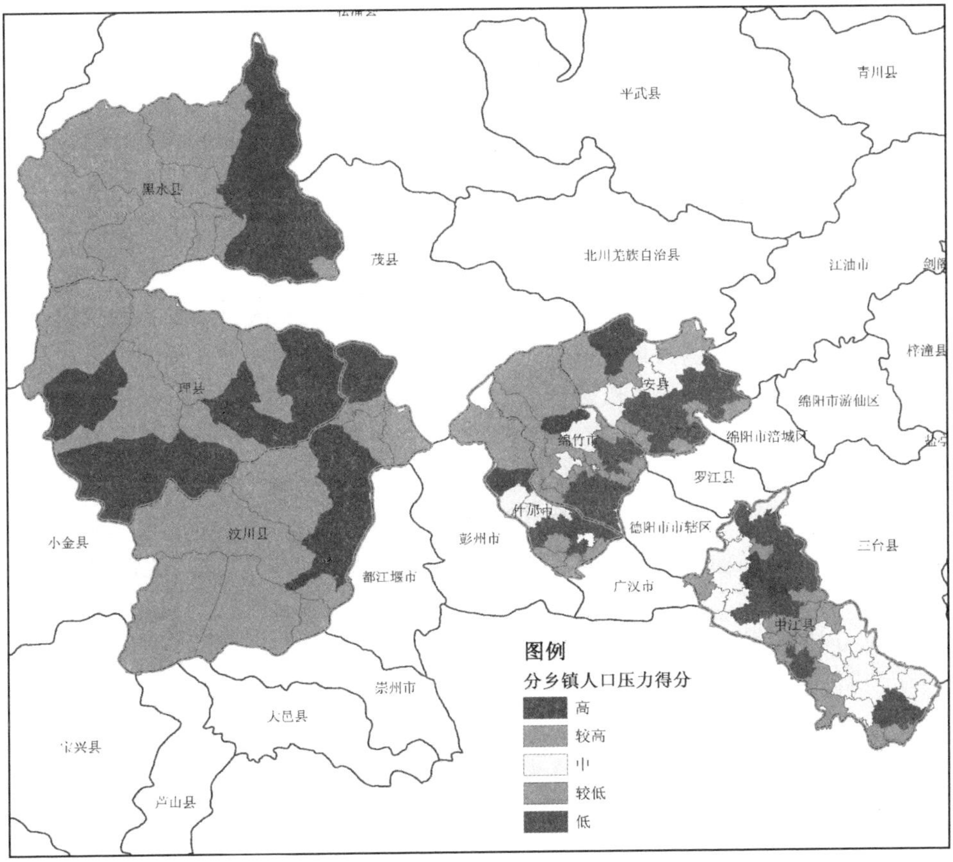

图 5－16　汶川地区人口压力分布图

表 5－13　汶川地区人口压力对应的人口疏散度

人口压力得分分级	人口疏散度平均值
低	95. 95
较低	176. 51
中	153. 59
较高	120. 88
高	13. 56

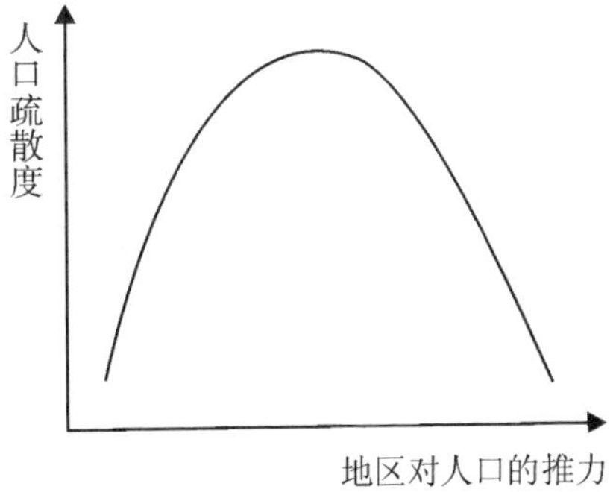

图 5－17　地区推出力与人口疏散度的关系

五、不同类型区县人口疏散的动力因子差异分析

由于不同地区生产要素的组合方式不同，因此人口向外疏散时受到的驱动力内部构成也不同。即具有同样人口疏散度的地区，虽然计算结果中人口承受的外部压力数量相同，但外部压力的内部构成如资源环境压力、产业经济压力和生计压力的组合方式各不相同。

由前述对人口疏散区迁移人口承受压力的分析可知，人口向外疏散时所受到的多元压力影响可归纳为自然资源压力、经济压力和生计压力。为了综合比较这三种动力因子对不同地区人口疏散度影响能力的大小，选取2006年各区县的坡度大于25度土地面积比例、第一产业从业人口比重、人均耕地数量分别代表自然资源环境压力（X_1）、经济压力（X_2）和生计压力（X_3），将这三个因素作为自变量，对应的人口疏散度得分作为因变量（Y），建立人口疏散度与其动力因子的多元线性回归模型，分地区进行回归。根据前面对人口空间疏散格局的分析，在东部、中部、西部分别选取汶川县、安县和中江县作为分析实证县。用SPSS 17.0软件对数据进行分析处理，经检验，自变量之间不存在多重共线性的问题，因此可以直接纳入模型进行回归。回归结果如表5-14所示。

表5-14　回归有效性

地区名	R^2 值	调整后的 R^2 值	F 值	显著性
汶川县	0.958	0.949	112.93	0.000
安县	0.964	0.962	1012.79	0.000
中江县	0.929	0.926	268.37	0.000

由回归方程结果可以看出，三个变量对于方程拟合优度较好，方程均通过了显著性检验，回归方程效果显著。标准回归系数值的大小反映了该指标对因变量的影响强弱，数值越大对因变量的重要性越高。为了比较三个因素对人口疏散度作用力的相对大小，此处采用标准回归系数，最终建立的各地区人口疏散度的多元线性回归方程依次如下：

$$\text{汶川县}\quad Y=-0.846X_1+0.196X_2-0.367X_3$$

$$\text{安　县}\quad Y=0.014X_1+0.233X_2+0.828X_3$$

$$\text{中江县}\quad Y=-0.051X_1+0.072X_2+0.974X_3$$

从各地区回归方程的系数看，自然、经济和生计压力共同影响了地区人口的迁移情况，但不同地区内部各子系统对人口疏散度的影响力并不相同。同一影响因素对人口外迁的作用力在不同的地区甚至是相反的。例如在汶川县，自然环境（标准化系数为 -0.846）是影响人口外迁的主要因子，经济（标准化系数为 0.196）和人口生计（标准化系数为 -0.367）是影响人口外迁的次要因子。并且自然和人口生计水平对人口外迁的影响都是负向影响，即地区自然环境越恶劣、人口生计来源越少的地区人们反而越少迁出的行为。这与中国现实情况也是相符的，在自然条件最恶劣的地区，虽然人们的收入水平较低，生活条件较差，但由于信息闭塞，对外界不了解，人们缺乏冒险精神而不愿意外出务工，导致贫困自身恶性循环。在安县，影响人口外出务工的因素按其重要性从高到低排序依次是生计压力、经济压力和自然压力。安县的人口受到自然环境压力时所做出的迁出决策与汶川地区正好相反，即自然环境压力越大，人口疏散度越高，这表明这一地区的人口在受到自然环境胁迫时已经开始做出外出务工的应对措施。但对这一地区人口外出影响最大的因素是地区人口的生计水平，说明该地区人口外出更多的是受家庭压力和生活所迫。在中江县，影响人口外出务工的因素按其重要从高到低排序性依次是生计压力、经济压力和自然压力，但在中江地区生计压力对人口疏散的作用力要高于其对安县和汶川县的作用强度。原因在于中江地区自然条件较好，发展历史悠久，在经历了长期发展以后地区人口数量较大，但区域内部没有相应的就业岗位可以支撑众多人口，人均耕地随着人口数量的增长而快速减少，人口的生计难以维持，因此生计压力较大，人口被迫向外迁移。

人口迁移的影响因素在不同的地区具有不同的作用方向和作用强度，这就要求区域制定人口迁移政策时应注意分辨各区域的特征，根据区域内部影响人口迁移的要素构成和组合方式，有针对性地提出具有区域特色的调控措施。

第三节　人口疏散区未来的发展趋势

虽然同为务工型人口的输出地，但是由于不同地区内部影响要素的组合方式和作用力度不同，人口外出迁移时受到的各类压力也存在差异，导致人口迁出的底层驱动力不同，人口疏散区未来的发展态势也不一致。目前我国的人口疏散格局中，有两种类型最为典型：一是从自然环境相对较差的山区农村流入城镇的务工型人口迁移，二是从粮食主产区的平原地区农村流入城镇的务工型人口迁移。因此，以下仅对这两类人口疏散区未来的发展趋势加以探讨。

一、自然环境驱动迁移的山区

自古以来，自然条件恶劣的地区就是人口分布的低值区。即使在不考虑经济原因的情况下，人类作为自然界生物的一部分也具有向更好的栖息地迁移的倾向。当我们将自然条件与经济因素空间叠加时也会发现，通常自然条件恶劣的地区也是经济发展的低值区。在我国生存条件相对恶劣、经济发展落后的山区是这一类地区的典型。人类的自然和社会属性使人们的各种活动带有寻求生存和发展机会的烙印，因此这一类型山区通常也是人口流出区，经济型人口迁出通常受到经济和生存环境的双重压力。

山地型区域人口疏散的影响因素之一是人均粮食产量较低，其原因在于山区本身的水、土、光、温等自然要素的组合不利于粮食作物的生产。山区的自然环境条件决定了山区土地利用结构中耕地少而林草地多，人均耕地少、粮食产量低，地区食物的自我供给能力差。由表 5 – 15 可知，研究区内的山区县人均粮食产量明显低于全国的平均水平。因此，在不考虑粮食流通的情况下，山区人口的自然承载能力相对较差，人口具有向外迁出的倾向，地区疏散度较大。

表 5 – 15　典型山区与全国土地利用结构比较

类型	耕地（%）	林地（%）	草地（%）	建设用地（%）	其他（%）	人均粮食产量（吨/万人）
汶川县	3.15	58.16	37.69	0.45	0.56	1487
理县	1.49	49.46	48.52	0.10	0.42	1818
黑水县	3.57	45.63	49.93	0.05	0.82	2802
四川省	13.02	44.20	29.79	3.39	9.59	3997
全国	18.40	35.53	39.51	4.81	1.75	4062

山地型区域人口疏散的影响因素之二是地区人口收入水平较低。人口收入水平较低的直接原因在于山区的产业结构中第一产业比重较大，第二产业、第三产业没有得到相应的发展，产业结构和就业结构水平落后于平均水平。但是山区产业结构和就业结构落后的根源在于地区自然环境不利于第二产业、第三产业的大规模投资建设。以第二产业的投资建设为例，建设同样面积的开发区，在山区平整用地所产生的土方量和工程量显著大于平原地区，由此带来了额外的经济建设成本（表 5 – 16）。

表 5－16　各种地形条件下的正常土方工程数量

坡度 / 工程量	<5%	5%～10%	10%～15%	15%～20%
每公顷土方工程量（m^3）	2000～4000	4000～6000	6000～8000	8000～10000
建筑物占地面积上土方工程量（m^3/m^2）	2～4	3～4	4～8	8～10

资料来源：陈国阶，等：《中国山区发展报告》，商务印书馆 2003 年版，第 202 页。

第二产业和第三产业本身的产业性质决定其需要与外界做大量的物资周转、信息交换，对基础设施、软硬件的配套要求较高。大部分山区地势险要、交通闭塞，同等运输量的货物在山区要消耗更多的运输费用，同时基础设施建设的投资成本也更高，公路建设的千米投资量是平原区的 2 倍甚至 3 倍以上。比如在横断山区、四川盆地周边山区建设 1 千米高速公路往往超过 5000 万元，这对山区有限的财政收入而言是无法负担的数额。即使建成一条进山公路也很难形成有效的交通网络，山区产业不发达，人流物流密度不大，即使建成交通干线，运营的效率和效益也很低。根据我国城市规划和建设的规定，自然坡度大于 25 度的地区已经是不适宜建设的用地（表 5－17）。但在大多数山区中，坡度大于 25 度的土地占总面积很大的比例。以本研究区中的山区县为例，坡度在 25 度以上的土地面积占总面积的一半以上，而坡度在 8 度以下的土地面积占总面积不到 5%，区域建设用地规模受自然条件的限制，未来可供建设的备用地也较少，影响区域工业化城镇化规模的扩大。

表 5－17　城市主要建设用地适宜规划坡度规定

用地名称	最小坡度（%）	最大坡度（%）
工业用地	0.2	10
仓储用地	0.2	10
铁路用地	0	2
港口用地	0.2	5
城市道路用地	0.2	8
居住用地	0.2	25
公共设施用地	0.2	20
其他	—	—

资料来源：中华人民共和国建设部《城市用地竖向规划规范 CJJ83—99》。

此外，山区大规模建设的生态成本也相对较大。由于山区物种更为丰富，同时很多山区也是大江大河的发源地，是主要河流的上游地区，一旦遭受破坏损失更为严重。另外，山区的地势陡峭，大规模改造自然风貌进行人工建设不但会破坏生态环境，而且会引发建设过程中塌方、泥石流等多种危险。此外，山区的生态敏感性较大，同样建设规模所需要的生态修复的成本更高。部分生态脆弱区，一旦建设规模超过生态阈值，所引起的生态成本骤然上升，此时治理的成本大大上升，建设所取得的利润很可能不抵生态修复所需要的成本（图5－18）。另外，由于整个区域被山区包围，在大规模工业生产时排放的工业废气往往被山脉阻挡而不能迅速消散，从而造成区域环境污染。此外，不少山地城镇坐落在深切河谷内的洪积扇形地或支沟泥石流堆积台地上，这些城镇都可能受到山洪和泥石流灾害的威胁。因此，从理性的角度来看，在同样的政策条件下，投资建设者都会选择建设条件较好、生态敏感度较低的平原地区进行建设。

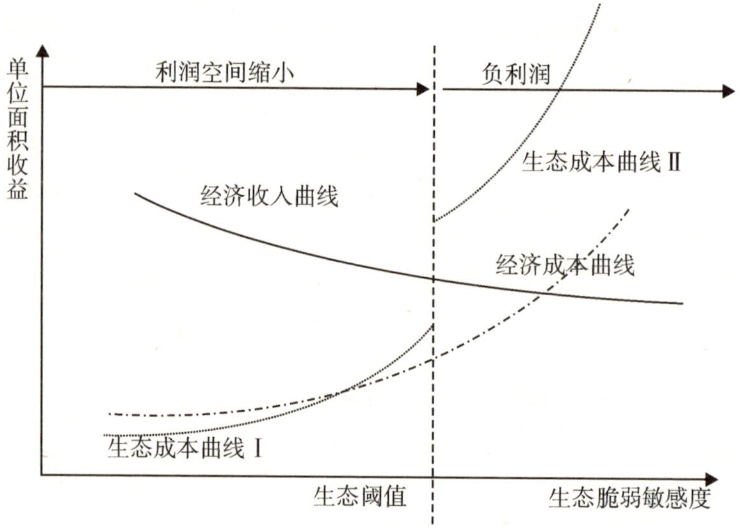

图5－18　地区生态敏感度与建设开发的成本收益曲线

因此，可以认为山区地域由于自然环境的独特性、生态保护的重要性、经济建设的不经济性、交通的不便捷性等原因，未来仍不适宜大规模的人口集聚，与此同时，在其他地区人口城镇化的进程中，这一类地区中各乡镇仍然是人口流出的主要地区，通过人口不断向外疏散使本地区单位面积承载的人口数量不断减少。

二、生计—经济驱动迁移的平原地区

在平原地区，一般人口的外迁都源于人多地少的生存压力和产业结构偏低级的经济压力。以我国的粮食主产区为例，我国的粮食主产区富存着大量的农村劳动力，这些农村人口同时承受着生计和经济的双重压力。为比较粮食主产区和非粮食主产区农村劳动力的流动情况，将全国分为三大区，即粮食主产区、非主产区的经济发达地区和非主产区的经济欠发达地区[①]。发达与欠发达地区以2005年人均GDP值为划分标准，高于15000元为发达地区，反之为欠发达地区。经统计，粮食主产区的农村劳动力转移规模远大于非主产区（表5-18）。

表5-18　1998—2004年粮食主产区与非粮食主产区农村劳动力转移规模

年份	主产区			发达地区			欠发达地区		
	农村劳动力总量（万人）	转移劳动力数量（万人）	转移劳动力比重（%）	农村劳动力总量（万人）	转移劳动力数量（万人）	转移劳动力比重（%）	农村劳动力总量（万人）	转移劳动力数量（万人）	转移劳动力比重（%）
1998	28741.30	8550.00	29.75	6486.70	2875.60	44.33	11204.20	2380.10	21.24
1999	29024.67	8601.90	29.64	6561.02	2933.82	44.72	11310.77	2448.98	21.66
2000	2967.53	9220.56	31.08	6727.13	3139.40	46.67	11564.48	2804.68	24.65
2001	29724.39	9538.49	32.09	6873.44	3329.44	48.44	11631.11	2910.00	25.02
2002	29873.60	10084.70	33.76	6828.50	3361.40	49.23	11825.60	3090.90	26.14
2003	30040.78	10791.21	35.92	6921.52	3556.80	51.39	12008.77	3363.43	28.01
2004	30401.60	11634.55	38.27	7103.62	3825.62	53.85	12190.06	3639.11	29.85

资料来源：《中国统计年鉴》（1999—2005）和国家统计局农村劳动力转移专项调查数据。

从我国2005年粮食产量分级图中可以看出，我国粮食产量较大的平原农业区也是迁出人口较多的人口流出区（图5-19）。这一类型区人口迁出的主要原因在于生计和经济水平的驱动。由于这一类地区历史悠久，经过长期的发展后地

---

①　粮食主产区包括黑龙江、吉林、辽宁、甘肃、河北、河南、山东、江苏、安徽、江西、湖北、湖南和四川13个粮食产省。非主产区的经济发达地区包括北京、天津、上海、浙江、福建和广东。非主产区的经济欠发达地区包括山西、广西、海南、重庆、贵州、云南、陕西、甘肃、青海、宁夏、西藏和新疆12个省（自治区、直辖市）。

域面积上承载着大量的人口，使区域人口密度较高，人均耕地较少。众多人口集聚在有限的土地上，地区经济又以第一产业为主，没有其他的经济增长点，因此人口维持基本生计较为困难。城镇是人口集聚的地域，而城镇化的发展需要依靠工业化的带动，在以农业为主的平原地区缺乏工业化的刺激，因此大量农村人口会向周边城镇地区或者发达地区迁移。

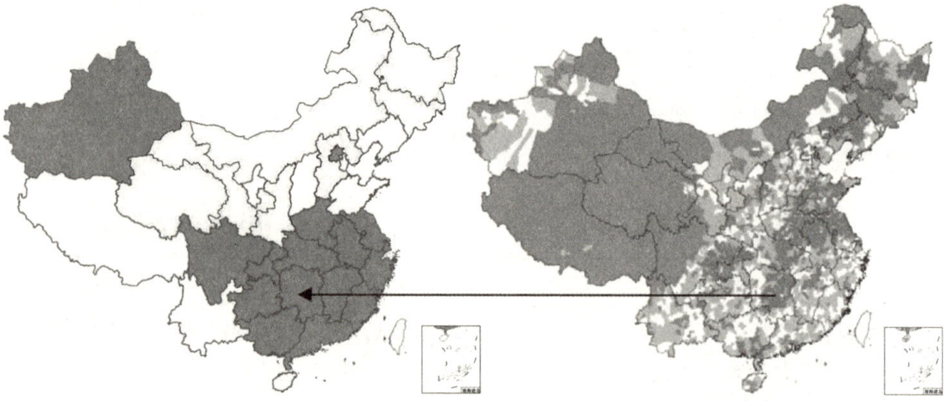

图 5－19　省际人口净迁移量分级与粮食产量分级对应

然而，未来这类地区并不一定都将成为人口的净疏散区。在这类区域中将有小部分地域在得到合适的机会受到某些外部因素的刺激后，由原来的人口净迁出地区变为人口迁入地区。比如濒临珠三角地区的梧州市，随着珠三角产业不断升级改造，部分产业已经开始向合适的地区转移。梧州市位于珠三角地区的西部，顺利地承接了部分产业转移。梧州市政府产业转移的统计数据显示：2004 年以来，全市产业转移项目 1051 个，占项目总数的 75.2%，投资总额 301.6 亿元，占全部项目投资总额的 85.8%；实际到位资金 156 亿元，占全部项目实际到位资金的 68.1%。产业转移投资项目涉及工业、农业、流通业、服务业、基础设施、房地产等多个领域。在承接东部产业转移中引进的工业项目占产业转移项目总数的 60%。这些工业项目涉及四大种类，即纺织类企业，有色金属及不锈钢制品生产企业，石材开采、加工企业，以及机械、电子生产加工企业。为了顺利迎接产业转移，梧州市建立若干个工业园区，并配置了相应的硬件设施和软件政策。这些园区内部发展的项目和园区位置如表 5－19 所示，不少园区所在地的镇，原本为人口净迁出区，或者只有少量的人口迁入。可以预想，随着园区内部项目的不断落实，产业的不断发展壮大，未来必然产生大量就业岗位，需要大量的劳动力，原来从此区域迁入到珠三角的务工型劳动力势必回流到家乡，区域人口疏散格局将开始改变。将来随着本地经济的进一步壮大，在区域内部的剩余劳动力全部被本地工业吸纳之后，该区域进一步吸纳区外劳动力，成为新的经济增长点。即原来为人口增长点的区域将进一步吸引人口集聚。

表 5－19　梧州市工业园区及 2007 年园区所在镇的人口净迁移情况

（单位：人）

园区名称	所在地	发展产业	迁入	迁出	净迁移
万秀区工业集中区	旺甫镇	林产、化工产业	116	173	－57
蝶山区工业集中区	塘源村	食品、机电、金属制品	41	33	8
长洲区工业集中区	平浪村	再生资源回收和深加	—	—	—
梧州进口再生资源加工区	新地镇	金属冶炼、林化产业	188	413	－225
苍梧工业园区	龙圩镇	家电、石材产业	399	646	－247
岑溪市工业集中区	岑城镇	钛制品、建材产业	797	722	75
藤县工业集中区	藤州镇	茧丝绸、食品产业	621	1147	－526
蒙山县工业集中区	蒙山镇	发展医药、轻工、纺织产业	325	456	－131

资料来源：梧州市调研数据、《梧州市统计年鉴 2007》。

值得一提的是，这种原本为人口疏散地后来转化为人口集聚地的区域并不是在地域空间上大量存在的。因为在区域发展的过程中，根据人类活动的规模经济性、产业发展的集聚性、人类保护资源环境和国土空间集约式开发的需要，使得工业化不可能呈现遍地开花的局面。目前我国人口疏散区中的大部分区域在未来的发展中仍然会继续呈现出人口疏散的局面，从而导致这类地域单位面积上人口数量减少，人地压力减轻。

第六章　人口集聚地域对迁入人口的作用机理

根据第三章的理论框架可知，经济型人口迁移在决策时会同时受到人口迁入地、迁出地和人口自身条件等综合因素的影响。为了方便研究，本章主要讨论人口集聚地区对迁入人口的作用力。

第一节　人口集聚区对迁入人口的拉力分析

一、区域人口收入水平

西方学者普遍将高工资收入作为影响人口迁移的主要因素。较多的就业机会、较高的工资收入、较好的生活条件和受教育机会是人口流入地吸引外地人口的主导作用因素（唐纳德·博格）。诺贝尔经济学奖得主刘易斯（1954）将发展中国家的经济部门划分为传统农业和现代工业部门两类，将两部门之间经济结构上的差异和经济收入上的差异作为导致两部门之间劳动力转移的原始驱动力。改革开放以后我国人口迁移数量急剧增大，学者们对各空间尺度迁移人口进行的问卷调查和几次人口普查统计结果都表明，更高的收入水平或者收入增长预期是人口迁移的主要原因（李树茁，1994；朱农，2001；龙奋杰、刘明，2006）。自改革开放以来，我国东部地区的人均国内生产总值（简称“人均 GDP”）始终高于中部和西部地区（图 6－1），并且随着时间的推移三大地区间人均 GDP 的绝对差距也在不断扩大（图 6－2），与此相对应人口在迁移过程中也在从中西部地区向东部高收入地区集聚。

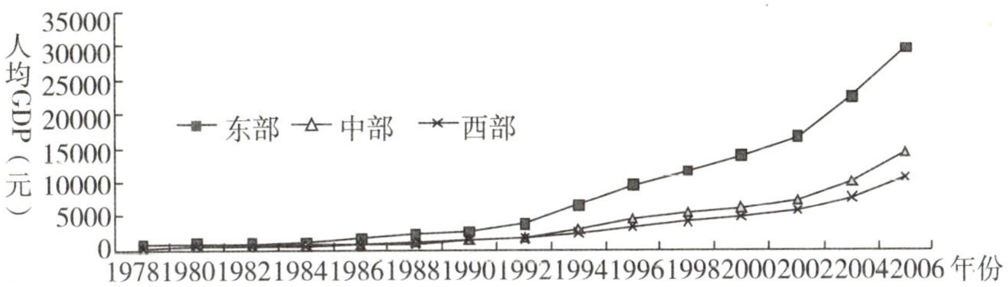

图 6－1　1978—2006 年三大地区人均 GDP① 比较

资料来源：根据《新中国 60 年》整理计算。

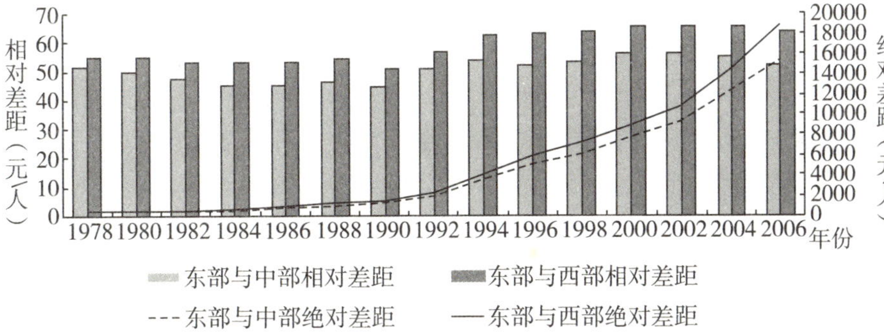

图 6－2　东部与中部、西部人均 GDP 绝对差距和相对差距的变化②

资料来源：根据《新中国 60 年》整理计算。

通过对不同地区务工经商类迁移人口的月收入和月收入增长率进行比较也可以看出，东部地区较高的务工收入和西部地区较高的收入增长率都对外来务工人口形成了强烈的吸引力（表 6－1）。

表 6－1　务工经商人口在三大地区的分布比例及务工月收入情况

地区	务工经商类人口		不同地区务工月收入		
	迁入人口数（人）	比例（%）	2005 年（元）	2001 年（元）	2001—2005 年年均增长率（%）
东部	435851	89.77	875	695	8.0
中部	16355	3.37	823	624	8.0

① 人均 GDP 按当年价计算。

② 人均 GDP 按当年价计算；绝对差距 = 大值 − 小值；相对差距 =（最大值 − 最小值）/最大值 × 100%。

续表 6-1

地区	务工经商类人口		不同地区务工月收入		
	迁入人口数（人）	比例（%）	2005 年（元）	2001 年（元）	2001—2005 年年均增长率（%）
西部	33296	6.86	824	585	10.2
全国	485502	100	875	695	8.2

资料来源：2005 年人口 1% 抽样调查，国务院农民工办课题组，2009 年。

在省域层面，人口集聚地的职工工资收入也高于人口疏散地的工资水平。以跨省农民工迁移为例，农民工集聚的几个主要省（直辖市）包括广东、浙江、上海、北京、江苏等，主要输出地包括安徽、江西、四川、湖南、河南等。对其同年度职工工资进行统计，发现职工工资较高的地区都是主要的人口迁入省（直辖市）（图 6-3、图 6-4）。

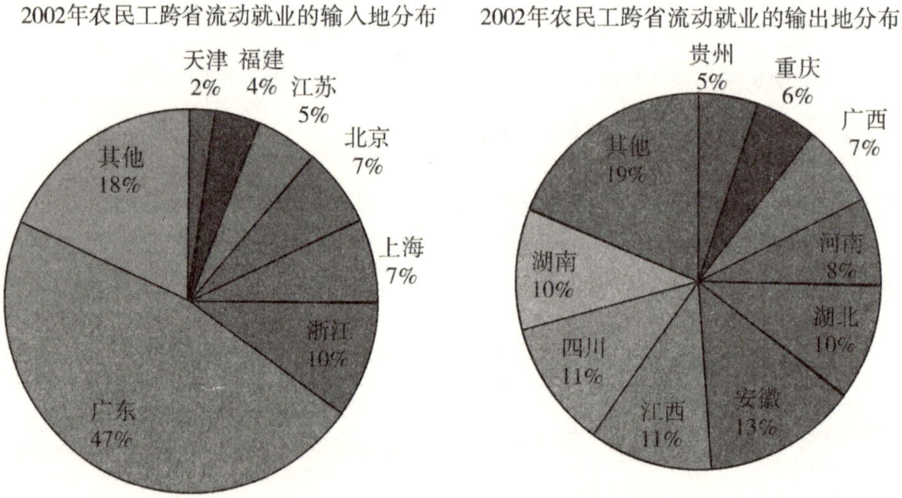

图 6-3 2002 年农民工跨省流动的输入地与输出地分布

资料来源：国家统计局农村社会经济调查队 2002 年调查数据。

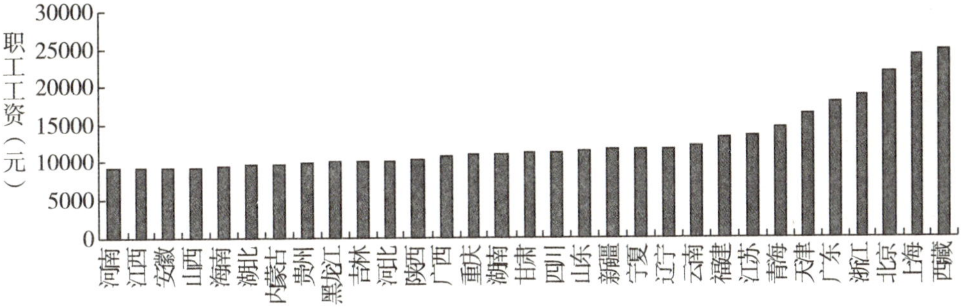

图6－4　2002年各省平均职工工资

资料来源：《中国统计年鉴2003》。

以2005年全国1%人口抽样调查数据为例，提取省际迁移中的务工经商人员数据，分别计算各省人口集聚度，再将当年各省人均GDP与分省的流入务工人口数和务工人口集聚度进行相关分析，发现务工经商类人口迁移无论是在人口集聚度上还是在迁移总量上都与人均GDP有着强烈的相关性。将人口集聚度与人均GDP进行曲线回归，发现三次方曲线回归的拟合效果最好（图6－5），R^2拟合度达0.98，且通过了统计检验（表6－2）。

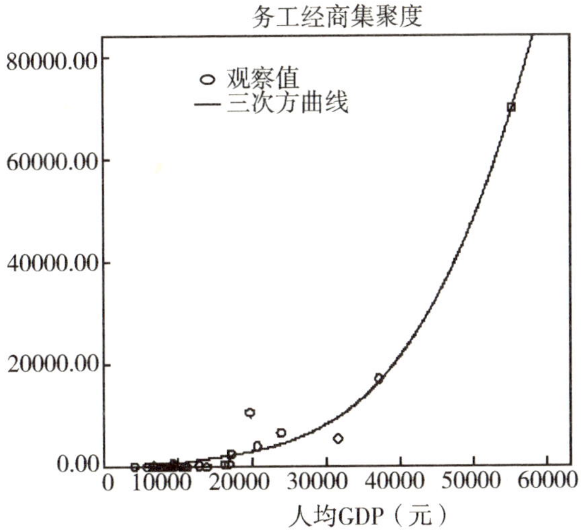

图6－5　人均GDP与人口集聚度回归

表6－2　模型拟合与参数估计

模型有效性				
R^2	F	自由度1	自由度2	显著性
0.980	438.786	3	27	0.000
参数估计				
	b_1	b_2	b_3	常数
	0.761	$-3.78E^{-5}$	$8.723E^{-10}$	−4028.536

在省域内部，务工型人口的迁移方向也是由人口收入低的地区迁向人口收入高的地区。以人口流入典型省——广东为例，广东省内部人均 GDP 收入差距较大，珠三角的人均 GDP 一直高于东西两翼及北部山区（图 6－6、图 6－7）。广东外来人口分布总体上也是以珠三角内圈层为核心，向外依次递减。粤东西两翼和粤北山区大部分地区外来人口相对较少，尤其是粤北山区和一些粤西、粤东地区外来人口总量为负，而核心的珠三角地区是人口高度集聚区（表 6－3）。

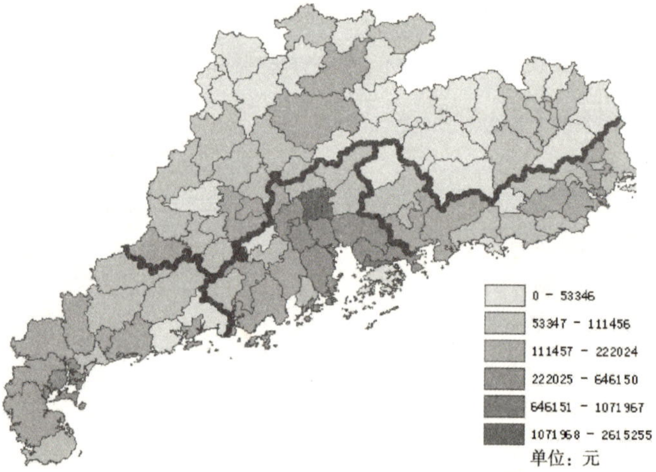

图 6－6　1990 年广东省 GDP 县域分布

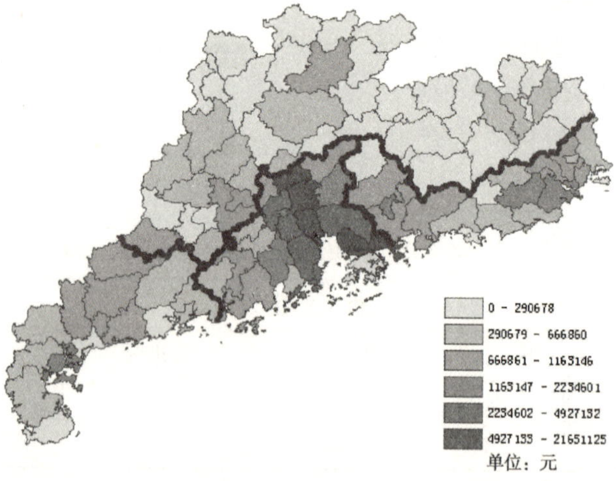

图 6－7　2000 年广东省 GDP 县域分布
资料来源：广东省调研收集数据。

表 6-3　第五次人口普查中广东省人口分布情况分区统计

	总人口（万人）	占总人口比重（%）	户籍人口（万人）	净迁移人口（万人）	城镇人口（万人）	城镇化率（%）
珠三角	4078.08	47.85	2306.56	1771.52	2919.64	71.59
粤东	1476.42	17.32	1577.40	-100.98	744.80	50.45
粤西	1347.80	15.81	1596.08	-248.27	520.79	38.64
粤北	1620.19	19.01	2018.50	-398.31	558.00	34.44

资料来源：广东省第五次人口普查数据计算。

从务工经商型人口迁移前后的行业对比也可以看出，高收入是吸引人口迁移的主要因素。在我国，农民工是人口迁移的主体，原因在于从事农业劳动所获得的收入远低于从事制造业和其他服务业所获得的收入，所以农民在脱离农业后大多转向从事制造业、建筑业及各类服务业等非农产业（图 6-8）。

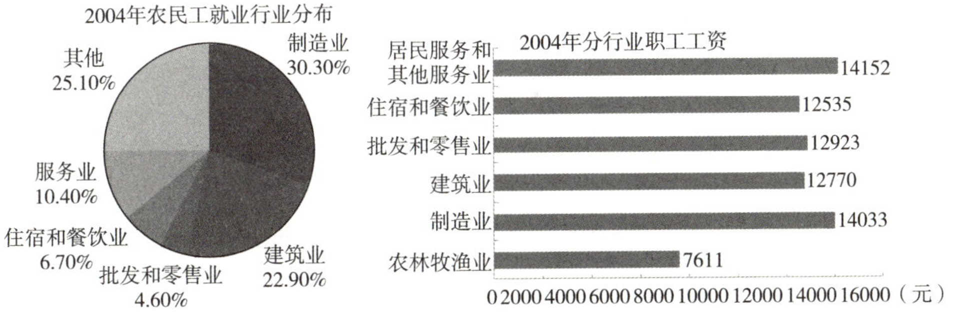

图 6-8　农民工就业行业分布与各行业职工平均工资比较

资料来源：《2004 年中国农民工调研报告》，《中国统计年鉴 2005》。

二、就业岗位

不同产业类型由于自身的生产特点不同对劳动力具有不同的吸纳强度。相对于第一产业，第二产业、第三产业可以吸纳更多的就业人口，因此，第二产业、第三产业集聚的区域也是就业人口集聚的区域，第二产业、第三产业增长所带来的就业规模增长一般大于第一产业。从近几年农民工外出务工的行业分布可以看出，制造业、建筑业和服务业是吸纳农民工的主要行业（表 6-4）。

表 6－4　不同地区农民工从事行业所占比重

（单位：%）

行业	全国	东部地区	中部地区	西部地区
采矿业	1.8	1.0	4.3	3.4
制造业	20.3	37.9	14.1	11.2
建筑业	22.9	18.3	30.1	37.0
交通运输、仓储和邮政业	3.4	3.2	4.0	3.7
批发和零售业	4.6	4.1	5.7	5.4
住宿和餐饮业	6.7	5.9	9.5	7.4
服务业	10.4	10.2	11.9	10.0

资料来源：《2007 年中国农民工调研报告》。

不同产业部门经济增长对就业的影响可以用就业弹性来表达。就业弹性是反映经济发展过程中经济增长与就业增长之间数量关系的函数。其经济含义为：经济每增长或减少 1 个百分点所引起的就业变化（不一定是同方向）的比率。由于社会经济指标数据通常按月度、季度、年度分时段统计而得，因此此处主要采用差分公式计算就业弹性。用 GE 表示经济增长速度，GL 表示劳动投入的增长速度，因此，经济增长的就业弹性可表示为：

$$E = \triangle GL / \triangle GE \tag{6-1}$$

利用我国各年度统计数据计算不同产业的就业弹性可以发现，不考虑 1997 年金融危机对产业和就业的干扰，长时期以来第二产业、第三产业的就业弹性都大于第一产业，并且随着第一产业生产技术和生产工具的使用，第一产业的发展对劳动力逐步显示出排挤效应（图 6－9）。

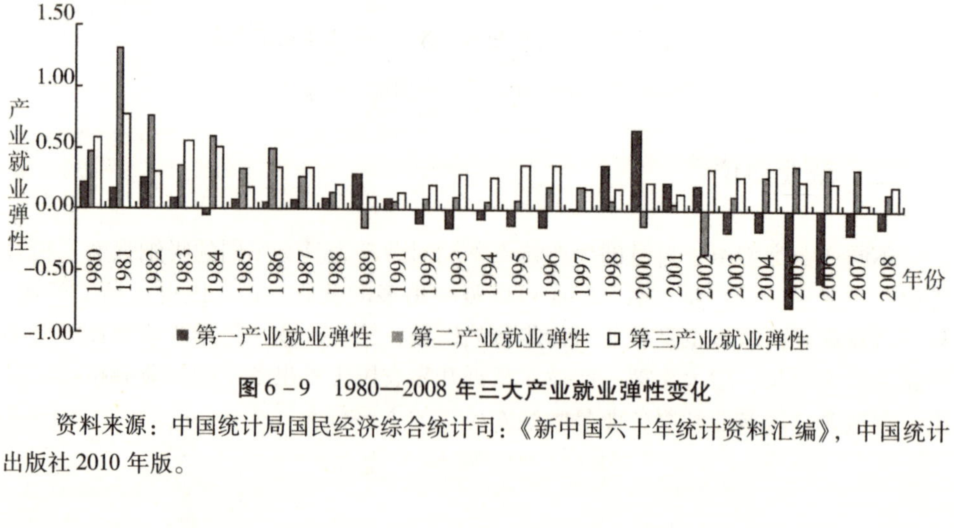

图 6－9　1980—2008 年三大产业就业弹性变化

资料来源：中国统计局国民经济综合统计司：《新中国六十年统计资料汇编》，中国统计出版社 2010 年版。

因此，可以推断第二产业、第三产业产值较高、增长幅度较大的地区是人口集聚度较大的地区。以我国三大地区为例，2005 年我国东部地区非农产业的产值比重高于中部和西部，相应的人口也在向东部集聚，省际迁移人口中 90% 以上的人口迁入了东部地区（表 6 - 5）。将 2005 年度各省非农产业结构比例和当地人口集聚度作相关分析发现两者的相关度高达 0.53。

表 6 - 5　2005 年三大地区产业比例

（单位：%）

地区	第一产业比重	第二产业比重	第三产业比重	省际迁入人口比重
东部地区	8.59	50.93	40.49	90.32
中部地区	16.13	47.23	36.64	4.26
西部地区	17.33	43.29	39.38	5.42

资料来源：2005 年全国 1% 人口抽样调查，《中国统计年鉴 2006》。

在省域内部，以广东省为例，珠三角的第二产业和第三产业发展程度高于东西两翼和北部山区（表 6 - 6），因此，人口集聚方向也指向珠三角第二产业和第三产业的发达地区。

表 6 - 6　珠江三角洲经济区、山区县（市、区）及东西两翼产业结构比较①

（单位：%）

地区	第一产业 占地区生产总值比	第二产业 占地区生产总值比	第三产业 占地区生产总值比
珠江三角洲经济区	3.78	53.80	42.42
山区县（市、区）	27.33	39.70	32.97
东西两翼	19.66	43.99	36.41

资料来源：根据广东省调研数据计算。

在第二产业内部，由于生产工艺流程和生产组织模式的不同，不同工业行业对劳动人口的吸纳力也有差异。学界按生产要素密集程度将工业行业分为劳动密集型、资本密集型和技术密集型。从生产过程和方式解析可知，劳动密集型产业

① 珠江三角洲经济区包括 13 个市、县（区）：广州、深圳、珠海、佛山、江门、东莞、中山、惠州市区、惠东县、博罗县、肇庆市区、高要市、四会市。东翼指汕头、汕尾、潮州和揭阳 4 个市，西翼指湛江、茂名和阳江 3 个市。

和中度劳动—技术密集型行业集中的地域也必然会集中大量的劳动力，这类地区行业的扩张也会引起务工型人口的集聚。通过对我国制造业中劳动密集型产业就业结构变动以及不同行业的分布地域考察可以看出，大部分的劳动密集型产业都分布在东部沿海地区（表6－7），因此沿海地区提供了大量的就业岗位吸引外来务工人口迁入，所以从全国范围看，人口由中西部地区向东部地区迁移。

表6－7　1996—2001年我国制造业部门劳动力结构变动情况

（单位：%）

要素密集度	比重上升的制造业部门	1996年	2001年	5年变动	2000年工业产值排名前三位
劳动密集型	服装及其他纤维制品制造业	4.61	6.06	5.13	广东、浙江、江苏
	皮革、毛皮、羽绒及其制品业	2.46	2.86	3.34	浙江、广东、福建
	文教体育用品制造业	1.27	1.58	0.31	广东、浙江、江苏
	家具制造业	0.98	1.06	0.08	广东、浙江、山东
	木材加工及藤、棕、草制品业	1.67	1.74	1.25	广东、浙江、江苏
	纺织业	10.41	9.18	－1.23	江苏、浙江、山东
	橡胶制品业	1.33	1.26	－0.07	江苏、上海、山东
	食品制造业	2.20	2.14	－0.06	山东、广东、江苏
	非金属矿物制品业	14.66	12.12	－2.54	山东、广东、江苏
劳动—技术密集型	电气机械及器材制造业	4.46	4.83	0.37	广东、江苏、山东
	塑料制品业	2.93	3.37	0.44	浙江、江苏、上海
	医药制造业	1.38	1.63	0.25	浙江、广东、上海
	交通运输设备制造业	5.37	5.51	0.14	上海、吉林、江苏
	印刷业、记录媒介的复制	1.55	1.61	0.06	广东、浙江、上海
	仪表及文化、办公用机械制造业	1.24	1.27	0.03	广东、江苏、上海
	专用设备制造业	4.51	4.01	－0.50	山东、江苏、浙江
	普通机械制造业	6.78	6.33	－0.45	江苏、山东、上海

资料来源：国家统计局普查中心，《中国工业经济统计年鉴》（1997、2000、2002）。要素分类标准依照刘志彪在《长三角托起的中国制造》一书中所订标准。

此外，由于外商投资而引起的部分行业迅速增长也对迁移人口起到了强烈的拉力作用。由外商投资行业的比重统计表可以看出，制造业、建筑业、交通运输、仓储和邮政业、批发和零售业、房地产业以及租赁和商务服务业是外商投资的主要行业，累计投资比重达92.75%（表6－8）。外商投资的行业分布与吸引人口集聚的行业十分吻合。2006年国务院农民工调查数据表明，外出农民工就业分布的主要领域为制造业、建筑业、商务服务及批发和零售业等，而这几个行业正是吸引外商投资最多的行业。

表6－8　截至2005年外商累计投资行业统计

行　业	项目数（个）	比重（%）	合同外资（亿美元）	比重（%）	流动人口分布
农林牧渔业	15521	2.81	251.44	1.96	
采矿业	1055	0.19	38.53	0.30	1.8
制造业	398266	72.03	8374.91	65.14	20.3
电子、燃气及水的生产和供应业	1499	0.27	131.45	1.02	
建筑业	10908	1.97	285.84	2.22	22.9
交通运输、仓储和邮政业	6607	1.19	314.1	2.44	3.4
信息传输、计算机服务和软件业	3115	0.56	65.33	0.51	
批发和零售业	27867	5.04	356.86	2.78	4.6
住宿和餐饮业	2381	0.43	49.06	0.38	
金融业	149	0.02	19.92	0.15	
房地产业	44828	8.11	2137.85	16.63	
租赁和商务服务业	21080	3.81	454.93	3.54	10.4
科学研究、技术服务和地质勘查业	5083	0.92	69.21	0.54	
水利、环境和公共设施管理业	303	0.05	17.43	0.14	
居民服务业和其他服务业	10913	1.97	182.28	1.42	
教育	1592	0.29	29.18	0.23	
卫生、社会保障和社会福利业	1247	0.23	57.45	0.45	
公共管理和社会组织	2	0.01	0.14	0.00	
文化、体育和娱乐业	544	0.1	20.82	0.16	
地区总计	552960	100	12856.73	100.00	

资料来源：商务部《中国外商投资报告2006》、2005年中国农民工调研报告。

三、人口迁移的路径依赖

根据我国学者专家在各个层面对务工型人口微观调查问卷的统计结果显示，绝大部分外出务工人员均是通过地缘和亲缘关系的纽带外出打工的，这样可以减少寻找工作时的风险，降低搜寻成本。汶川地区外出务工大县——中江县的农民工调查数据表明，该地区通过亲友介绍外出务工的人员占64.5%，通过职业培训机构或中介组织介绍务工的占22.9%，通过政府或单位组织外出务工的占10.6%，其他方式占2%。由此可见，依靠亲缘和地缘关系外出务工是人口迁移的首选。因此，在人口集聚区前一阶段的外来迁入人口会影响到后期进入人口的数量，人口迁移在空间上具有路径依赖效应。

第二节　人口集聚区对迁入人口的影响——以东莞市为例

通过对我国人口集疏过程和格局的研究可以看出，东部沿海地区是我国务工型人口大量集聚的地域。尤其是改革开放早期的广东省珠三角地区，更是区域人口集聚的典型区。东莞市位于珠三角内，是改革开改以来我国东部沿海地区承接外部产业转移、经济迅速崛起的代表性地域，同时也是我国典型的外出务工人口集聚区，因此选择这一地区作为研究人口集聚区的实证区域。

一、研究区域概况

东莞市位于广东省中南部，珠江口东岸。东江下游的珠江三角洲，是岭南文明的重要发源地、中国近代史的开篇地和改革开放的先行地。东莞市原为农业县，经过改革开放20多年的高速发展，东莞市已经成为“三来一补”产业和劳动密集型企业的集聚地。东莞的发展是广东省发展的缩影，也是我国因改革开放而迅速成长起来的典型地域。

东莞是我国典型的人口迁入区，自改革开放以来，尤其是邓小平南巡以后，东莞市外来暂住人口和户籍净迁移人口均大幅度增长（图6－10）。

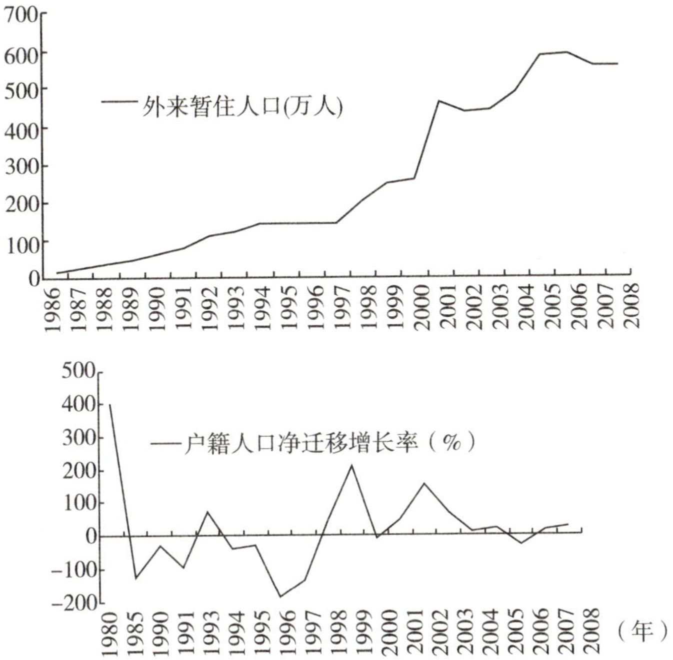

图 6－10 东莞市外来暂住人口与户籍人口净迁移增长率

资料来源：《东莞统计年鉴 2009》。

改革开放以来，东莞的发展历程可以划分为四个阶段（图 6－11）：

（1）1978—1984 年为起步阶段。在大力发展商品农业的同时，全市以“三来一补”为切入点发展外向型经济。

（2）1985—1994 年为腾飞阶段。全市推进农村工业化和城乡一体化，大规模开展基础设施建设，外来投资大幅增加，经济总量快速增加。

（3）1995—2001 年为提升阶段。全市开始注重促进经济从数量型向数量型与质量效益型相结合转变，从劳动密集型向劳动密集与资金技术密集型相结合转变，以 IT 业为代表的现代制造业和高新技术产业迅猛发展，民营经济在与外资企业的协作配套中逐步成长。

（4）2002 年以来为转型阶段。全市按照科学发展观的要求，创新发展模式和发展环境，升级产业结构，提出“腾笼换鸟”战略，加快推进经济社会双转型。

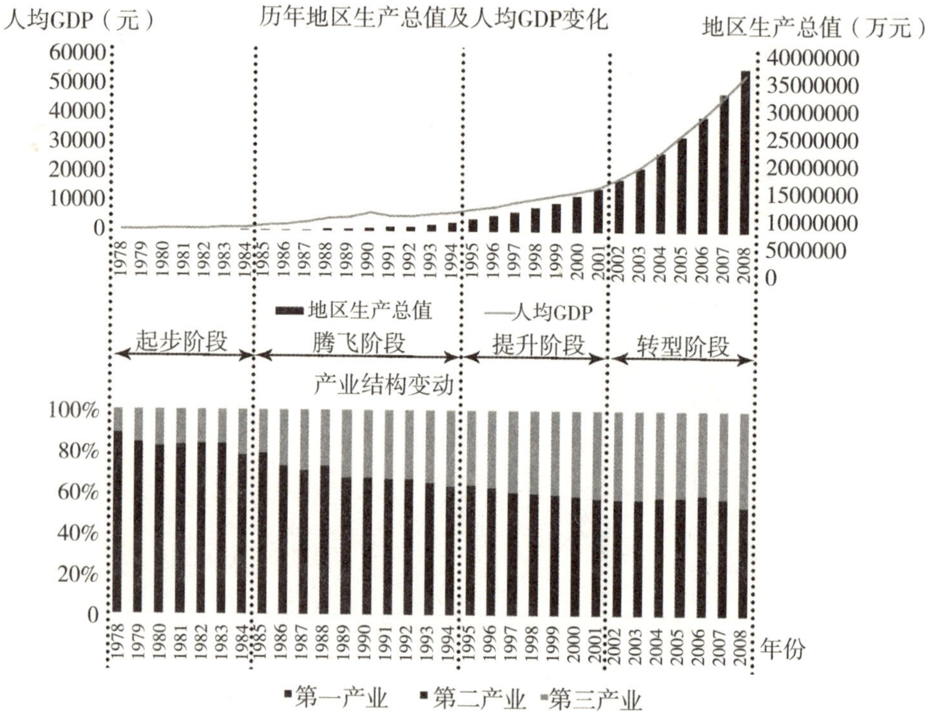

图 6-11　东莞各发展阶段的人均 GDP 与产业结构变化①

资料来源：《东莞统计年鉴 2009》。

二、人口集聚格局

东莞市的人口集聚度在全国人口集聚度评价排序中名列前茅，其内部各乡镇之间也有较大的差异。通过计算东莞市各乡镇 1995—2000 年 5 年间流入人口集聚度可以发现，各乡镇之间人口集聚的差异较大，基尼系数达 0.6087。各乡镇人口集聚度在数量上分布不均衡，在空间格局上也有较大差异。将 1995—2000 年人口集聚度按自然断裂点法进行分级，分级后的结果如图 6-12 所示。这一时段人口集聚的空间自相关系数达 0.29，具有明显的区域集聚性。全市整体的人口集聚情况也有差异，南部地区乡镇的人口集聚度高于北部乡镇，东西部地区乡镇人口集聚地高于中部乡镇。

① 1990 年以前人均 GDP 按户籍人口统计，1990 年后按常住人口统计。

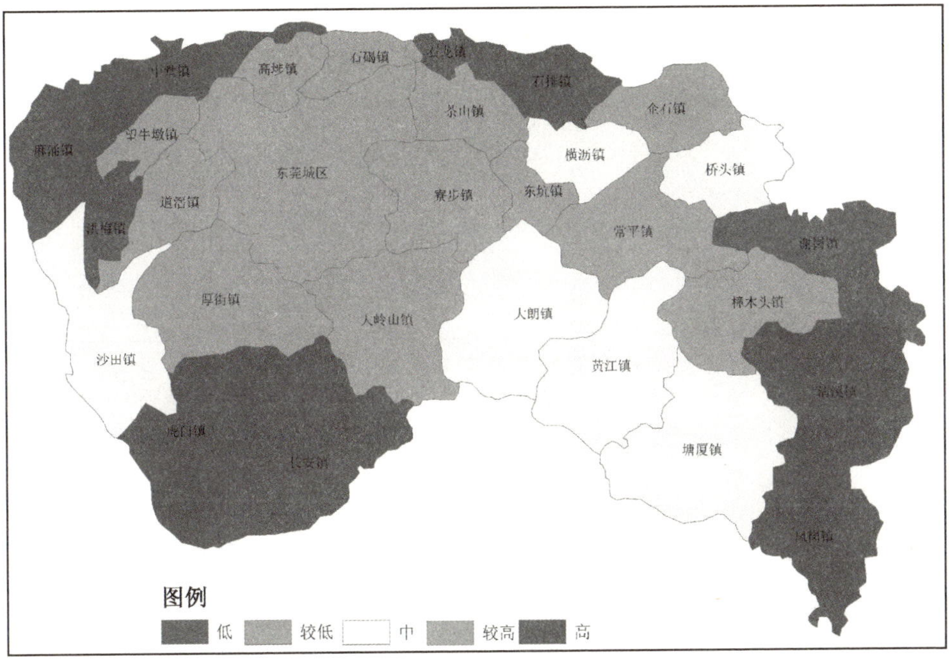

图 6－12　1995—2000 年东莞市迁入人口集聚格局

三、人口集聚区的影响因素及机理

东莞市的发展得益于我国改革开放大背景下的对外开放政策和得天独厚的区位条件，全市经济外向型特征明显。在东莞的企业实收资本构成中，港、澳、台资本和外商资本占总数的 70% 左右，外来民工占劳动力的比重超过 70%，工业产值中约 70% 用于出口，加工贸易出口占出口总额的比重约为 90%。从迁移人口主观角度看，东莞市外来人口不断集聚的原因在于地区提供的就业岗位和高工资的吸引。从区域发展的客观角度来看，外商投资在地区发展和人口集聚中起到了相当大的作用。

（一）外向型经济的发展创造了大量就业岗位

众所周知，宏观经济学中拉动区域经济增长的三驾马车为消费、投资和出口。改革开放以来，以东莞为代表的珠三角地区借助国家梯度开发的区域政策优势和临近港、澳、台的区位优势成为我国吸引外商投资的高地，东莞外商直接投资（FDI）的总量增长迅速，且来源日趋多样化（图 6－13）。

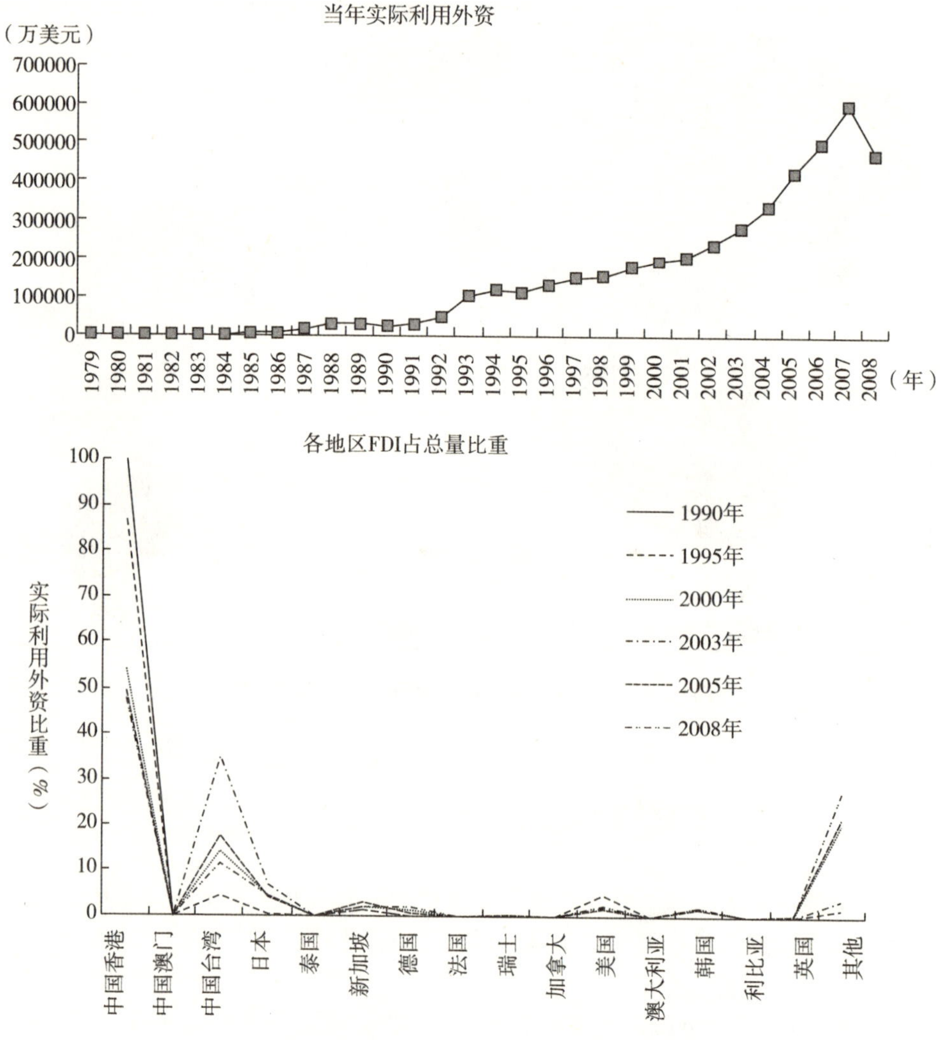

图6－13　外商直接投资（FDI）总额与投资来源比例变动

资料来源：《东莞统计年鉴2009》。

外商在东莞的投资显著拉动了区域经济总量的增长，并创造了大量就业岗位，同时也促进了人均 GDP 的提高。将东莞市历年接受的外商直接投资（FDI）分别与地区年末户籍从业人员和人均 GDP 做曲线回归发现，外商直接投资对两者有着相当大的拉动作用。两者的线性回归系数分别为 0.965 和 0.971，且拟合效果均在 0.93 以上（图6－14）。

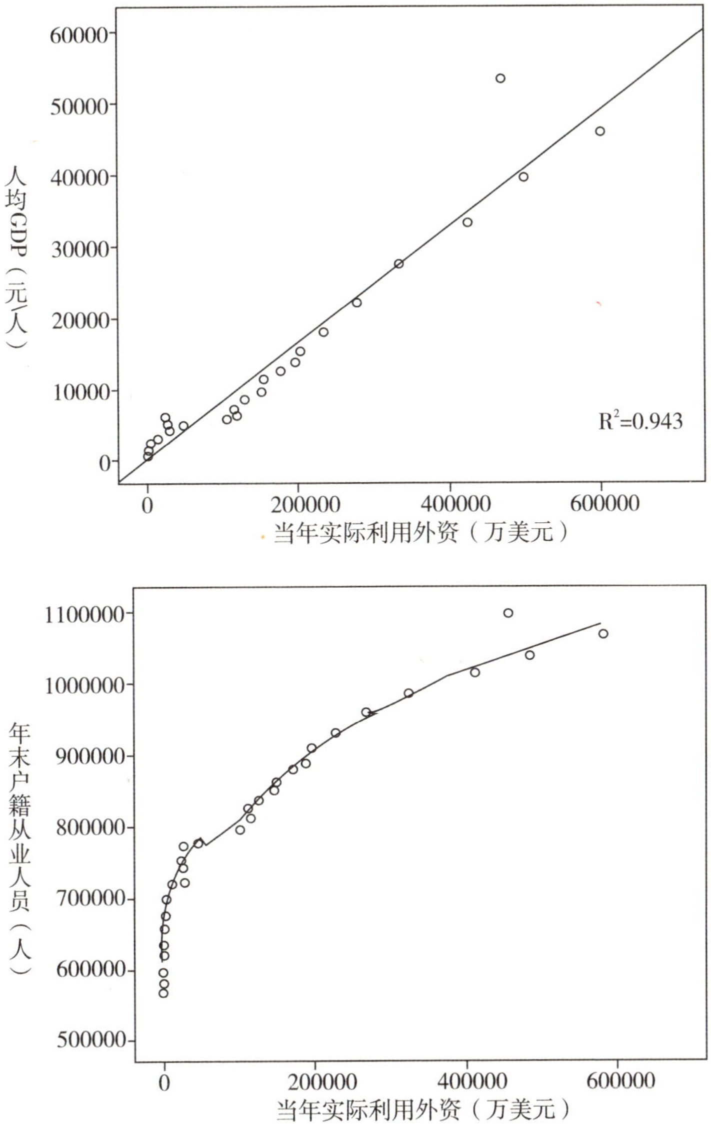

图 6-14　外商直接投资（FDI）与人均 GDP 和地区年末户籍从业人员的关系

由于外商直接投资（FDI）主要投资在东莞市的制造业，因此地区新生的大量就业岗位也主要分布在制造业。外商投资的主要模式以"三来一补"产业为主，来料加工、来件装配、来样加工和补偿贸易这种生产方式对劳动力有着大量的需求。1987 年东莞市"三来一补"产业从业人员达 17 万多人，其中外地工人达10万人。由于外商直接投资（FDI）的注入而新创造出的就业岗位吸纳了大量外来劳动力，迁入人口的就业分布也集中在制造业。随着外商直接投资（FDI）规模逐渐增大和分布行业的逐步扩散（表6－9），外来劳动力在行业之间的就业分布也呈逐渐扩散的态势（表6－10）。

表6－9　东莞外商直接投资主要行业分布

（单位：%）

行业	1990年	1995年	2000年	2005年	2008年
制造业	86.80	92.01	97.43	97.78	91.14
电力、燃气及水的生产和供应业	0.00	0.00	0.31	0.39	0.42
建筑业	0.20	0.86	0.02	0.10	0.73
交通运输、仓储和邮政业	0.00	0.05	0.07	0.09	2.66
信息传输、计算机服务和软件业	0.00	0.00	0.00	0.04	0.11
批发和零售业	10.40	0.68	0.14	0.22	0.94
住宿和餐饮业	0.00	0.00	0.00	0.13	0.28
金融业	0.00	0.00	0.00	0.43	0.21
房地产	0.00	0.00	0.00	0.00	1.23
租赁和商务服务业	0.00	0.00	0.00	0.12	1.31
科学研究、技术服务和地质勘查业	0.00	0.00	0.28	0.11	0.02
文化、体育和娱乐业	0.00	0.00	0.00	0.00	0.88
农、林、牧、渔业	2.60	0.81	0.00	0.00	0.04
其他	0.00	5.59	1.76	0.60	0.04
总计	100.00	100.00	100.00	100.00	100.00

资料来源：《东莞统计年鉴2009》。

表 6－10　外来劳动力就业行业分布

（单位：%）

年份	1986 年	1990 年	1995 年	2000 年	2005 年	2006 年	2007 年	2008 年
工业	83.73	90.72	85.73	83.45	84.50	85.02	83.14	79.71
商业	2.41	1.89	4.19	7.64	7.60	7.27	8.54	10.57
服务业	4.40	2.92	5.76	5.31	5.95	5.51	6.42	7.88
农业	9.46	4.47	4.32	3.60	1.95	2.20	1.90	1.84

资料来源：《东莞统计年鉴 2009》。

将东莞市外商直接投资与人口集聚度进行曲线回归，发现两者大致呈两次曲线关系，且拟合程度相当高，R^2 达 0.927。这表明在区域发展初期外商直接投资对东莞市人口集聚度有显著的带动作用。

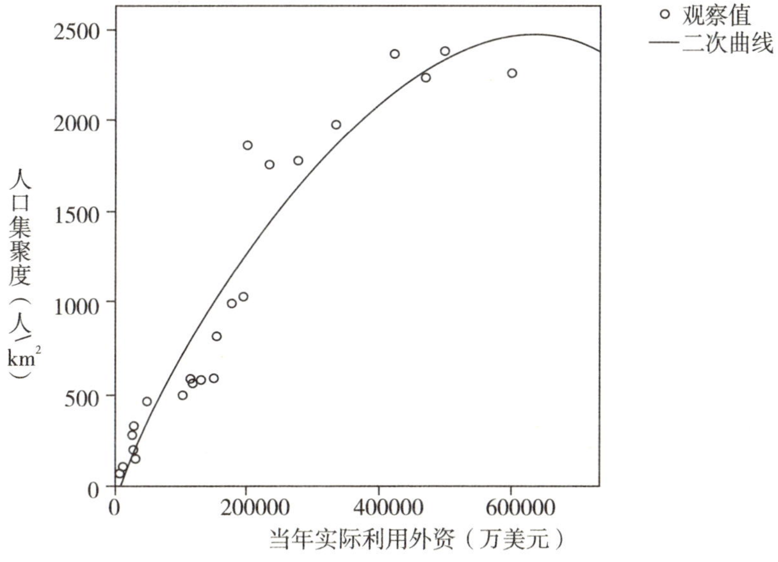

图 6－15　FDI 与人口集聚度的关系

（二）较快的经济发展提高了人民的收入水平

东莞市原本为农业县，自从改革开放以来大量外商进驻给地区经济带来了活力，人口收入快速提高。以人均 GDP 作为衡量地区人口收入水平的指标可以看出，东莞市人口收入显著高于广东省平均水平，更远远高于全国平均水平（图 6－16），东莞市的经济增长速度也高于广东省和全国的平均水平，成为地区经济增长的高地。这种迅猛的经济发展速度和高收入水平吸引了来自全国各地的流动人口。

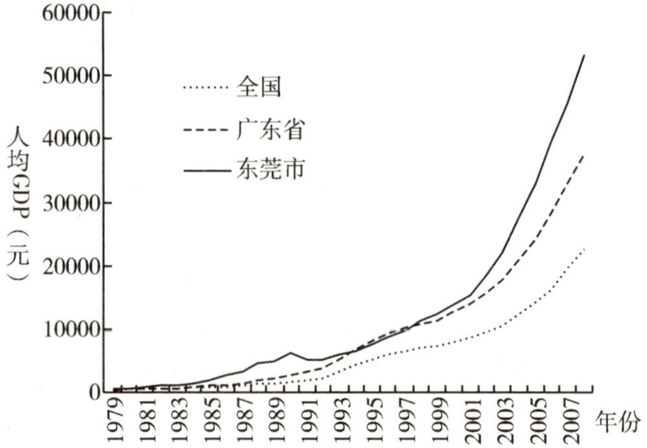

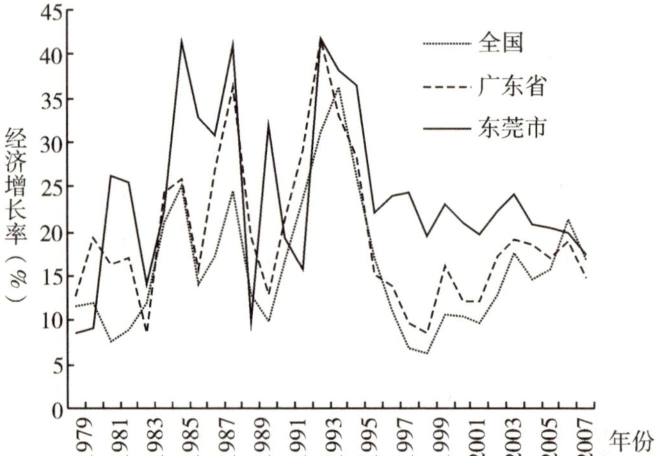

图6－16　东莞市与广东省及全国平均经济发展水平比较

资料来源：《东莞统计年鉴2009》，《广东省统计年鉴2009》，《中国统计年鉴2009》。

（三）集聚及路径依赖效应

从区域发展的宏观规律来看，区域发展具有自我强化作用。当地区的经济增长开始启动时，各类要素向区域集聚，其自身规模将不断增加，导致地区产生集聚效应，而集聚效应的出现又带来了新一轮要素在地区的集聚和增长。人口作为生产要素之一也遵循这一规律，在地域经济发展之初人口缓慢向区域集聚，当地区进入到快速发展期时，人口集聚速度也相应加快。人口的集聚又带来新一轮的增长，如此循环往复，形成了区域各具特色的功能。以东莞市为例，经过若干年的发展，东莞已经建成了十几个专业镇，每个专业镇都是在不断集聚的过程中成长壮大起来的。从迁移人口自身的角度看，已有的迁移人口能够为后来的迁入人口起到示范作用，他们的经验教训能够被尚未迁移的人口所借鉴。通过已有迁入人口的带领，人口迁入地域的门槛相对降低。因此，人口的区域迁移也具有路径依赖的特征。

四、人口拉力指数的综合测度

（一）指标选择

从迁移人口自身利益角度出发，人口迁移的微观原因在于农村的不充分就业和城市较高的劳动报酬。如前所述，人口集聚地吸引务工型人口迁入的主要原因在于有相对更高的净收入，因此人口集聚地对迁入人口的影响因素：一是有较高的收入水平和较多的就业机会，二是这一地区正处在生产要素向集聚规模扩大的阶段，已有部分先行流入人口给后续想要迁入的人口起到了示范和带领作用。从宏观地区经济发展的角度来看，人口迁移的实质是市场经济条件下劳动力生产要素在地区之间重新配置和重组的过程，通过劳动力的重新配置可以提高生产要素的利用效率。当地区经济初步发展成形时，市场经济会推动区域自身按原来的发展路径不断强化。依据上述分析，此处采用建立计量经济模型的方式分析人口集聚地对迁入人口产生的“拉力”，试图建立区域正向集聚快速发展时期，以人口集聚度为被解释变量，以人均收入水平、劳动力就业岗位、地区集聚效应和路径依赖效应三部分为解释变量的多元计量模型，以探讨各类因素在地区人口集聚过程中发挥作用的强度。

模型指标体系的选择应遵循系统性、完整性、有效性、科学性、可操作性等原则，在前述对人口集聚地迁入人口受到的拉力分析的基础上，将人口集聚地对流入人口的拉力指标体系归纳为三个方面：①人均收入水平指标，主要反映地区经济发展水平对流入人口的影响，具体包括人均 GDP、农民人均纯收入。同时，选用地区人均 GDP 和农民人均纯收入指标不但可以反映出地区人口平均的收入水平，还可以避免地区内农村人口和城市人口收入水平差距而引起的数据问题。②就业岗位指标，主要反映地区能够为人口提供的劳动岗位，具体包括地区

“三来一补”企业的增加值[①]、工业增加值、第三产业增加值、经济增长率。“三来一补”企业是高度加工型的劳动密集型行业，所以其增长值可以从一定程度上反映就业岗位的增长情况。第二产业、第三产业是吸引迁入人口的主要行业，我国对迁移人口的统计结果显示，大部分迁移人口都分布于工业和服务业，因此这两个指标的增长值也能反映出工作岗位增加的情况。经济增长率能够反映经济的增长速度带来的地区就业扩张情况。③路径依赖效应指标，主要反映已有迁入人口对未来迁入人口的吸引力，具体包括人口集聚度测量的前两个时段迁入人口的数量。

（二）数据来源与计算方法

此处研究的是处于正向集聚式发展规模扩张时期的区域，目的在于探讨这一时段区域人口的集聚度与区域拉力之间的关系，所以选择东莞市 1995—2000 年这一时段，来研究五年间外来人口数量的变化与地区各影响因素变化量之间的耦合关系。文中所用数据都来源于历年《东莞市统计年鉴》和东莞市第五次人口普查资料。由于此处所选用的多个自变量指标之间存在着多重共线性的关系，因此如果直接采用最小二乘法拟合多重线性回归模型，会使估计的结果很不理想，造成拟合系数出现偏差。为了消除各因子之间的多重共线性，使回归计量模型结果更准确，这里将采用主成分分析法。主成分分析是一种不掺杂主观意识的客观评价统计分析方法，经过数学分析生成权重值，从而确定每个变量的贡献率，同时也可将原来众多具有相关性的多个变量指标通过降维处理技术转化为少数几个综合变量（综合指标）。简化数据结构以后使较少的几个综合指标能够代替原来多个变量指标的大部分信息，并且综合变量之间彼此独立。主成分分析的计算步骤如下：

1. 数据标准化并计算相关系数矩阵

$$R_{ij}=\begin{pmatrix} r_{11} & K & r_{1p} \\ M & O & M \\ r_{p1} & L & r_{pp} \end{pmatrix}$$

$R_{ij}(i,\ j=1,\ 2,\ \cdots,\ p)$ 为原变量 x_i 与 x_j 之间的相关系数，其计算公式为：

① 由于个别乡镇缺失“三来一补”企业的增加值，故利用乡镇之间“三来一补”企业应缴费的数字比例关系推演出缺失的“三来一补”企业增加值。

$$R_{ij}=\frac{\sum_{k=1}^{n}(x_{ki}-\overline{x_i})(x_{ki}-\overline{x_j})}{\sqrt{\sum_{k=1}^{n}(x_{ki}-\overline{x_i})^2\sum_{k=1}^{n}(x_{ki}-\overline{x_j})^2}} \tag{6-2}$$

2. **计算特征值与特征向量**

首先，解特征方程$|\lambda_i-R|=0$，通常用雅可比法（Jacobi）求出特征值$\lambda_i(i=1, 2, \cdots, p)$，并将其按大小顺序排列，即$\lambda_1\geqslant\lambda_2\geqslant\cdots\geqslant\lambda_p\geqslant0$；然后，分别求出对应于特征值$\lambda_i$的特征向量$e_i(i=1, 2, \cdots, p)$。这里要求$\sum_{j=1}^{p}e_{ij}^2=1$，其中$e_{ij}$表示向量$e_i$的第$j$个分量。

3. **计算主成分贡献率及累计贡献率**

主成分Z_i的贡献率和累计贡献率分别为：

$$Z_i=\frac{\lambda_i}{\sum_{k=1}^{p}\lambda_k} \tag{6-3}$$

$$\sum Z_i=\frac{\sum_{k=1}^{i}\lambda_k}{\sum_{k=1}^{p}\lambda_k}(i=1, 2, \cdots, p) \tag{6-4}$$

一般取累计贡献率大于85%的特征值λ_1，λ_2，…，λ_m，所对应的第一、第二，…，第$m(m\leqslant p)$个主成分。

4. **计算主成分载荷**

其计算公式为：

$$l_{ij}=p(z_i, x_j)=\sqrt{\lambda_i}e_{ij} \tag{6-5}$$

得到各主成分的载荷以后，可按公式（6-6）进一步计算，得到主成分得分（6－7）。

$$\begin{cases} F_1 = l_{11}x_1 + l_{12}x_2 + \cdots + l_{1p}x_p \\ F_2 = l_{21}x_1 + l_{22}x_2 + \cdots + l_{2p}x_p \\ F_m = l_{m1}x_1 + l_{m2}x_2 + \cdots + l_{mp}x_p \end{cases} \qquad (6-6)$$

$$Z = \begin{bmatrix} z_{11} & z_{12} & \cdots & z_{1m} \\ z_{21} & z_{22} & \cdots & z_{2m} \\ \cdots & & & \\ z_{n1} & z_{n2} & \cdots & z_{nm} \end{bmatrix} \qquad (6-7)$$

（三）人口集聚地拉力的综合测试结果及分析

在上述指标选取的基础上，对东莞市代表三种含义的八个指标进行主成分分析，结果如表6－11所示。由于前三个主成分已经包含了原始变量中高于85%的信息，具有很高的载荷，所以前三项主成分已经能较好地反映影响人口流入的全部指标的信息，说明原变量之间有很高的相关性，也说明东莞市人口流入主要受三个主因子的影响。

表6－11　特征值及主成分贡献率

主成分	特征值	贡献率（%）	累积贡献率（%）
1	3.708	46.347	46.347
2	1.677	20.967	67.314
3	1.039	17.991	85.305
4	0.779	9.733	90.038
5	0.303	3.782	93.821
6	0.259	3.239	97.059
7	0.175	2.194	99.253
8	0.060	0.747	100.000

每个主成分所包含的原来八个变量的信息载荷情况如表6－12所示。主成分所对应的系数越大，包含原变量的成分越高，由此可以具体分析各主成分的构成，并根据主成分载荷矩阵各变量的系数大小确定各主成分分别代表的含义。在第一主成分中，1993—1995年3年间的平均外来人口和1996年的外来人口是构成这一主成分的主体部分，因此第一主成分的含义应该为已有迁入人口对未来迁移人口的吸引力，即人口迁移的路径依赖效应。第二主成分中人均GDP的系数较高，因此第二主成分代表了人口集聚地的收入情况对迁入人口的拉力。第三主成分中工业增加值增长率是主要构成部分，因此第三主成分主要代表了地区充裕的就业岗位对迁入人口的拉力。

表6－12　主成分载荷矩阵

指　标	第一主成分（F_1）	第二主成分（F_2）	第三主成分（F_3）
人均GDP	0.276	0.869	0.062
农村人均纯收入	0.855	0.197	－0.018
“三来一补”企业总产值	0.211	0.670	－0.039
第二产业	0.646	0.572	0.286
第三产业	0.787	0.552	－0.039
工业增加值增长率	0.046	－0.053	0.989
1993—1995平均外来人口	0.881	－0.038	0.153
1996年外来人口	0.867	－0.191	－0.018

三个主成分所对应的特征根分别是$\lambda_1 = 3.708$，$\lambda_2 = 1.677$，$\lambda_3 = 1.039$，将其开平方根与表6－11联合计算分别得到三个主成分中每个指标所对应的系数，得出三个主成分表达式如下：

$$F_1 = 0.143x_1 + 0.444x_2 + 0.11x_3 + 0.335x_4 + 0.409x_5 + 0.024x_6 + 0.458x_7 + 0.45x_8$$
$$F_2 = 0.671x_1 + 0.152x_2 + 0.517x_3 + 0.442x_4 + 0.426x_5 - 0.041x_6 - 0.029x_7 - 0.147x_8$$
$$F_3 = 0.061x_1 - 0.018x_2 - 0.038x_3 + 0.281x_4 - 0.038x_5 + 0.97x_6 + 0.15x_7 - 0.018x_8$$

三个主成分所代表的三种类型的拉力空间分布各不相同。

由代表人口迁移路径依赖的 F_1 值空间分布图（图 6－17）可知，东莞市已经迁入的外来人口对后期迁入人口所产生的拉力在空间也是集聚分布的。南部地区普遍高于北部地区，东西两侧乡镇高于中部乡镇。

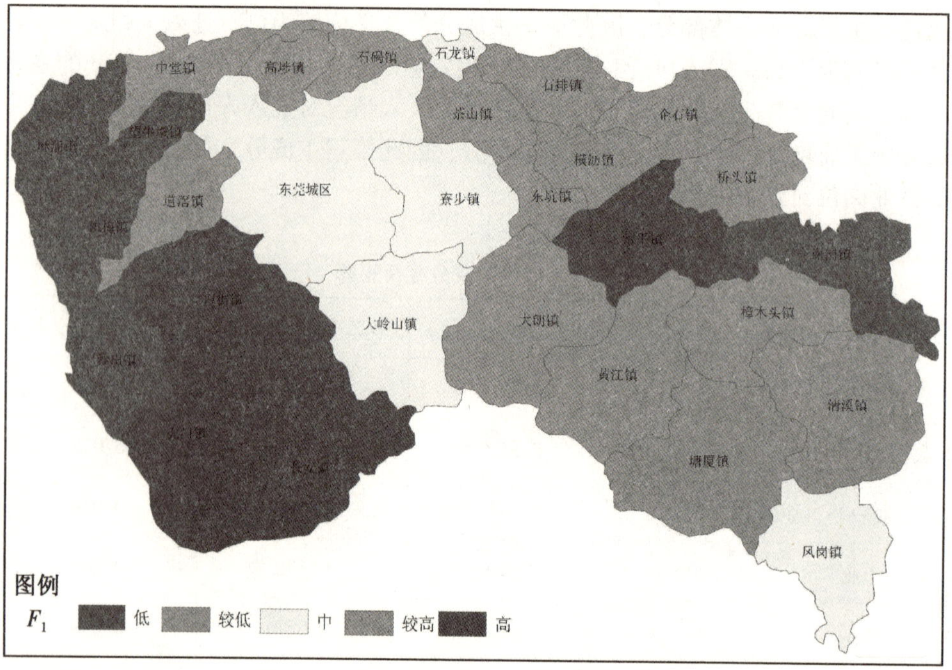

图 6－17　人口迁移的路径依赖拉力分布图

由代表流动人口收入的 F_2 值空间分布图（图 6－18）可知，东莞市人口收入的空间格局对迁入人口所产生的拉力在空间也是集聚分布的。其中南部乡镇普遍高于北部乡镇，尤其是各类专业镇如虎门镇、长安镇和石龙镇，由于专业程度较高使收入水平较高，因此对人口的拉力较大。

由代表就业岗位的 F_3 值空间分布图（图 6－19）可知，东莞市就业岗位空间格局对迁入人口所产生的拉力在空间上集聚度更高。其中南部在地域空间上更接近香港的乡镇普遍高于北部乡镇，尤其是以劳动密集型产业为特色产业的专业镇如虎门镇、大朗镇、大岭山和寮步镇。由于这类乡镇主要发展劳动密集型产业，为迁入人口提供了大量的就业岗位，因此对人口产生了较大的拉力。

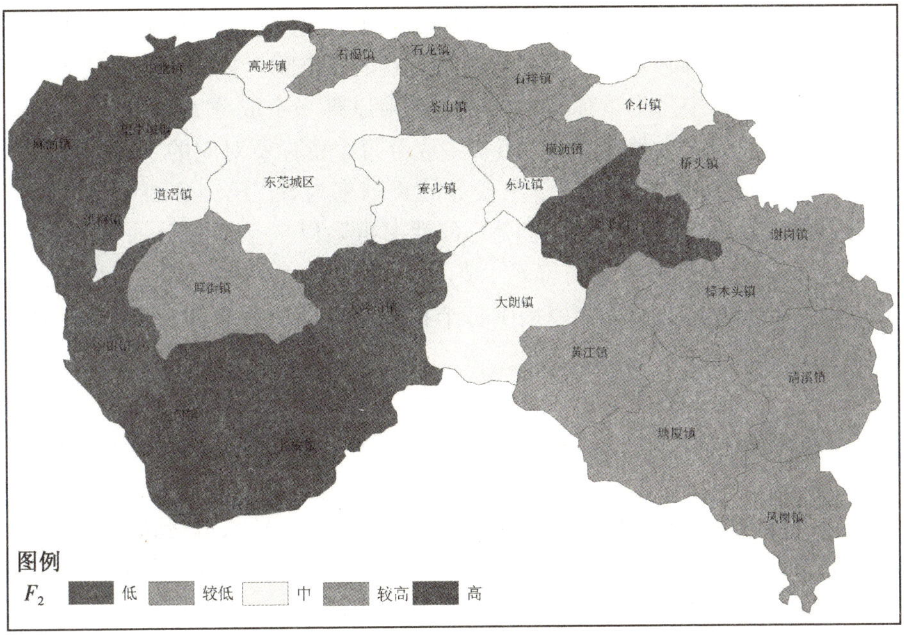

图 6－18　人口迁移的收入水平拉力分布

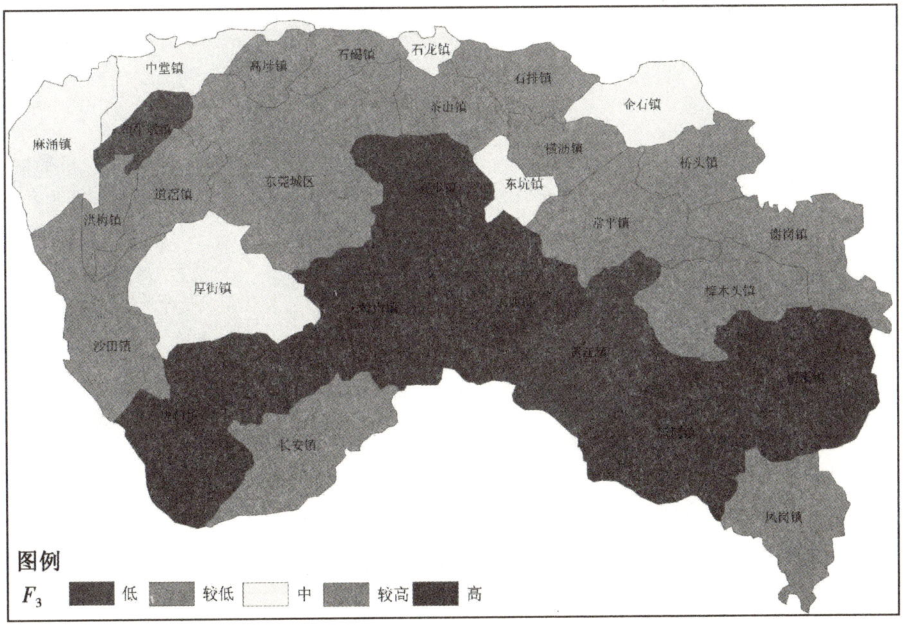

图 6－19　人口迁移的就业岗位拉力分布

人口迁移过程中受到已有迁入人口路径依赖、收入水平和就业岗位等多因素的同时作用，因此有必要将三者相结合以考察地域空间上整体拉力对迁入人口的影响。第一主成分中每个指标所对应的系数乘以第一主成分 F_1 所对应的贡献率再除以三个主成分的贡献率为 A，第二主成分每个指标所对应的系数乘以第二主成分 F_2 对应的贡献率再除以三个主成分的贡献率为 B，第三主成分每个指标所对应的系数乘以第三主成分 F_3 对应的贡献率再除以三个主成分的贡献率为 C。将所得 A、B、C 三个系数分别与 F_1、F_2、F_3 联合运算求和所得的系数即为总综合拉力模型的指标系数，综合模型中每个指标所对应的系数即每个指标的权重。综合模型表示如下：

$$Y = 0.255x_1 + 0.275x_2 + 0.179x_3 + 0.35x_4 + 0.319x_5 + 0.208x_6 + 0.273x_7 + 0.205x_8$$

将各乡镇的综合得分按自然断裂法分级，所得各乡镇人口受到综合拉力的空间分布如图 6－20 所示。人口所受到的综合拉力仍然是南部大于北部，东西两侧大于中部，并且各乡镇的人口拉力在空间上也是集聚的。

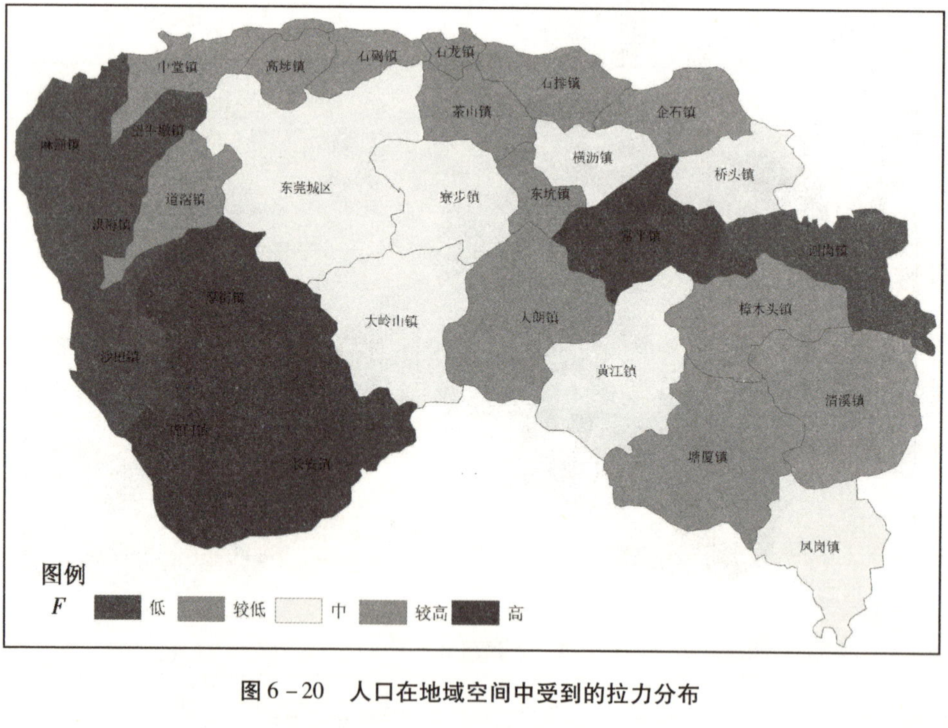

图 6－20　人口在地域空间中受到的拉力分布

为检验模型的有效性，将模型所得 F 拉力的结果与东莞市已有的 1995—2000 年五年间人口集聚度相耦合，发现两者的相关性高达 0.793。将两者进行曲线回归，发现两者的回归性较好，人口集聚度与人口受到的拉力大致呈三次曲线关系（表 6－13，图 6－21）。

表 6－13　地区拉力对人口集聚度的影响

方程	模型有效性					参数估计			
	R^2	F	自由度 1	自由度 2	显著性	常数	b_1	b_2	b_3
三次曲线	0.779	29.341	3	25	0.000	－44724.055	3158265.213	$-4.723E^7$	$2.677E^8$

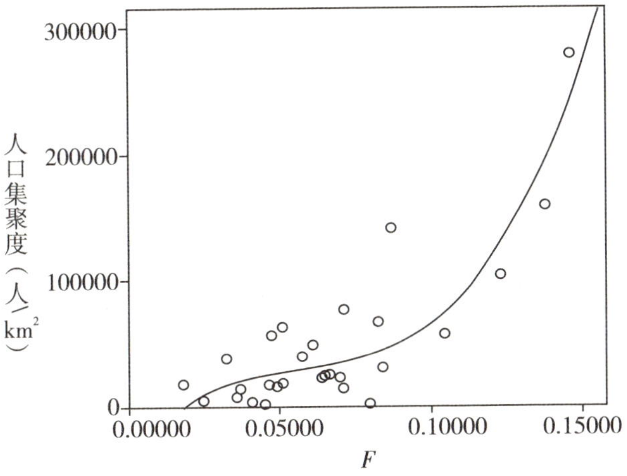

图 6－21　地区拉力对人口集聚度的影响

为了探究东莞市吸引人口迁入的三个拉力中哪个力对迁入人口的作用强度最大，分别将代表人口迁移路径依赖拉力的主成分 F_1，代表地区收入吸引力的主成分 F_2，代表地区就业岗位拉力的主成分 F_3 代入方程，与人口集聚度进行多元线性回归。回归结果如表 6－14 所示，模型的拟合效果较好。同时，依据模型的拟合系数可以看出，东莞地区影响人口集聚最重要的拉力是已有迁入人口对后期迁入人口的影响力（影响力系数为 0.438），即人口迁移的路径依赖力，其次是地区的就业岗位对外来人口的吸引力（影响力系数为 0.376），最后为地区的收入水平对外来人口的吸引力（影响力系数为 0.345）。

表6－14 模型拟合效果

模型	R 值	R^2 值	调整后的 R^2 值	标准误差估计值
多元回归	0.864c	0.747	0.719	52271.038

表6－15 三个拉力标准化系数

模型结果	标准化系数	T 值	显著值
常数		2.173	0.039
F_1	0.438	3.911	0.001
F_2	0.345	3.419	0.002
F_3	0.376	3.383	0.002

东莞市作为人口集聚区对迁入人口产生了拉力，但人口集聚区对外来人口同时也有排斥力。地区的户籍制度、人口集聚区较高的消费水平和高房价都会对外来人口产生排斥力。由于这一部分较难定量，而且排斥力的大小远小于地区的吸引力，因此这里不对这一部分做详尽探讨。

第三节 人口集聚区未来的发展趋势

由于不同区域的自然环境、产业结构特色和基础条件以及所处发展阶段不同，因此吸引人口集聚的主导因素和内部驱动机制也不同，不同人口集聚区未来的发展态势也不相同。

一、高速发展后资源环境承载力接近饱和的地区

在改革开放初期，东部沿海地区凭借其临近港澳的区位优势，以及国家的对外开放优惠政策吸引了大量外商投资建厂。由于外商投资的拉动使东部沿海地区经济快速发展、就业岗位迅速增加，导致人口不断向东部地区集聚。然而从外商投资行为本身来观察，其选择区域进行投资的微观机理在于缩减生产成本以获得最大的行业利润。因此，当地区经济不断发展，土地、劳动力、原材料等生产成本要素价格不断上涨，以致区域投资环境发生改变时，外商投资数量、行业选

择、投资的地域也会相应地转移和变化，由此引发人口集聚形势变化和人口密集程度变化。此处仍以东莞市为例，通过研究人口集聚度影响因素的变化趋势，来预测东莞市未来人口集聚的态势。

（一）外商投资变化

改革开放初期，我国珠三角地区的地价仅为香港的1/30，丰富且价格低廉的土地成为吸引外商投资的主要因素。到20世纪90年代中期，整个珠三角地区的地价仍然相对较低，如东莞市增涉镇港资企业于1993年租用当地厂房（包括土地使用权），租期3～5年租金约为10元/平方米，其使用面积几乎是香港厂房面积的1倍，但租金只是以前的2/3。近年来，东莞市地价不断上涨，工业用地购入价格比20世纪80年代上涨了5～10倍，2000年以后东莞市工业用地的价格更是年年攀升（表6-16）。

表6-16　东莞市土地价格变化

年份	土地成交均价（元/m^2）	工业用地价格（元/m^2）
2001	700	180
2002	800	200
2003	950	220
2004	1100	240
2005	1355	265
2006	1778	301
2007	3941	375
2008	—	384以上

资料来源：根据东莞市国土局和互联网相关资料整理。

随着经济的不断发展，大量的土地资源不断被用作工业开发，整个珠三角地区建设用地增长迅猛（表6-17），原本相对充裕的土地资源开始紧缺，大量的耕地被占用并转化为建设用地。虽然区域用地扩张受到政府规划的理性管制，但是在经济利益驱使下，珠三角地区私下违法用地的现象较为严重。以东莞市为例，该市在1998年清查过违法用地之后，2003年经广东省确认的违法用地又达到1.5万公顷。由于建设用地需求量大，截至2003年底，珠三角各市均已突破土地利用规划末年（2010年）的建设用地规模，并导致全省建设用地规模超标，全省现有耕地面积也极为接近规划末年控制指标。许多农村地区建设用地超过土地总面积的50%，如东莞市石龙镇只有10平方千米，60%的土地为建设用地，人居环境状况非常糟糕。由于珠三角城镇化速度较快，大量耕地迅速被非农化，城镇内部被迅速填充，造成了用地结构混乱（图6－22），绿色空间逐步被侵占也导致区域人居环境和生态环境迅速恶化，为了维持原来的生产效益而付出的生态成本越来越大。

表6－17　珠三角地区近年建设用地增长情况

用地类型	1997年（公顷）	2004年（公顷）	新增（公顷）	比重（%）
珠三角建设用地	607608.36	760447.83	152839.47	25.15
其中居民点和独立工矿用地	471117.71	614021.88	142904.17	30.33
全省建设用地	1476894.42	1685258.84	208364.42	14.11
其中居民点和独立工矿用地	1185081.35	1364439.69	179358.35	15.13

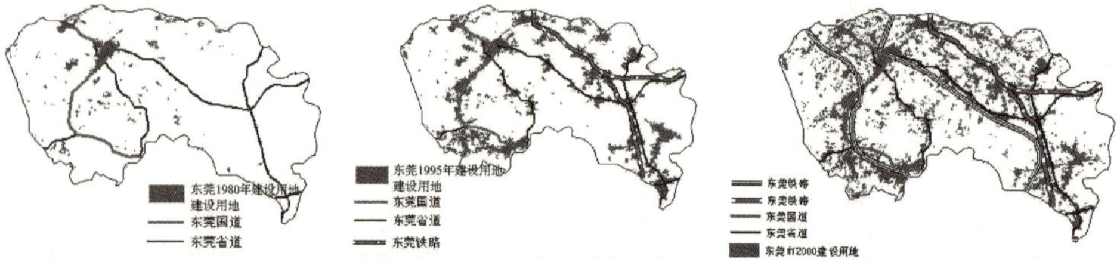

图6－22　东莞市建设用地分布演变图（自左到右分别为20世纪80年代、1995年、2000年）

注：1980年、1995年两年不包括农村居民点建设用地，但2000年因数据提取原因，包含了部分农村建设用地。

资料来源：根据地区调研数据加工整理。

按照西方学界的理论，每隔20年就会发生一次全球性的产业转移，原因在于被转移地在发展20年以后，生产成本开始大幅上升，同时地域本身又有产业升级的需要，所以部分低端产业不适宜在当地继续生存，而需要寻找新地区转移。外商最初选择珠三角地区进行投资的原因之一在于该地区具有大量廉价的劳动力。随着国际产业的转移，众多企业家将劳动密集型产业或者产业链中需要大量劳动力投入的加工制造环节转移到我国，将其与我国廉价的劳动力相结合，以最小化生产成本获得最大的利润。然而，在经过一段时间的发展以后，区域的工资水平不断上涨，各地区政府陆续出台了企业职工最低工资标准（表6－18）。东莞市最低工资标准连年上调（图6－23），尤其在国家新劳动法规出台以后，新法规对工人的最低工资和工作环境给予了有力的保障，但从事劳动密集型行业的企业制造环节生产成本显著上升。

表6－18 2008年广东省企业职工最低工资标准

类别	月最低工资标准		非全日制职工小时最低工资标准（元/小时）	适用地区
	月标准（元/月）	折算的小时标准（元/小时）		
一类	860	4.94	8.3	广州
二类	770	4.43	7.4	珠海、佛山、东莞、中山
三类	670	3.85	6.5	汕头、惠州、江门
四类	580	3.33	5.6	韶关、河源、梅州、汕尾、阳江、湛江、茂名、肇庆、清远、潮州、揭阳、云浮
五类	530	3.05	5.1	执行四类市的部分县（县级市）

资料来源：广东省政府《关于调整我省企业职工最低工资标准的通知》。

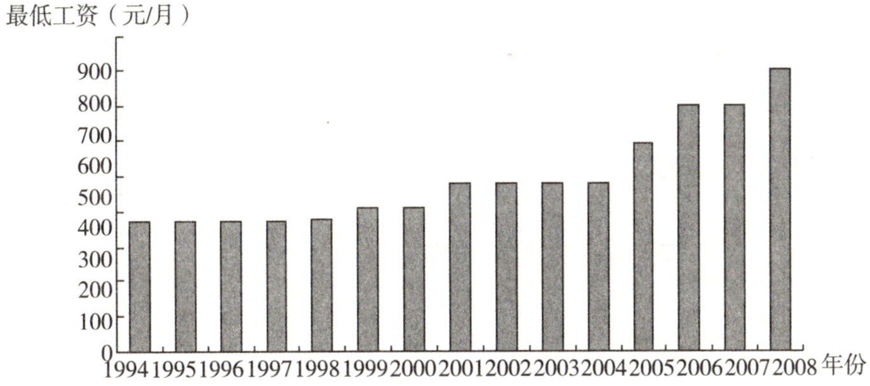

图6－23 东莞市职工最低工资标准变化

资料来源：《东莞市统计年鉴2009》。

根据各方面资料的统计和学者估算以及对企业主的访谈可知，2007年东莞市各类劳动密集型制造业的成本比2006年上升10%～20%（表6－19），成本迅速上涨严重冲击了外商投资的利润率，使地区外商投资受到影响。

表 6－19 东莞各类制造业综合成本估算（2006—2007 年）

行业	2007 年	2006 年
纺织服装业	专家分析，成本上升 15%～30%	企业主反映，成本上升 5%～15%
家具制造业	专家分析，成本上升 25%～35%	企业主反映，成本上升 15%～30%
电子信息制造业	企业主反映，成本上升 5%～30%	专家分析，成本上升 5%～15%
玩具制造业	企业主反映，成本上升 20%～30%	企业主反映，成本上升 20%～30%
造纸及纸制品业	专家分析，成本上升 15%～30%	企业主反映，成本上升 20%～40%
食品饮料制造业	企业主反映，成本上升 15%～25%	企业主反映，成本上升 10%～20%
化工制品制造业	专家分析，成本上升 20%～30%	—
制鞋业	专家分析，成本上升 10%～20%	—

资料来源：根据互联网资料整理。转引自郭万达、冯月秋：《成本冲击与珠江三角洲产业升级——以深圳、东莞为例》，载于《开放导报》2008 年第 3 期。

此外，通过东莞市产业转移过程中对企业转移前后成本的比较也可以看出，东莞市的一般制造业已经开始逐渐失去优势。目前在东莞市建厂的投资成本中购买土地、租用厂房、用水用电等价格均高于周边欠发达地区，在生产运营过程中，无论是普通工人还是熟练工人和管理人员的工资均高于周边欠发达地区（表 6－20）。因此，未来技术含量低、附加值低的企业将很难在东莞市立足，这类产业转移也意味着大量务工型人口的转移。

表 6－20 东莞市产业转移过程中企业成本变化

<table>
<tr><th></th><th></th><th>成本项目</th><th>始兴县</th><th>石龙镇</th></tr>
<tr><td rowspan="3">投资成本</td><td>场地成本</td><td>购买土地</td><td>七通一平：75 元/m²
毛地：45 元/m²
（免一切办证费）</td><td>三通一增：350 元/m²
（不含办证费）</td></tr>
<tr><td rowspan="2">建筑成本</td><td>租用厂房</td><td>5～7 元/m²</td><td>9～20 元/m²</td></tr>
<tr><td>标准厂房造价</td><td>450 元/m²</td><td>550 元/m²</td></tr>
</table>

续表 6－20

		成本项目	始兴	石龙
运营成本	用水成本	工业用水	0.73 元/m^3	1.25 元/m^3
	工业用电	大工业（315kVA 及以上）	0.537 元/kwh	0.6318 元/kwh
	工人工资（最低月薪）	一般制造业管理人员	1000 元	1000 元
		一般制造业熟练技工	600 元	800 元
		一般制造业普通工人	350 元	450 元
	运输成本	40 英尺货柜至深圳盐田港（公路运输）	3200～3500 元/只	1200～1500 元/只
		40 英尺集装箱至香港（水路运输）	5000 元/只	3000 元/只

资料来源：李松志：《珠江三角洲产业转移》，中国社会科学出版社 2008 年版。

另外，根据各地区统计年鉴显示，以外向型经济为特征的广东省和东莞地区虽然在对外贸易出口中加工贸易的比重高于全国平均水平，但是与其自身相比，近几年的加工贸易比重也连年下降（图 6－24，表 6－21），以“三来一补”为代表的对外加工贸易度下降意味着生产过程中劳动力密集度下降，也意味着受外资拉动而形成的就业岗位增幅趋缓。根据前面对东莞地区外商投资与人口集聚度的模拟显示，在外商投资初期，人口集聚度不断攀升，到达 2006 年外商投资的拐点以后，随着外商投资结构和类型的转型，地区人口集聚度不升反降。

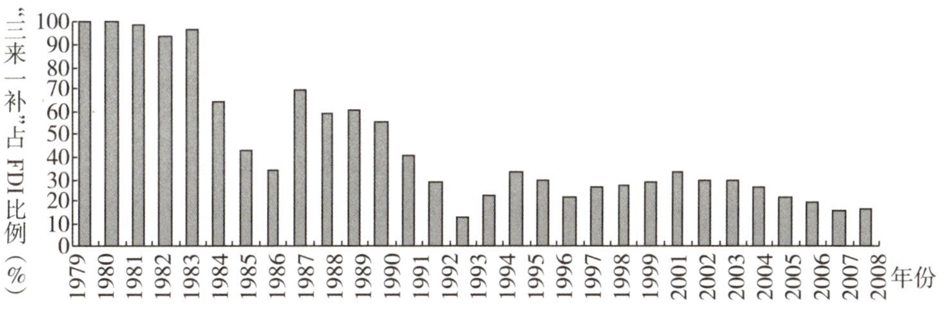

图 6－24　东莞市“三来一补”投资占 FDI 的比重变化

资料来源：《东莞市统计年鉴 2009》。

表 6-21 东莞、广东和全国外贸出口中加工贸易所占比重比较

（单位：%）

年份	东莞	广东	全国
2001	98.53	82.70	57.96
2002	98.25	81.69	58.17
2003	97.58	80.89	58.47
2004	95.70	80.17	58.94
2005	94.39	77.62	58.65
2006	94.06	73.51	57.05

资料来源：《东莞统计年鉴》（2002—2007）、《广东统计年鉴》（2002—2007）、《中国统计年鉴》（2002—2007）。

（二）人均 GDP 变化对人口集聚的影响

区域人均 GDP 的变化不但反映出地区人口的生活水平，更是区域发展阶段的显著标志。在区域发展起步阶段和经济快速发展时期，地区就业机会连年增加，人均 GDP 逐年增长，由此吸引人口在这一区域的大量集聚。此时人均 GDP 的增长带动了人口集聚度，两者呈正相关关系。然而当人均 GDP 增加到一定程度，地区经济发展到一定高度时，大部分地区将理性地选择资本密集型和技术密集型产业作为未来发展的主导产业和发展方向，区域经济将发生转型。从以往国内外地区发展的经验来看，区域理性的发展转型方向都由数量增长转换为效益增长。因此，当地区经济发展到转型的阶段时，地区经济增长主要依靠资本和技术的投入引导，资本和技术的投入对劳动力尤其是一般性劳动力将产生替代作用，从而大幅减少生产过程中劳动力的投入。因此，当人均 GDP 增长到一定程度后，将出现人均 GDP 与人口集聚度的拐点，人均 GDP 与人口集聚度的正相关关系将转变成负相关关系。

以东莞市为例，自改革开放以来，随着地区人均 GDP 不断增长，人口集聚度随之显著增加，这种情况一直持续发展到 2003 年左右。到 2004 年时，单位人均 GDP 增幅所引起的人口集聚度增长已经显著减少。到 2006 年，东莞市人均 GDP 的增长使地区人口集聚度不升反降，在 2006 年以后，人均 GDP 的增长反而与人口集聚度成反比例关系，人均 GDP 增长对外来人口迁入产生挤出效应。用二次曲线可以很好地表达两者的数量关系（图 6-25），方程拟合程度较好，R^2 达 0.96（表 6-22）。可见人均 GDP 和人口集聚度并不是一成不变的正比例或反比例关系。人口集聚度与人均 GDP 的关系与地区所处的发展阶段密切相关。在地区经济发展初期，人均 GDP 增加，地区第二产业、第三产业发展壮大吸引了大量人口集聚。当地区发展到一定阶段以后，产业结构开始升级，地区发展更多地依靠资本和技术的投入，资本和技术对于一般性劳动力均有较强的替代性，因此区域发展到这一阶段时，人均 GDP 与人口集聚度呈反比例增长。

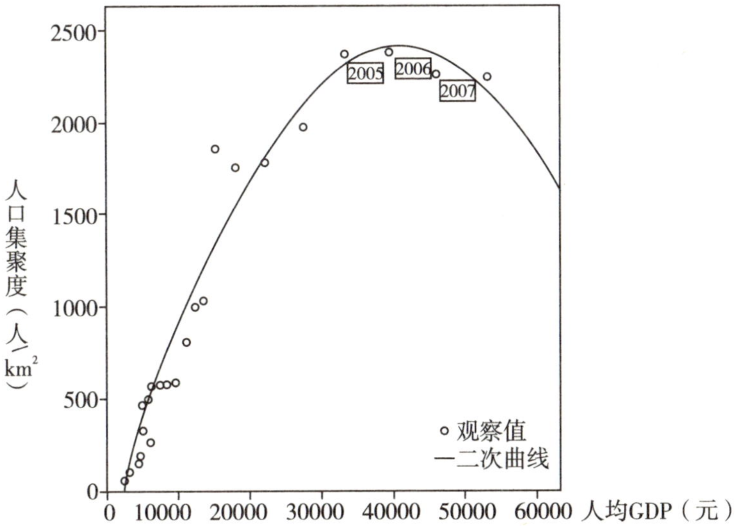

图 6－25　东莞市人均 GDP 与人口集聚度的发展关系

表 6－22　东莞市人均 GDP 与人口集聚度的回归系数

方程	模型有效性					参数估计		
	R^2	F	自由度 1	自由度 2	显著性	常数	b_1	b_2
Quadratic	0.962	251.237	2	20	0.000	－328.075	0.133	$-1.622E^{-6}$

从地区经济增长的就业弹性也可以看出，一般情况在经济不断发展趋向成熟的过程中，就业弹性会逐渐减小，原因在于劳动生产率在不断提高，所以每创造一个增量价值所需要的劳动力投入变小。劳动生产率的提高主要有两种途径：一是技术进步，二是经济结构和就业结构的变化。由于技术进步，过去由两个人做的工作现在由一个人即可完成，节省了劳动力投入就业弹性必然会降低。或者资本密集型产业的增长高于劳动力密集型产业的增长，就业弹性也会降低。经计算，东莞市吸引大量外来人口的第二产业在 2001 年以后就业弹性一直呈不断下降趋势（图 6－26）。

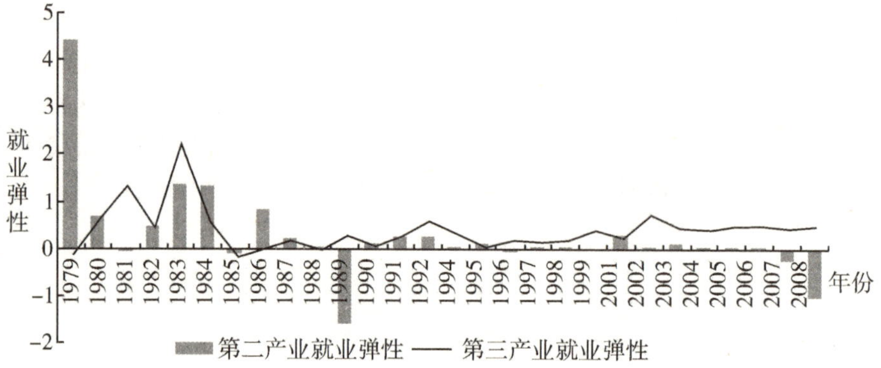

图 6－26　东莞市第二、第三产业就业弹性变化趋势

资料来源：《东莞市统计年鉴 2009》。

当地区人均 GDP 增长到一定程度后，意味着区域有能力自主选择更高级的产业来发展，将现有产生结构进行升级，有实力将部分产业附加值低、高耗能、高污染的产业进行异地转移。仍以东莞市为例，坐落在东莞望牛墩镇官洲的富东漂染厂，正常开工时有 1000 多名工人，但在 2007 年工厂停工，生产设备陆续被搬走，企业转移到江西发展。官洲是望牛墩镇最靠近珠江出海口的地方，由于方便排污，所以这一地区集聚的基本都是漂染、造纸等污染类企业。近几年随着东莞产业转移的步伐加快，污染企业的治污环境成本逐年上升。很多企业因承受不了成本上涨而转移，东莞全市的产业转移正在提速。据统计，仅东莞虎门一个镇，搬去越南的电子信息类企业就达 300 多家。困于高涨的成本和日益严格的监管，成千上万家工厂离开珠三角另谋其他区域发展，珠三角 7 万家港资工厂中 10% 于 2008 年停产。福安纺织印染有限公司 2006 年因为排放污水被罚款 1000 多万，建设排污设施花费 1000 多万。通过对其总经理曾祥的调访也证实，东莞的纺织印染企业有 20% 左右已经关闭或外迁，剩下的 80% 很快也会面临相似的命运。珠三角目前的发展环境已经不适于纺织服装制造等企业的生存①。由此可见，人均 GDP 发展到一定程度后，区域同时面临着产业结构升级和转型，一般性务工人口将不会像前一阶段一样在地区大量集聚。

（三）政策引导对人口集聚的影响

在地区经济水平不断攀升、加工制造型企业生产成本不断上涨的同时，地区

① 赵灵敏：《世界工厂的辉煌与挑战》，载于《南风窗》2008 年第 14 期。

政府根据区域的发展阶段和发展特点也在不断地调整区域政策，以促进区域向更高层次发展。以东莞市为例，自2002年以来，东莞市政府在推动区域产业转型、推进产业结构升级和实施产业转移等方面先后出台了若干政策、意见、通知及规划（表6-23），其目的在于促进产业转型升级，提高区域经济增长质量。通过市政府在税收、用地供给、劳动力最低工资等方面一系列政策的落实，未来地区发展将更倾向于资本密集型和技术密集型，原来的“三来一补”和低附加值制造业将越来越难以生存，往日由这类产业吸引的大量集聚人口将随着企业的转移而转移，或者随着产业结构的升级，人口结构和人口素质对应地转变和提高。

表6-23　东莞市政府关于产业结构调整的若干政策

年份	政策名称	内容摘要
2002	《关于大力发展现代服务业的意见》（东府办〔2002〕37号）	推动服务业优化结构，从传统型向现代型转变，从劳动密集型向知识密集型转变。
2003	《东莞市走新型工业化道路的实施方案》（东府办〔2003〕59号）	主要加快推进产业结构调整步伐，实施园区带动战略，推进资源综合利用等10大措施。
2004	《关于印发东莞市发展现代物流业的实施意见的通知》（东府办〔2004〕16号）	主要包括大力发展连锁经营，积极发展现代物流业，扩大流通领域对外开放等。
	《东莞市名牌带动战略实施方案》（东府办〔2004〕10号）	发展一批生产名牌产品的大企业集团，实现产品结构和产业结构的优化升级。
	《关于印发东莞市推进产业集群发展战略的意见的通知》（东府办〔2004〕108号）	整合现有产业集群，包括电子信息、服装、毛织、家具、五金模具5个产业，加快集群产业结构的升级。
2005	《关于印发东莞市培育发展自有品牌企业实施细则的通知》（东府办〔2005〕36号）	市场开拓资金扶持和行政收费减免等措施，支持自有品牌企业发展壮大，提高企业竞争实力。
2006	《关于实施“商贸东莞”工程的意见》（东府办〔2006〕56号）	大力发展连锁经营，培育中高级批发市场，加快发展现代物流业，提升会展业水平，大力发展电子商务。
	《关于申报2006年东莞市技术改造和技术创新项目的通知》（东经贸〔2006〕186号）	发挥市产业技术进步资金的导向扶持作用，推动产业技术升级。

续表 6－23

年份	政策名称	内容摘要
2007	《关于申报2007年东莞市引进技术消化吸收项目的通知》（东经贸〔2007〕307号）	鼓励企业引进先进技术和设备，提高自主创新能力，提升产业装备技术水平。
	《关于组织申报2007年东莞市市级企业技术中心的通知》（东经贸〔2007〕258号）	强化企业技术中心承担产业结构调整任务和提升产业竞争力中的示范作用。
2008	《关于加强土地 管理增强土地保障促进全市产业结构调整升级的情况报告》的通知（东府办〔2008〕72）	新增用地主要用于保障市重点园区、重点项目和引领产业结构调整升级的龙头企业建设项目；加快实施“三旧改造”，鼓励原“三来一补”或外商投资企业在莞就地转型。
2009	《东莞市产业结构调整规划》（东府办〔2009〕5号）	大力发展以生产性服务业为重心的现代服务业，为产业结构转型升级提供服务支撑。大力发展高新技术产业和先进制造业，推进加工贸易升级转型，提高产业结构的适度重型化水平和自主创新水平。
	《东莞市关于推进产业结构调整促进产业转型升级的意见》（东委发〔2009〕7号）	以信息化与工业化融合推动经济增长方式转变，推动加工贸易转型升级，稳步推进低附加值项目有序转移，优化调整第二产业，加快发展第三产业，确保产业结构优化升级。

资料来源：根据东莞市贸易工业局、互联网资料整理。

在政府的大力推动下，目前以东莞为代表的整个珠三角地区已经开始有规模、有计划地开展产业转移。据已有资料统计，目前东莞市的产业转移园区已经遍布省内外。截至2008年，仅在广东省内东莞已先后在始兴、兴宁、乐昌、信宜、惠东、龙门、阳春、海丰等地共建了石龙（始兴）、石碣（兴宁）、东坑（乐昌）、大朗（信宜）、凤岗（惠东）、桥头（龙门金山）、长安（阳春）、大朗（海丰）8个产业转移园（表6－24）。园区总面积6.4万亩，已开发1.06万亩，投入资金7.2亿元，在建及建成项目59个，投资额38.9亿元。此外，东莞还有两个产业转移园正在报广东省政府审批。产业转移意在“腾笼换鸟”，即地区经济发展到一定阶段后，将一些失去比较优势的产业转移出去，以促进经济结构调整和产业升级，腾出空间发展高附加值的产业。东莞市未来的产业发展战略是大力引进和培育以先进制造业、高新技术产业、现代服务业、新兴产业为代表的高端产业。

表 6－24　东莞市在广东省内建设的八大产业转移工业园概况

建立时间	名称	产业
2005 年 12 月	石龙（始兴）产业转移工业园	电子、精密仪器、机械制造、环保设备、新型材料制造、电子玩具
2006 年 9 月	石碣（兴宁）产业转移工业园	汽车零配件、电子、玩具、食品加工
2006 年 9 月	东莞东坑（乐昌）产业转移工业园	机械铸造、五金加工、机械配件、家具
2006 年 9 月	东莞大朗（信宜）产业转移园	纺织机械
2006 年 10 月	东莞凤岗（惠东）产业转移工业园	电子信息、服装（制鞋）、先进机械制造
2007 年 2 月	东莞桥头（龙门金山）产业转移工业园	电子信息装配、服装加工、新型建材
2007 年 9 月	东莞大朗（海丰）产业转移工业园	机械装备、电子信息、玩具、家具、高新技术产业和食品饮料、纺织服装、五金
2007 年 9 月	长安（阳春）产业转移工业园	电子电器、机械、服装

资料来源：根据东莞市经贸局网站数据整理。

随着地区经济水平提高，一般制造业生产成本增加而投资效益递减，区域一般制造业生产优势逐渐弱化。与此同时，政府在新时期确定了各项政策以引导产业转型，一般制造业尤其是高能耗、高污染、占地量大、技术含量低且附加值低的产业将被逐步转移出去，本地将优先发展先进制造业、高技术产业和现代服务业等高端产业。因此，未来这一地区的人口集聚无论是规模还是结构都将有新的调整。

从整体规模上看，未来这一地区的人口集聚度将逐渐减少，原因在于转型后的产业发展主要依靠技术和资本，技术和资本能够节省大量劳动力，从而减少了企业对一般技术工人的需要。事实上，在与东莞发展类似的其他发达地区，已经出现了外来人口负增长的现象。以苏州市为例，近几年，苏州市外来人口以每年 60～70 万的速度增长，但到 2008 年苏州市外来人口首次出现了负增长。

从集聚人口的结构来看，未来这一地区集聚人口的素质将进一步提高，原因在于未来地区发展的高端制造业和现代服务业对从业者的文化程度和个人能力都有很高的要求，目前一般性的普通劳动者无法承担更具技术含量且复杂的生产和管理职能，所以未来伴随产业升级，迁入人口素质也会随之升级。

二、正在经历工业化和城镇化进程的地区

正如前面分析的结论，一个地区有大量务工型人口集聚通常由于这一地区有大量的就业岗位和相对较高的收入水平。而工业化进程所导致的产业在地域上集聚使得某一地区能够提供大量的就业岗位和相对较高的收入，因此这一地区成为人口的集聚地，表现为人口城镇化的模式。钱纳里（1988）与库兹涅茨（1957，1985）对经济增长与结构变化之关系的研究结果表明，在现代经济过程中，无论是发达的资本主义国家还是发展中的资本主义国家，随国民生产总值和人均国民生产总值的提高，农村和城镇人口都在变化，其变化的一般趋势为农村劳动力份额下降，而城镇的工业和服务业部门上升。

世界上大部分发达国家和发展中国家的城镇化率普遍高于工业化率。而我国城镇化率长期低于工业化率。在改革开放以前，全国的工业化是在割断城乡要素自由流动的基础上实现的，城镇化率的增长速度始终慢于工业化率的增大速度。从 1952 年到 1978 年，我国工业化水平从 17.6% 增加到 44.1%，增加了 26.5 个百分点，与此同时，城镇化水平从 12.5% 增加到 17.9%，仅增加 5.4 个百分点。1978 年城镇化与工业化之间的差距最大，相差 26.2 个百分点。

改革开放以后，在市场经济的引导调节以及全国行政区划变动的基础上，全国城镇化进程加速，工业化率和城镇化水平逐步缩小（图 6 - 27）。从未来的发展趋势看，人口城镇化仍然是全国人口集聚的重要方向。

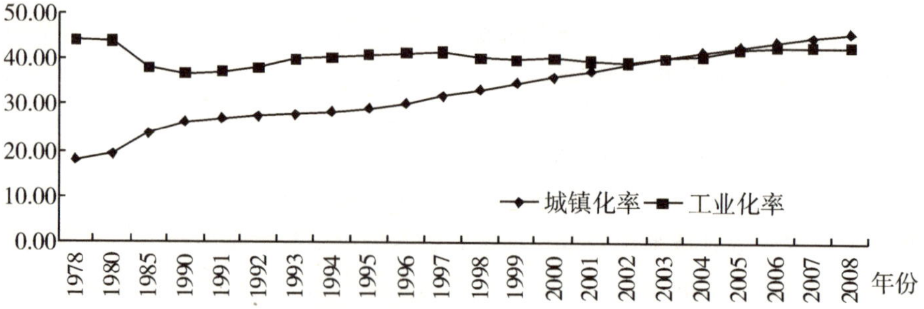

图 6 - 27 改革开放后中国工业化率与城镇化进程①

资料来源：《中国统计年鉴 2009》。

① 工业化率指工业产值占国内总产值（GDP）的比重，城镇化率指城市人口（含建制镇人口）占总人口的比重。

另外，产业在区域之间的转移，也改变了人口集聚的速度和程度。以劳动密集型的纺织行业为例，目前我国的纺织行业已经出现明显的区域转移迹象（表6－25）。2008年，中部和西部地区固定资产投资同比分别增长25.0%和22.1%，远高于全国4.8%的增速，东部地区同比下降了5.0%。三年里中西部地区纺织工业固定资产投资占全国比重从2005年的24.5%提高到2008年的39.9%。从产出情况看，近年来，中西部地区规模以上纺织企业工业总产值增速均高于全国平均水平。2007年，中西部地区纺织工业总产值同比增长35.8%，增速远高于全国23.4%以及东部地区21.6%的水平。中西部地区规模以上纺织企业工业总产值占全国比重也由2005年的12.2%提高到2008年的14.7%。以纺织行业为代表的劳动密集型产业的转移将引起人口在地域空间上的又一次大规模转移。原来为人口集聚区的城镇在接受了外部转移的产业之后将会加速发展，吸引更多的人口迁入。

表6－25 已实施西迁的部分东部沿海纺织服装企业

企业名称	原所在地	迁往地	主营产品	迁往规模及方式
上海三毛集团	上海	重庆	毛纱、毛织物等	整体，搬迁
上海第十七棉纺织总厂	上海	江苏大丰	棉纱等	整体，搬迁
上海纺织控股集团下属十余家企业（除上海第十七棉纺织总厂）	上海	江苏大丰及苏北地区	纱线、织物等	整体，搬迁
深圳富宝化纤公司	深圳	贵州贵阳	纺织化纤	整体，搬迁
如意集团	山东	重庆	纱线、织物、服装	部分，投资建厂
洛兹集团	浙江宁波	湖北秭归	衬衫、T－恤等	部分，投资建厂
雅戈尔集团	浙江宁波	重庆、新疆	衬衫、西服等	部分，投资建厂
浙江维科集团	浙江宁波	江西九江	针织、毛毯、服装等	部分，投资建厂和工业园
太平鸟集团	浙江宁波	湖北宜昌	服装	部分，投资建厂

资料来源：汪秀琛：《东部沿海纺织服装企业西迁分析》，载《纺织导报》2007年第1期。

由两种类型区的对比可知，即使现阶段地区对于迁入人口作用的拉力相同，未来的发展过程中不同类型的人口集聚区也会出现差异。对于东莞这一类已经发展到一定阶段，资源环境承载能力接近饱和，并且正在积极谋划产业和区域转型的地区，未来区域人口的集聚度将下降，并且迁入人口的类型会随着产业升级而升级。对于正处于快速工业化、城镇化上升期，同时地区的资源环境承载能力能够支撑进一步产业和人口集聚的地域，是未来人口集聚的重点地区。如果这一区域恰好承接了外部区域的产业转移，那么区域的人口集聚规模和速度都将加快。

第七章　人口特征对人口迁移决策的作用机理

在第三章人口迁移决策的理论框架中已经指出，人口作出迁移决策同时受到人口迁出地、人口迁入地以及人口自身特征三个方面的影响。不同特征的人群具有不同的迁移倾向，每个人都会根据自己对实际情况的判断和个人的偏好作出会使自己效益最大化的决策，因此本章主要研究人口特征对人口集疏的影响。

第一节　人口特征对人口迁移的影响

人口特征包括个人信息的许多方面，如人口年龄、性别、家庭状况、收入水平、教育背景等，这些因素特征都对人口的迁移决策产生影响。虽然具体到每个迁移个体时，各因素的作用强度并不相同，但是人群整体特征对迁移的影响大体能体现出一定的规律。

一、年龄对人口迁移决策的影响

美国经济学家舒尔茨（Schultz）从人力资本论的角度研究了人口年龄对迁移决策的影响。他认为，迁移是劳动力“自我投资”的一种方式，在不同阶层和年龄段之间存在着差异。一般情况下，青年时代进行迁移所花费的成本比年纪大的人要少，这种成本具有在人力资本上自我投资的性质，由于年轻人具有较长的未来时期，他们能够在这较长的时期当中使自己的“投资”得到补偿。为了把握年龄与迁移率的一般关系，美国人口学家罗杰斯利用瑞典等国的人口普查资料，提出年龄—迁移率理论模型。根据罗杰斯的理论，人口迁移概率在幼儿阶段较高，到初等义务教育阶段下降较快，在该阶段结束后又迅速上升，到 20 ～ 30 岁达到顶峰，之后缓慢下降，到 50 ～ 60 岁退休年龄阶段，又形成一个小的迁移高峰。

此处从人口本身生命周期角度来研究务工型人口的区域集疏。由于人口在其生命的不同阶段所追求的目标和向往的生活模式有所不同，因此在不考虑人口的其他特征时，处于不同生命阶段中的人口对于迁移的态度也不相同。人类在婴幼儿阶段由于没有自我看护能力，通常会随着家长的迁移而迁移，因此这一年龄段人口迁移率较大，但这一类型的人口迁移属于被动随迁人口，是社会性迁移而不是务工型迁移。随着儿童渐渐成长到能够相对独立地生活并且尚未结束学业，未到就业年龄时，家长由于在迁入地受到各种条件的限制，无法将子女带到身边，因此这一年龄段的人口迁移减少。当到达20岁正式就业年龄直至40岁左右，人处于个人生命中体力和脑力的巅峰期，最具有创造未来、改变自身环境的想法，因此从理论上看，这一时期务工型人口的迁移率最大。当人处于老年时期，其追求的重心并不在于丰富多彩、充满挑战的事业，而是安定舒适的晚年生活，因此此时人口务工迁移率也呈下降趋势。

在汶川地区调研的过程中，笔者选择其东部平原的中江县进行深入调研，原因在于中江是全国的农业大县，也是人力资源大县，是“国家劳动力转移培训基地”。通过中江县农村社会经济调查队于2005年在该县按照统计抽样原理①抽中的1245份调查问卷查示，中江县年龄在19～40岁之间的务工人员占务工人员总数的75%，明显高于地区正常的人口年龄结构，可见外出务工人口相对人口疏散地区人口结构确实更为年轻化（图7－1）。

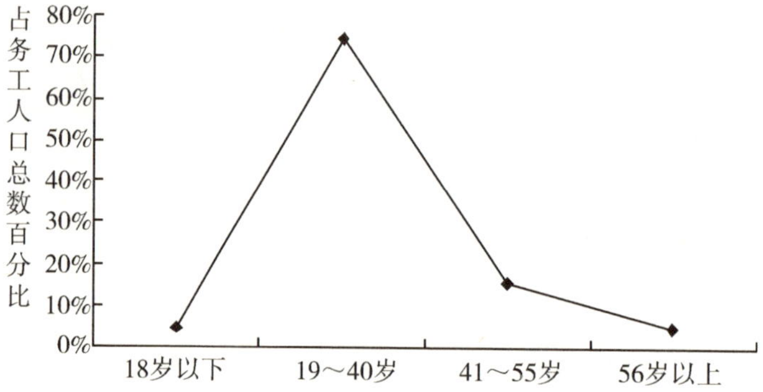

图7－1　汶川地区中江县外出务工人口年龄结构

资料来源：中江县统计局：《2005年中江农民工调查报告》。

通过对东莞市迁入的务工经商人口年龄结构进行观察也可以发现，相对于东莞市的常住人口年龄结构，东莞地区外来务工经商人口的年龄结构呈明显的年轻化

① 中江县农村社会经济调查队采取县—乡镇—村—户逐层抽选的办法，抽选了南华、回龙、通山等28个乡镇（其中镇21个，乡7个）的28个村280户作为样本，抽中村样本人口44300人，占全县农村人口的3.5%；抽中户样本人口1245人，占抽中村样本人口的2.8%。

态势。如果将东莞的户籍人口和外来务工经商人口的年龄结构做比较，这一差距将更大（图7-2）。

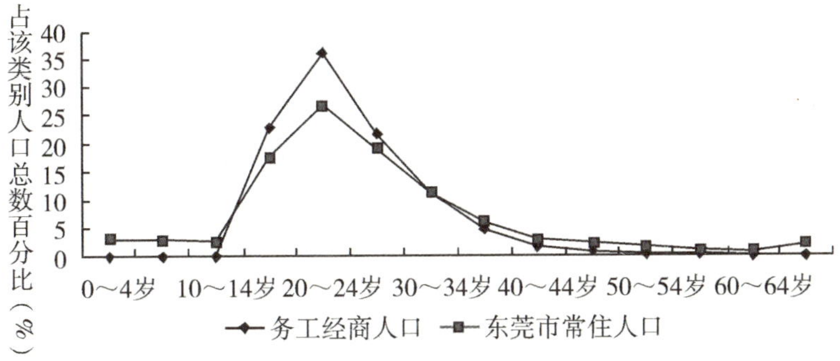

图7-2 东莞市务工型人口与常住人口年龄结构比

资料来源：根据东莞市第五次人口普查数据绘制。

通过在典型的人口疏散区和人口集聚区分别对迁移人口做的务工人员年龄结构调查可知，外出务工人员的年龄对人口迁移具有较大的影响力，证明了年轻的劳动力更易于迁移的理论。另外，利用我国几次全国人口普查数据对这一理论加以验证，也可以发现务工型迁移人口的年龄结构比城镇和农村常住人口的年龄结构更加年轻化（图7-3），证明年轻人口更易发生迁移，同时省际长距离迁移的人口比省内短途迁移的人口年龄结构更为年轻化。

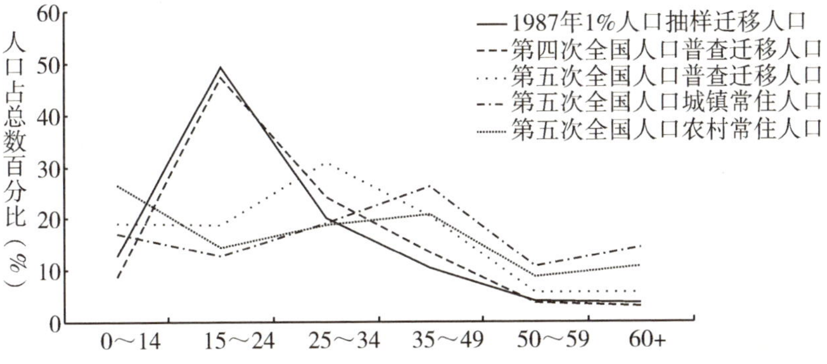

图7-3 务工型迁移人口年龄结构与常住人口比较

资料来源：根据1987年1%人口抽样调查，第四次、第五次全国人口普查数据绘制。

二、收入水平对人口迁移决策的影响

人口的收入水平是务工型人口决定是否迁移的重要影响因素。西方理论普遍认为，城市非农产业的高收入与农村从事农业的收入之差是人口迁移的主要驱动力。根据著名的托达罗模型，发展中国家农村迁往城市的人口数量主要与两个因素相关：一是农村与城市收入之差，二是城市内部的失业率。即两地区的收入水平差距越大，理论上人口的迁移数量越大；而城市内部的失业率越高，理论上农村人口进入城市找到工作的机率越小，从农村迁往城市的人数则越少。

然而托达罗针对发展中国家提出的城乡人口迁移理论并不能有效解释我国的人口迁移现象。按照托达罗的理论，我国最贫困的地区应该是人口迁出率最高的区域，但我国这些地区的人口迁移现象与托达罗的研究结果甚至是相反的。比如根据2000年第五次全国人口普查数据计算，省际人口迁移中的人口流出大省为四川、湖南、安徽和江西，这四个省份的人口净迁出量占全国人口净迁出量的58%，人口迁出率在全国排名也是前四位，但普查期内这四个省在31个省市的人均GDP排名并不是位于最后，而是分列第22、25、20、19位。人均GDP最低的西藏、贵州、甘肃几省的人口流出量仅占总人口流出量的6.4%，并不是人口流出大省。应用四川省县级尺度的数据和乡镇级别空间尺度的迁移人口数据也会发现，农民人均纯收入最低的地区反而不是人口迁移规模最大、比重最高、人口疏散度最大的地区（表7－1）。中国不同空间尺度的人口迁移数据均不能利用西方经典理论模型进行较好的解释。

表7－1　汶川农民人均收入水平与迁移率及迁移量的关系

农民人均纯收入	迁移率	迁移量
3000元以下	13.45	60780
3000～4000元	20.33	325061
4000～4500元	23.70	153688
4500元以上	7.93	6499

资料来源：根据汶川地区调研数据计算整理。

我国人口的迁移状况与经典理论不匹配的原因在于，我国具有特殊的国情和历史发展背景。在我国微观个体作出迁移的决策要受到迁移能力和迁移意愿的双重影响，两者双重作用的合力决定了人口是否迁移。人口的收入水平与迁移动力的关系如图 7－4 中 A 线所示，地区收入越低，人口的就业机会和生存环境均越差，人口受到外界压力越大。人口的收入水平与迁移能力的关系如图 7－4 中 B 线所示，人口收入水平越高意味着其承担迁移风险的能力越强，其教育程度和对外界信息的把握能力越强，因此迁移能力越强。人口最终是否迁移是人口迁移动力和迁移能力共同作用的产物，因此综合作用的最终结果表明中等收入水平的人口是人口迁移的主流群体，而低收入水平和高收入水平的人口都不是人口外流最活跃的群体，同时由于人口的迁移能力和迁移意愿的综合作用，最终可以体现出人口迁移的收入区间，即务工型人口大规模迁移的收入区间为 D_1 到 D_2 点。由于不同的地区具备不同的迁移动力和迁移能力，因此两个曲线会相应变动，由此形成新的平衡点 D_1'或 D_2'，又形成新的人口迁移收入门槛（图 7－4）。

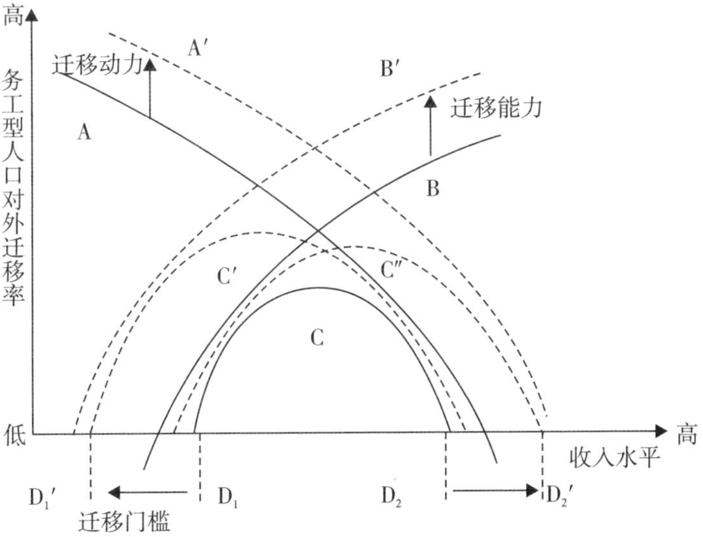

图 7－4　收入水平与劳动力迁移对应关系

通过对汶川地区人口迁移量及人口迁移率与农民人均纯收入的耦合分析可知，在该地区确实存在着人口迁移的收入门槛，对应着理论分析中的 D_1 和 D_2 点，2008 年汶川地区农民人均纯收入分别是 3000 元和 4500 元，在这一收入区间内人口的迁移量及迁移率迅速增加（表 7－1）。其他学者在对全国尺度的人口迁移数据进行挖掘时也发现了迁移收入门槛的存在，据研究，20 世纪 90 年代后期省际人口迁入和迁出的收入“门槛”分别是人均 GDP 8000 元和 6000 元（王桂新，2003）。

三、文化程度对人口迁移决策的影响

一般情况下，高学历人口更倾向于迁移。原因在于他们具有较高的竞争力，迁移后就业相对更容易，他们通过地域间的流动不仅能改善工作环境，增加收入，而且还有可能获得晋升的机会。与此相对，低学历人口由于缺乏相应的技术水平，在本地就业尚且困难，作出迁移决策时风险更大，甚至可能失业。因此，文化程度较低的人群迁移的可能性相对较小，即使迁移也会首选近距离迁移。

以汶川地区的中江县为例，根据抽样调查数据显示，43.7%的外出务工人口为初中文化，33%的人口接受过高中或中专教育（图7-5）。迁移人口的文化水平明显高于该县人口的平均文化水平。因此，这类人口相对更具有迁移能力，更易迁出。

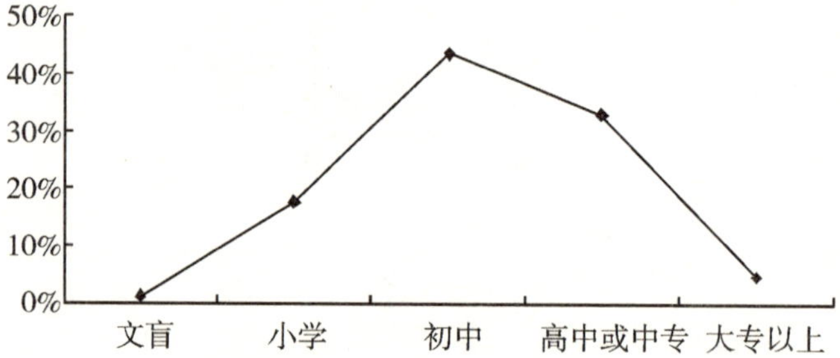

图7-5 汶川地区中江县外出务工人口文化程度构成

资料来源：根据中江农民工抽样调查数据、《2005年中江农民工调查报告》绘制。

全国尺度的数据也可以解释人口文化水平对迁移的影响。在第五次全国人口普查期间，我国迁移人口的平均受教育程度显著高于农村常住人口，尤其是接受初中以上教育的迁移人口比例远高于农村平均水平，这说明在我国市场经济逐渐放开的大形势下，文化水平相对较高的人更具有迁移的倾向。同时，文化程度越高的人，越具备远距离的迁移能力（表7-2，表7-3）。

表7-2 1995—2000年迁移人口和常住人口的受教育程度

（单位：%）

受教育程度	城镇常住人口	农村常住人口	迁移人口
不识字	6.5	19.2	10.3
小学	13.5	38.2	24.2

续表 7－2

受教育程度	城镇常住人口	农村常住人口	迁移人口
初中	35.9	36.9	52.2
高中以上	44.1	5.7	13.3

资料来源：根据 2000 年全国人口普查资料计算整理。

表 7－3　我国近期迁移人口的受教育程度

（单位：%）

受教育程度	迁移人口	迁入时间						跨越地域		
		1995 年	1996 年	1997 年	1998 年	1999 年	2000 年	县内	跨县	跨省
文盲	2.3	5.4	2.4	2.8	2.3	1.8	1.8	2.7	1.8	2.1
扫盲	0.5	1.4	0.7	0.4	0.5	0.3	0.5	0.6	0.4	0.4
小学	16.8	24.5	21.9	18.9	15.7	14.4	12.4	19.1	12.1	17.6
初中	29.0	35.4	35.8	32.3	28.7	26.0	22.3	34.0	20.3	27.1
高中	12.8	13.9	14.3	13.9	12.3	10.3	13.8	15.9	8.8	7.7
中专	15.6	8.3	9.3	11.6	18.6	20.6	16.6	12.1	24.5	8.2
大专	11.6	7.8	9.2	9.3	11.0	13.0	16.1	10.2	15.6	8.1
本科	10.8	3.0	5.6	10.2	10.3	13.2	15.7	5.0	15.9	26.7
研究生	0.5	0.4	0.7	0.4	0.5	0.4	0.7	0.3	0.5	2.1

资料来源：根据 2000 年全国人口普查数据。

另外，对比我国迁移人口和城镇常住人口的受教育程度可以看出，迁移人口的受教育程度低于城镇常住人口的平均水平，这就解释了托达罗理论在我国失灵的原因。根据托达罗理论的解释，城市的失业率越高，农村迁入城市的人口数量越少。但是在我国城市失业率与迁入人口数量关系不大，因为我国城市居民的受教育程度、收入水平和择业观念使其宁愿承受失业时寻找理想工作所耗费的成本，也不愿意从事劳动强度大、工作环境差的重体力工作和服务性工作。而外地的迁入人口由于受教育程度低于城市常住居民，因此往往从事这类城市居民不愿意从事的工作，弥补了这一行业的空缺。以汶川地区的中江县为例，通过对该地区2005年农民工抽样调查可知，外出农民工主要集中在制造业、建筑业、住宿和餐饮业、批发和零售业、居民服务等其他服务业，从事这五个行业的人数占外出农民工总数的69.2%，所以现阶段城市的失业率并未像托达罗模型所描述的那样对农村地区的外来人口造成负面影响。

另外，人口的文化程度和教育背景也影响了人口迁移时的行业选择和地区选择。因为不同的产业类型对劳动力的要求不同，高技术含量的行业需要受过高等教育、技术能力较强的人才。一般性加工制造业对劳动力教育程度的要求相对较低，相对更重视劳动力工作的熟练程度。因此，具有不同教育背景和技术能力的迁移人口会相应地选择合适自己的职业和行业。由于不同类型的行业在地域空间分布上存在差异，因此不同教育背景和技术水平的迁移人口在集聚地区的选择上也有差异。仍以第五次全国人口普查统计数据为例，用各产业部门的从业人口数量区位商代表该地区行业的发展规模，对东部、中部、西部三大地区的产业结构差异和迁入人口在地区内的分配进行对比，结果如表7－4所示。东部地区以制造业为特色，对应迁入人口中生产运输设备操作人员及有关人员占到70%以上。而中西部由于产业构成相对均衡，因此迁入人口的职业相对分布比较平均。东部地区产业结构特色对人口素质要求更高，因此具有较高文化素质的迁移人口在择业时倾向于向东部集聚，东部地区迁入人口素质明显高于中西部地区（表7－5）。

表7－4　1995—2000年东中西三大地区迁移人口职业结构和产业区位商①

地区	1		2		3		4		5		6	
	职业构成	区位商	职业构成	区位商	职业构成	区位商	职业构成	区位商	职业构成	区位商	职业构成	区位商
东部	0.7	1.24	2.7	1.10	3.2	1.21	15.6	1.23	5.8	0.83	72.0	1.45
中部	2.5	0.92	7.1	0.98	4.0	0.90	24.0	0.87	31.9	1.10	31.3	0.72
西部	2.2	0.68	5.8	0.85	3.6	0.76	35.8	0.76	21.9	1.18	30.6	0.56

资料来源：根据2000年全国人口普查资料计算。

① 根据2000年全国人口普查资料，将职业结构分为以下7类：国家机关、党群组织、企事业单位负责人；专业技术人；办事人员和有关人员；商业、服务人员；农、林、牧、渔、水利业生产员；生产、运输设备操作人员及有关人员；不便分类的其他劳动者。

表7-5　1995—2000年东中西三大地区迁移人口的受教育程度

（单位：%）

地区	东部	中部	西部
文盲、半文盲	9.2	5.5	4.1
小学	20.9	20.1	25.3
初中	39.0	56.3	54.7
高中	16.4	14.3	12.1
大专以上	14.5	3.8	3.8

资料来源：根据2000年全国人口普查资料计算。

四、家庭构成对人口迁移决策的影响

家庭构成是人口迁移决策的影响因素之一。一般情况下，未婚人口作出迁移决策比已婚带有家眷的人更容易，因为所要承担的经济风险和社会风险更小，所以决策时的影响因素也较少。通过我国第五次全国人口普查对于经济型迁移人口的婚姻情况调查可以看出，未婚人口迁移中经济原因占主体。而初婚、离异和再婚、丧偶等婚姻状况的人口因为经济原因而产生迁移的比例较小（表7-6）。

表7-6　分婚姻状况的迁移流动原因构成

（单位：%）

原因	总计	未婚	初婚有配偶	再婚有配偶	离婚	丧偶
经济原因	55.3	83.1	41.0	18.7	32.3	8.3
务工经商	34.6	40.3	32.7	14.4	24.7	7.2
工作调动	4.7	2.8	5.9	3.8	6.4	1.0
分配录用	3.5	6.1	2.1	0.5	1.0	0.1
学习培训	12.5	33.9	0.2	0.0	0.1	0.0
非经济原因	44.7	16.9	59.0	81.3	67.7	91.7

续表 7-6

原因	总计	未婚	初婚有配偶	再婚有配偶	离婚	丧偶
拆迁搬家	14.3	5.3	19.1	14.9	29.3	31.7
婚姻迁入	13.6	0.1	21.3	50.9	2.9	3.0
随迁家属	7.4	4.9	8.7	4.9	5.4	15.5
投亲靠友	4.1	2.6	4.1	4.7	14.5	30.1
其他	5.3	4.0	5.8	5.9	15.7	11.4

资料来源：根据第五次人口普查数据整理。

另外，在已婚人口中，家庭成员的构成也对人口迁移决策产生影响。如果已婚人口家里的老人和孩子自理能力较差，那么人口向外迁移时的牵绊则较多。原因在于经济型人口虽然迁移的主要目的是获取更多的收入，但是在中国人口迁移时往往是以家庭整体的利益最大化为最终导向。当家里的老人和孩子在失去亲人照顾无法维持生存和正常生活时，一般情况下人口迁移的动力会减小。这一观点通过我国学者杨锦秀于2008年在人口输出的典型大省四川省的调查问卷得到了实证。问卷结果表明，老人的医药费用由外出农民工负担的越多、身体状况越差、子女对待学习的态度越恶劣，农民工外出打工的意愿越弱，回乡的意愿越迫切。

五、性别对人口迁移决策的影响

人口本身的性别因素对人口迁移决策也有显著影响。在作出迁移的决策时，男性的迁移概率要高于女性。原因在于男性更多地承担了家庭的供养责任，经济压力较大，而中国传统文化对女性的家庭定位更多地在于照顾丈夫、孩子和老人。此外，在迁移过程中包含了很多冒险的不确定性因素，而男性的天性使其对风险的抵抗力更强。因此在经济型迁移中，男性的人口比例明显高于女性。以汶川地区中江县的调研数据为例，该区外出务工人员中男性占75%，女性仅占25%。另外，第五次全国人口普查的统计数据也证实了，在人口迁移的过程中，由于经济原因而迁移的男性比例达46.9%，明显高于女性26.8%的比例。

人口本身的性别因素对人口迁移之后职业和迁入地的选择也有影响。从人口迁移的行业选择看，男性由于自身体力优势和性别优势往往倾向于选择收入相对较高的生产、运输、制造、建筑等行业。而女性体力有限，因此在职业选择上也受到限制，对体力要求较低的服装加工制造和商业服务业等行业更适合于女性。

以东莞市为例，东莞市的产业结构偏于轻型化，其中纺织服装业吸引了大量的外来人口，因此东莞市外来人口以女性为主，全市历年外来人口男女性别比明显小于1（图7－6）。从东莞市域内部看，在虎门镇、清溪镇等以纺织服装闻名的乡镇，外来人口男女性别比都低于全市0.927的平均水平，说明地区产业结构决定了迁入人口的性别，从另一个角度也说明人口的性别决定了迁移人口的行业和地域选择。

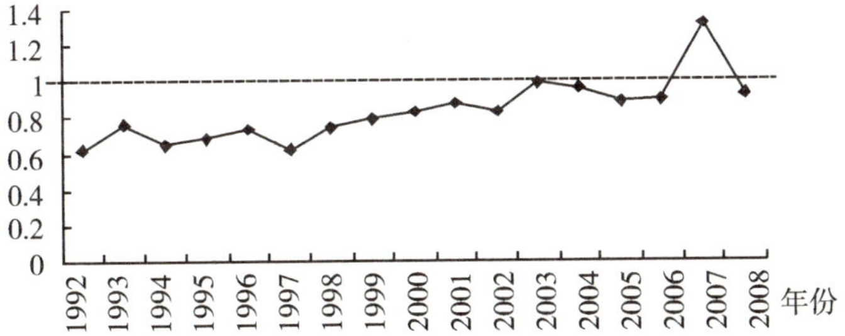

图7－6　东莞市历年外来暂住人口性别比

资料来源：《东莞市统计年鉴2009》。

全国层面的数据也表明人口性别的差异会导致迁移后选择行业的差异（表7－7）。在生产、运输设备操作等行业男性比例均高于女性，而在商业和服务业女性比例高于男性。另外，人口本身的性别因素也影响人口的迁移距离。从全国尺度看，女性的平均迁移距离小于男性，省内迁移中女性比例较高，省际人口迁移中男性占更大的比例。而且无论迁移人口从事哪一职业，省际人口迁移的男女性别比均较高，这也证实了女性的个性特征使其在发生空间迁移时比男性更倾向于近距离迁移（图7－7）。

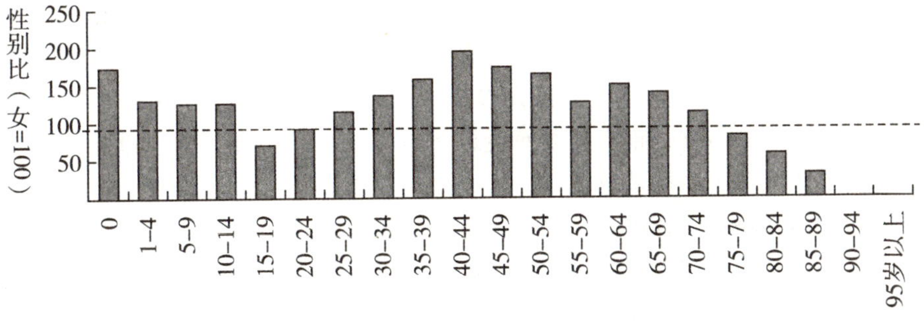

图7－7　省际迁移人口中的年龄结构与性别比关系

资料来源：第五次全国人口普查。

表7－7 迁移人口与非迁移人口的分职业男女性别比

（女＝100）

职业别	迁移人口		非迁移人口
	省内	省外	
一、国家机关、党群组织、企业、事业单位负责人	402.42	429.94	527.66
二、专业技术人员	74.81	141.03	97.58
三、办事人员和有关人员	190.95	242.54	243.33
四、商业、服务业人员	83.89	111.31	103.59
五、农、林、牧、渔、水利业生产人员	29.36	69.05	109.20
六、生产、运输设备操作人员及有关人员	164.82	128.12	227.97
七、不便分类的其他劳动者	149.64	224.41	179.37
合　计	95.64	121.72	122.89

资料来源：根据2000年全国人口普查资料计算。

第二节　迁移人口对于迁入地的选择

由前述分析可知，人口本身的特征、人口疏散地的推力和人口集聚地的拉力对人口迁移决策都产生了影响。然而，在众多人口流出的疏散地和人口流入的集聚地中，人口从流出地迁移到流入地在空间上呈现出一定的规律，即人口对流入地的选择具有方向性。人口迁入地的选择表现为人口流动过程中首先选择近距离的人口集聚地。务工型人口在选择人口流入地的时候会进行自身成本与收益比较，一般情况下人口在外地务工要承受以下成本：一是心理成本，即人口远离家乡所承受的孤独和思乡的情感成本。二是经济成本，即人口从流出地到流入地所要花费的时间和路费等成本。三是文化制度成本，即人口由流出地迁移到流入地以后由于两地之间不同的风俗习惯和生活差异所付出的适应性成本。

通常情况下，即使各类人口集聚区的拉力大致相同，务工型人口也会倾向于选择迁入距离更近的人口集聚区。原因在于，首先，在同样的收入水平下，选择离家地理距离相对较近的人口集聚地可以在心理感觉上减少远离家乡时所造成的心理距离。其次，选择离家较近的人口集聚地可以减少迁移过程中花费的路费和时间成本，如果迁移以后又改变主意，其返乡所花费的成本也小于远距离迁移。再次，人口生活的风俗习惯一般呈距离衰减的特性，即随着地理距离逐渐拉远，地区间的生活习惯和文化制度的差异也越来越大，因此，人口选择近距离的迁入地也会减少适应社会生活的成本。由此可见，在同样的拉力作用下，理性的迁移人口首先会选择近距离的迁入地。

早在 1889 年，雷文斯坦就在其论著中提及人口迁移主体进行的是近距离迁移，长距离迁移较少发生。齐夫（G. K. Zipf）在其齐夫定律中也认为地区间的人口迁移量与地区间距离成 n 次反比。美国学者李（E. S. Lee）于 1966 年提出影响迁移的四个因素，介于迁入地和迁入地之间的介入障碍与地理距离相关。一般情况下，地理距离越大的区域间介入障碍越多。

我国人口集疏的过程也存在着距离衰减规律。利用 ArcGIS 软件对全国主要的人口集聚地京津冀地区和长三角地区分别做 500 千米、1000 千米和 2000 千米三个距离的缓冲区，分别计算各缓冲区内流动人口的分布比例，发现流入人口比例在前五名的省份都位于距离人口集聚地较近的圈层。对不同距离缓冲区内流入人口比例进行统计计算可以看出，距离人口集聚地空间距离越远的地区迁入的人口所占比例越小。随着地理距离的不断增大，迁入集聚地的人口比例依次不断递减。两大人口集聚地的人口迁移均具备典型的距离衰减特性（表 7－8，图 7－8）。

表 7－8　不同距离范围内流动人口所占比例

（单位：%）

	京津冀地区	长三角地区
流入比例在前五名的省区	河北、河南、山东、安徽、黑龙江	安徽、苏北、四川、江西、浙南
500 千米内流动人口比例	40.10	52.10
1000 千米内流动人口比例	33.11	24.00
2000 千米内流动人口比例	25.41	21.19
2000 千米外流动人口比例	1.38	2.71

资料来源：根据 2005 年 1% 抽样调查数据计算。

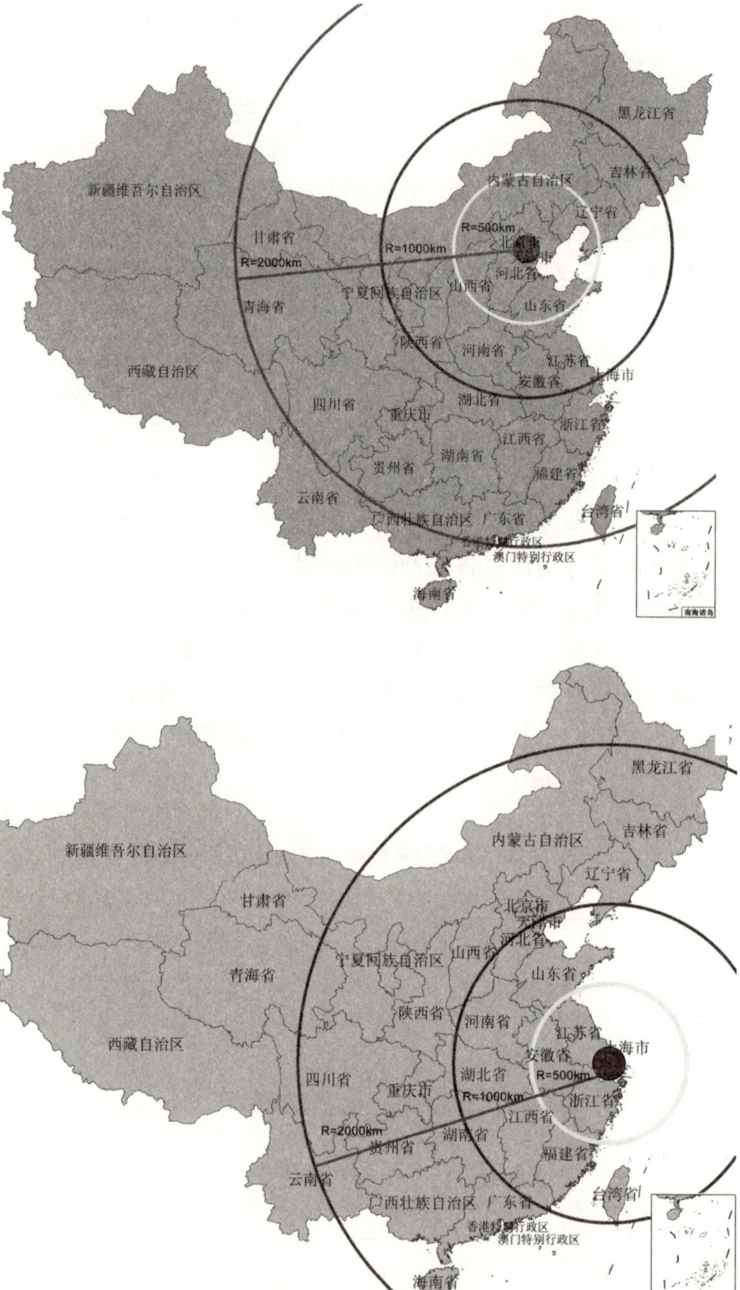

图 7-8　京津冀和长三角地区在半径 500 千米、1000 千米和 2000 千米内所包含地区

资料来源：根据 2005 年 1% 人口抽样调查数据整理计算。

关于人口迁移和距离的关系，也有学者利用空间分析软件计算出沿海三大都市圈人口迁入和迁出的平均迁移距离。经计算证明，无论是人口迁入还是人口迁出，人口空间迁移的平均距离均小于1000千米（表7－9），空间距离是人口迁移的显著影响因素。另外，在省域内部人口迁移也受距离的影响。以广东省为例，广东省农村劳动力转移中的95%以上是省内转移（表7－10）。

表7－9 三大都市圈人口迁移距离统计

	迁移距离总和（千米）	人数（万人）	平均迁移距离（千米）
京津唐迁入	2059804.11	2619	786.48
长三角迁入	3567721.46	5559	641.79
珠三角迁入	9617406.68	13364	719.65
京津唐迁出	413038.89	453	911.78
长三角迁出	879476.04	962	914.22
珠三角迁出	273260.18	348	785.23

资料来源：余路、张善余：《基于空间统计的人口迁移流分析》，载于《华东师范大学学报（哲学社会科学版）》2005年第5期。

表7－10 广东省农村劳动力省内转移比重

年份	1996	1997	1998	1999	2000	2001
比重（%）	96.0	97.4	99.3	99.8	98.4	97.8

资料来源：广东省统计局，中国统计信息网，2005－3－11。

通过国务院对跨区域流动农民工消费的统计也可以看出，距离能够影响人口迁移的成本。无论是东部、中部还是西部地区，人口在外地务工时的消费支出在本地区内均为最低，在其他地区消费始终高于本区域内的消费（表7－11）。

表7－11 2004年跨区域流动农民工消费支出比较

（单位：元/人·月）

	在东部地区务工	在中部地区务工	在西部地区务工
东部地区外出劳动力	311	349	427
中部地区外出劳动力	282	224	235
西部地区外出劳动力	322	283	248

资料来源：《中国农民工调研报告》（2004），第106页。

另外，从典型大城市的形成也可以看出距离对人口迁移的影响。以 2000 年人口集聚度名列前茅的大城市为例，分别在全国东部、中部、西部三大地区及南、北方地区共选取 8 个代表性的人口集聚城市，对其周围 100 千米、500 千米和 1000 千米腹地内包含的人口数量进行统计，可以发现特大型城市周围必定富存着较大的人口存量，大量的人口基数为人口向大城市集聚提供了基础（7－12）。大城市的形成从另一角度说明了理性务工型人口倾向于选择短距离迁移的事实。

表 7－12　2000 年若干大城市腹地人口数

（单位：万人）

排序	100 千米		500 千米		1000 千米	
1	广州	2930	郑州	34101	武汉	91883
2	上海	2750	武汉	29511	郑州	83855
3	郑州	2306	北京	18621	西安	75517
4	北京	1951	重庆	19681	上海	62268
5	武汉	1949	西安	18856	重庆	60337
6	重庆	1924	上海	18522	北京	55532
7	西安	1568	广州	16456	广州	43066
8	沈阳	1468	沈阳	9104	沈阳	31881

资料来源：何雄：《中心城市竞争与地区发展》，2007 年。

以东莞市为例，从东莞市 2006 年外来人口构成比例中可以看出，东莞市外来人口所占比例排名前五位的分别来自于广东、湖南、四川、广西和湖北，均是邻近省份。再分别以 300 千米、500 千米、1000 千米、2000 千米为半径，以东莞市为圆心，计算不同半径内部流入东莞市的人口占总流入人口比重可以发现，随着迁移半径的增加，外来人口的迁入比例显著减小（图 7－9，表 7－13）。

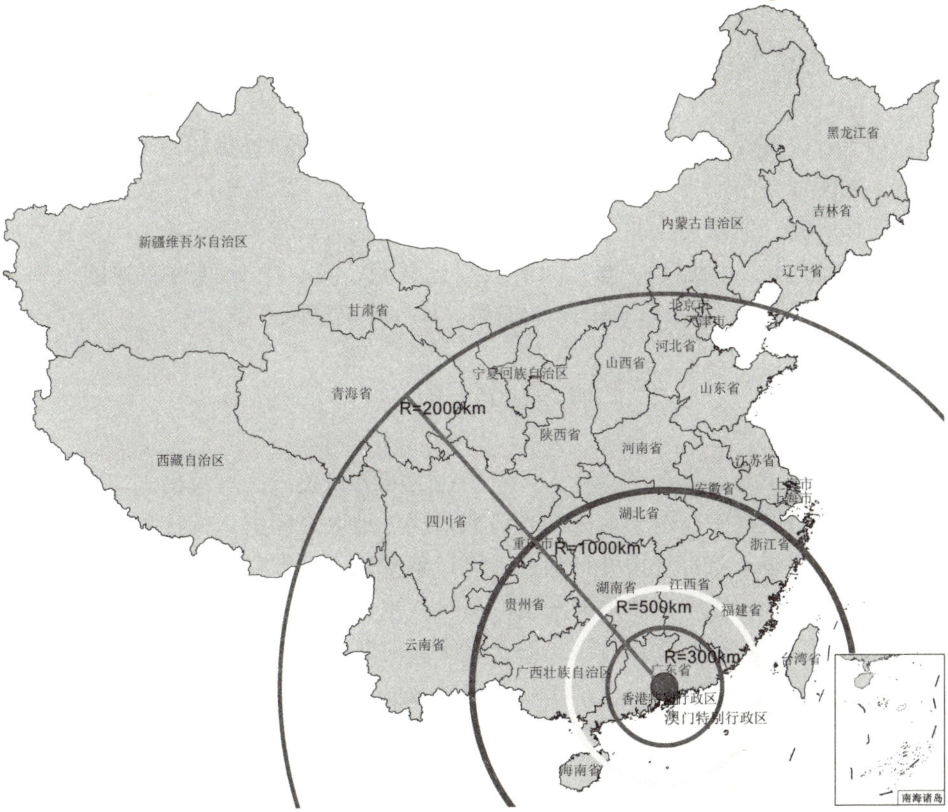

图7-9　东莞市各种半径距离内省份（市、自治区、直辖市）分布

表7-13　东莞迁入人口前五位排名

来源	数量	比例（%）
广东	1012637	17.26
湖南	875904	14.93
四川	617664	10.53
广西	556961	9.49
湖北	531987	9.07

一、迁移人口选择迁入地的决策机理

对于人口选择近距离迁移这一现象，西方学者用人口迁移的重力模型进行了表达。美国社会学家齐夫把牛顿的“万有引力定律”引入推拉模型，并应用于人口迁移研究。他认为，两地之间迁移人口与两地人口规模成正比，与两地之间距离成反比。M_{ij}为 i 地与 j 地之间的人口迁移量，P_i、P_j 分别为两地的人口规模，d_{ij}为 i、j 两地之间的距离，α 为常数，β 为距离衰减系数。

$$M_{ij}=\alpha(P_i\times P_j)/d_{ij}{}^{\beta} \tag{7-1}$$

由前述关于人口集聚区对流入人口的拉力和人口疏散区对流出人口的推力分析可知，重力模型中以两个地区的人口数量代表地区之间引力的这种方法有待改进。因为从迁移人口自身角度来衡量，人口集聚地人口数量的多寡并不是吸引外来人口迁入的直接原因，而是集聚地的高收入水平和充足的就业岗位吸引了外来人口。因此，此外在传统重力模型的基础上，对其进行改进，将人口集聚区的人口因素改成该地区的人均收入水平与人口疏散区人均收入水平之比，以及人口集聚区的工作机会与人口疏散区的工作机会之比。修正后的模型为：

$$M_{ij}=\alpha\frac{P_i^{\beta}}{d_{ij}{}^{\gamma}}\times\frac{W_j}{W_i}\times\frac{Q_j}{Q_i} \tag{7-2}$$

其中，M_{ij}为由 i 地区迁入到 j 地区的人口；P_i 代表 i 地区的人口存量，即 i 地区的人口越多迁出人口存量越大；d_{ij}为 i 地区到 j 地区的地理距离，此处用两地区人口重心的欧氏地理距离来表征；W_i 和 W_j 分别代表 i、j 两地人口的收入水平，此处用 i、j 两地的职工收入水平之比代替；Q_i 和 Q_j 分别代表 i、j 两地人口的就业机会，此处用 i、j 两地区非农产业的产值来表示。为探讨 j 地区流入人口构成与距离的关系，将公式两边同除 j 地区外来人口总数，再同时取对数，最终可得公式：

$$\ln Y=c+\beta\ln P_i-\gamma\ln d_i+u\ln W_i+v\ln Q_i \tag{7-3}$$

二、模型结果及分析

利用东莞市2006年各地区流入人口，采用多元回归方法为公式中各系数赋值，由于部分数据存在线性相关，因此采用逐步回归法。回归方程有效性和系数取值如表7-14所示。

表7-14 东莞市外来人口构成回归方程有效性

回归模型	R 值	R^2 值	调整后的 R^2 值	标准误差估计
线性回归 Linear	0.913^c	0.834	0.816	0.85963

方程对于东莞市流入人口构成的模拟效果较好，R^2 达到0.834。通过对进入方程的各变量系数比较研究可以看出，人口疏散区的人口存量、人口集聚区相对疏散区的工作岗位丰富度以及两地之间的距离都对迁入人口产生显著影响。其中，人口流出区的人口总量越多，人口流入区相对于流出区的工作岗位越多，该流出区流出的人口越多。而距离人口流入区越远的流出区，其流入的人口越少，距离与流入人口呈负相关性，并且距离对于人口选择迁移地影响很大，标准化后的系数达到-0.404（表7-15）。

表7-15 东莞市外来人口构成回归方程系数

模型	非标准化系数		标准化系数	T值	显著性
	B	标准差	Beta		
Constant	-15.655	3.352		-4.670	0.000
$\ln_{P_i}$	2.920	0.347	1.291	8.412	0.000
Ln_{O_i}	1.463	0.265	-0.838	5.526	0.000
$\ln_{d_{ij}}$	-1.003	0.209	-.404	-4.794	0.000

第三节　未来迁移人口的变化趋势

由于目前我国迁移人口中农民工占据较大比例，因此本部分仅就未来农村地区迁出人口的变化趋势加以分析。

一、自身文化程度提高

由于出生时代及成长社会背景的不同，两代农民工在个人特质上有着显著的差异。随着国家义务教育的普及和百姓对教育的重视，出生于20世纪60年代的人口与出生于20世纪80年代后期的人口在教育程度上有较大区别。新一代农民工的平均受教育程度更高。据调查①，第一代农民工文化程度以小学和初中为主，其中30.92%是文盲或半文盲，初中及以下的占81.91%，平均受教育年限为7.62年。而第二代农民工多是经历过国家九年制义务教育的培养，以初中及以上文化水平为主，占89.4%，其平均受教育年限为8.92年，自身文化水平的提高使其能够较快地适应新工作岗位，工作能力更强。

二、在城市务工的期望提高

第一代农民工的迁移决策主要受到生存压力的影响，大部分农民工外出打工是为了维持家庭生活，供养整个家庭。而第二代农民工更多是生于20世纪80年代以后的独生子女，多数新生代农民工从小到大的生存环境均较好，相比第一代农民工受过更多的学校教育，同时深受电视文化和信息文明的熏陶。因此，第二代农民工外出打工的主要原因已经由谋求生存转向追求发展。

由于第二代农民工的生长环境比第一代农民工更为优越，受教育程度更高，使其职业期望更高，同时也决定了他们对物质和精神享受的要求更高。但是，相比同时期成长起来的城市人口，第二代农民工教育文化程度仍然相对较低。即使流入到城市以后，也很难在专业技术性较强的领域里立足。城市为其提供的工作岗位更多的还是一些工作环境较差、福利待遇较低、体力强度较大的低工资的工作。而第二代农民工与老一代农民工对待这类工作的态度截然不同。第二代农民

① 董延芳、刘传江：《第二代农民工社会保障及相关问题分析》，载于《保险研究》2008年第5期。

工对工作的耐受力降低，他们不再希望做着和父辈相同的以体力劳动为主的工作，在选择工作时也尽量避免这类高强度、工作环境较差的岗位。通过已有学者对两代农民工就业领域的调查比较可以看出，在家政服务、建筑、保洁等收入低并且比较辛苦的行业中，第二代农民工的就业比例明显低于第一代农民工。而从事餐饮、娱乐和批发零售业的第二代农民工比例高于第一代农民工（表7－16）。

表7－16　两代农民工就业领域比较

（单位：%）

外出就业领域	第一代		第二代	
	男性比重	女性比重	男性比重	女性比重
农家乐	2.1	1.1	0	0
家政（保姆）	0.8	7.7	0	0
保安	7.1	9.9	12.5	2.6
建筑业	34.2	11.0	29.7	2.6
工业	12.9	5.5	15.6	13.2
餐饮业	10.0	17.6	14.1	18.4
娱乐业	2.1	3.3	9.4	18.4
批发业	2.1	4.4	1.6	5.3
零售业	5.8	17.6	6.2	34.2
保洁	3.3	17.6	0	0
运输	9.6	1.1	3.1	2.6
杂工	9.6	2.2	7.8	0
其他	0.4	1.1	0	2.6

资料来源：黄祖辉：《农民工就业代际差异》，载于《农业经济问题》2008年第10期。

广东省第二代农民工专项调研数据显示，与第一代农民工求生存为主要目标不同，学习技术成为第二代农民工外出务工的一个重要原因，他们大多希望有一技之长以谋求更广阔的发展空间。

三、生活方式由农民向市民转化

第一代农民工外出务工的主要目的是挣钱养家糊口，其在城市务工的背后有着繁重的家庭负担，因此第一代农民工在城市中的生活和消费方式与城市居民存在很大的不同。第一代农民工保持了中国农民勤劳肯干、朴实节俭的农民本色，在城市中除了维持生存所必须的支出外，其余大部分收入攒起来寄回农村老家供养在家乡的父母妻儿。第一代农民工中的大部分人在务工之前有将近10年左右的务农经历，因此这类人口的迁移多属于候鸟型，年轻时在城市与农村之间来回钟摆式迁移。步入中老年以后，对于家乡和土地的眷恋以及城市对新生力量的需求都迫使他们选择回流到家乡发展。

第二代农民工大部分出生于20世纪80年代后，其外出打工的目的并不是养家糊口，因此不需要负担家里的生活花费，经济负担较小。新一代农民工的消费方式更接近于现代城市居民，在城市的花费更大，消费以个人效用最大化为目标，其饮食、服饰、娱乐等消费观念日趋与城市的年轻人接近，其自我定位不再是农民，对城市的生活方式有了更大的认同感。中国青少年研究中心对中国新生代农民工发展状况及代际的对比研究报告显示[①]：新一代农民工的工资收入首先用于自己的生活消费和开支（44.7%），然后才是寄回去补贴家用（40%）。第二代农民工大多是刚刚从学校毕业就直接进入城市打工的青年，与上一代农民工相比，缺少吃苦耐劳的精神。同时，这一代农民工直接从校园走向城市，缺少在农村的务农经验，更向往城市的生活，因此未来流回农村的可能性较小。将来随着城市包容性的提高，这一部分务工人员将不会迁回到农村（图7-10）。

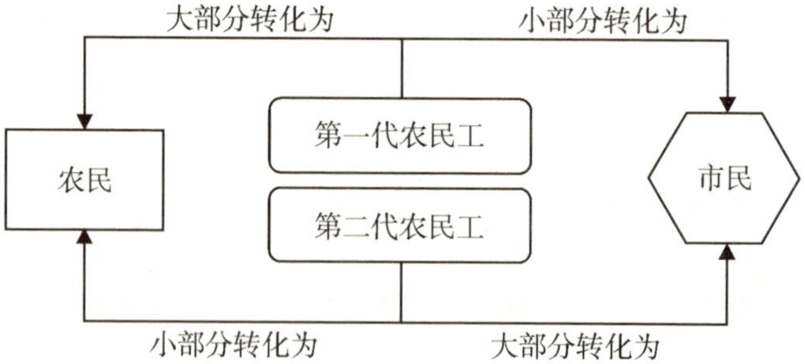

图7-10　两代农民工身份转换差异

① 中国青少年研究中心：《中国新生代农民工发展状况及代际对比研究报告》，中国青少年研究网，2008-8-3。

四、对自我权力的保护及追求发展的意识提高

由于受到的生存压力较小，第二代农民工在选择工作时只将收入水平作为选择工作的考虑因素之一，生存权是第二代农民工追求的基本权力，除此之外，他们更看重平等权和发展权，并且懂得运用法律武器维护自己的合法权益。中国青少年研究会 2006 年对内地青年农民工生存状况调查研究的情况显示，80% 以上的制造业青年农民工关注劳动法规，60% 以上的第二代农民工关注社会保障，30% 以上的第二代农民工特别关注子女教育问题，这些都说明第二代农民工在思想上已经进步，并能主动地寻求法规保障来维护自己的权力。第二代农民工在面对厂方提供的低廉工资待遇和恶劣工作环境时，不再忍辱负重，而是更主动地"用脚投票"，重新寻找适合自己发展的企业和地域，这对未来地区用工环境的建设和企业发展都提出了更高的要求。

通过广东省第二代农民工调查数据分析发现，第二代农民工在业务学习、文化知识学习等自我增值方面的花费远远多于上一代青年农民工，这说明第二代农民工对自身发展的迫切愿望，同时也说明随着区域经济发展和产业结构不断升级，用工企业必然对招聘人员的综合素质和技术能力有着更高的要求，而第二代农民工面对新时代的发展趋势，能够主动地从思想意识和行动上调整自己，从技术上装备自己。同时，第二代农民工对发展的要求和自身素质的提高也促进用工企业自身进行改革和升级，推动了区域产业升级。

第八章　人口空间集疏的区域效应

中国的迁移人口与迁出地的联系比西方国家迁移人口和迁出地的联系更为紧密，因此人口空间集疏产生的区域效应也更为强烈。在人口集疏对人口集聚地和疏散地的影响方面已经有很多的研究文献，本章主要从地理学视角，研究人口空间集疏以后对区域间发展差距的影响，以及由于人口空间集疏对地域功能形成和转换的影响。

第一节　人口空间集疏对区域间发展差距的影响

区域间的发展差距一般都以人均收入来衡量。由前述对人口集疏过程的研究可知，当人口具有自由流动的能力时，一般劳动力倾向于迁入工资较高、距离较近的相对发达地区，使人口迁入地的集聚度提高，最终使较多的地区生产总值被更多的人分享，而欠发达地区由于劳动力的净流出，使人口密度下降，最终使得较少的地区生产总值被较少的人分享，加上外出人口向家乡的汇款，人口疏散地的人均收入水平会相对提高。因此，在劳动力自由流动的情况下，人口集疏行为理论上应该会缩小地区间的发展差距。

一、人口集疏对区域差距影响的理论分析

根据 CD 生产函数（Cobb-Douglas production function），地区经济增长由综合技术水平（A），投入的劳动力（L）和投入资本（K）共同决定。假设有 a（人口疏散区）、b（人口集聚区）两个地区，L 为地区劳动力数量，α 为单位劳动力的产出，K 为地区资本数量，β 为单位资本的产出，则 a 地区的总收入为 $Ya = \alpha La + \beta Ka$，$b$ 地区的总收入为 $Yb = \alpha Lb + \beta Kb$。假设 a、b 两地区的总人口分别等于其劳动力数量，则 a、b 两地的人均收入可以表示为：

$$Pa = Ya/La = \alpha + \beta Ka/La \tag{8-1}$$

$$Pb = Yb/Lb = \alpha + \beta Kb/Lb \tag{8-2}$$

地区间人均收入差距 D_0 可以表达为：

$$D_0 = Pb - Pa = Yb/Lb - Ya/La = \alpha + \beta Kb/Lb - \alpha - \beta Ka/La = \beta(Kb/Lb - Ka/La) \tag{8-3}$$

由此可知，地区间的收入差距取决于生产要素结构差异，生产要素中资本要素比重高的地区比劳动力要素比重高的地区人均收入高。当地区间存在劳动力转移时，假设从 a 地迁入 b 地的劳动力数量为 Lab，由于劳动力迁移主体会携带部分资本，因此也相应有部分资本从 a 地流向 b 地区。但是外出务工人口也会以汇款或实物的形式向家乡输入物资，以 R 代表外出务工人口由流入地向流出地的汇款，则 a、b 两地总收入变动为：

$$Ya_1 = \alpha(La - Lab) + \beta(Ka - Kab) + R,\ Yb_1 = \alpha(Lb + Lab) + \beta(Kb + Kab) - R$$

则 a、b 两地的人均收入为：

$$Pa_1 = \alpha + \beta\left(\frac{Ka - Kab}{La - Lab}\right) + \frac{R}{La - Lab} \tag{8-4}$$

$$Pb_1 = \alpha + \beta\left(\frac{Kb + Kab}{Lb + Lab}\right) - \frac{R}{Lb + Lab} \tag{8-5}$$

那么地区间人均收入差距 D_1 表达为：

$$D_1 = \beta\left(\frac{Kb + Kab}{Lb + Lab} - \frac{Ka - Kab}{La - Lab}\right) - R\left(\frac{1}{Lb + Lab} + \frac{1}{La - Lab}\right) \tag{8-6}$$

地区收入差距变动为：

$$\Delta d = \beta\left(\frac{\frac{Ka}{La} - \frac{Kab}{Lab}}{\frac{La}{Lab} + 1} + \frac{\frac{Kb}{Lb} - \frac{Kab}{Lab}}{\frac{Lb}{Lab} + 1}\right) - R\left(\frac{1}{Lb + Lab} + \frac{1}{La - Lab}\right) \tag{8-7}$$

一般情况下，迁移人口的资本与劳动力比例小于迁入地的居民，因此（$Kab/Lab - Kb/Lb$）< 0，同时，根据我国实际情况 $R/(Lb + Lab)$ 和 $R/(La - Lab)$ 都大于零，因此由公式（8－7）的表达式，Δd 的取值既可大于零，也可小于零。当 $Kab/Lab < Ka/La$ 时，公式（8－7）中的 $\Delta d < 0$，人口集聚地和疏散地之间的发展差距就会缩小，即此时人口在区域之间迁移后会相应减小人口集聚区和疏散区的发展差距。

二、经济与人口重心空间耦合态势分析

本节主要研究人口空间集疏过程对省域之间发展差距的影响，因此以人口重心的变动来代表人口分布的变化，将其与经济重心耦合起来，研究人口随着经济重心的变动而不断调整形成的人口与经济的耦合方式给地区经济差距带来的影响。选取1952年“一五”计划开局以来至2005年“十五”期末53年间每一个五年计划结束的年份作为时间节点（另选取1965年作为三年调整时期结束的标志），能够消除分析结果中由于区域发展短期不稳定变化所造成的年际扰动。

（一）经济与人口重心的变动

以地区生产总值（*Ei*）和年末总人口（*Pi*）分别作为测算经济重心（GE）和人口重心（GP）的指标，以内地省级行政中心的地理坐标（*Qi*）[①] 为各省经济指标和人口指标的着力点，计算12个时间节点的经济重心、人口重心经纬度坐标，并通过GIS手段进行空间可视化表达，得出1952年以来中国经济重心、人口重心位置如图8－1所示。

53年来中国经济重心的变动轨迹体现出以下特点：

（1）南北发展均衡，东西发展失衡是中国区域经济的基本格局。从南北方向看，中国的经济重心基本处于国土的中间位置，而在东西方向上则始终偏向东部，因此相对于南北差距，中国区域发展的空间失衡更主要体现在东西差距上。

（2）经济重心由内地向沿海移动是主要趋势。虽然53年来中国的经济重心在纬向上变动不大。1975年以前，中国的经济重心移动幅度相对较小；1975—1990年经济重心持续向南偏西移动，可以看作是东南沿海地区贡献增强带来的向南分力和东北地区贡献减弱带来的向西分力共同作用的结果；1990年之后，向东南移动则是东南沿海地区的向南分力和东部沿海地区向东分力共同作用的结

① 地区生产总值为当年价。1990年以前的数据大部分为户籍人口，1990年之后大部分省份的数据逐渐变为常住人口，2000年之后的数据全部为常住人口。坐标数据来自国家基础地理信息中心。

果。因此，53 年来东北、华北和中西部地区对经济重心的贡献持续降低而东部沿海则持续增强，中国的经济重心因此由内地向沿海移动。

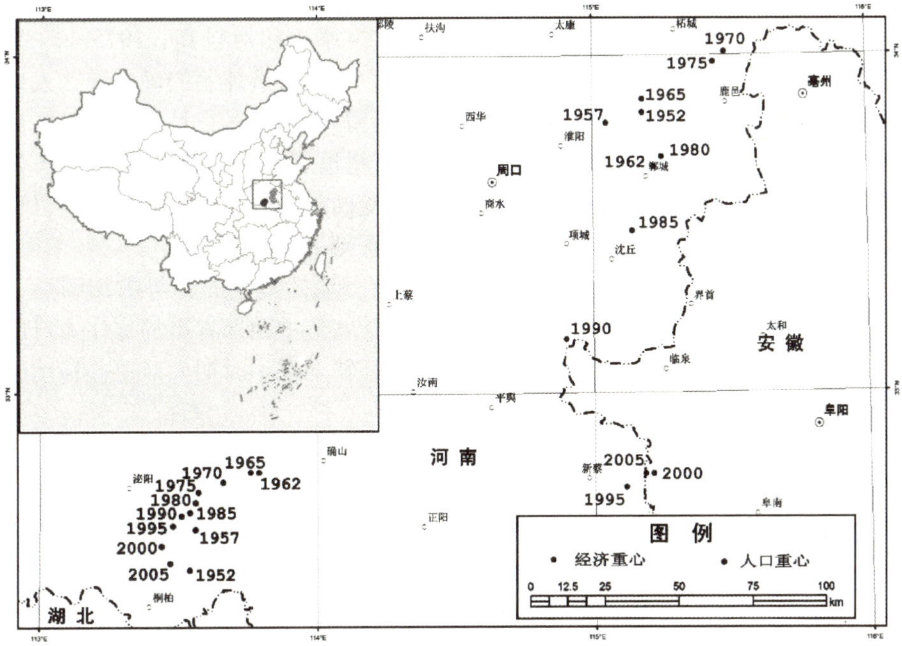

图 8－1 1952—2005 年中国的经济重心和人口重心

53 年来中国人口重心的变动轨迹体现出以下特点：

（1）相对于经济重心的变动，53 年来中国大陆地区人口重心的变动范围相对较小，位于河南省泌阳、确山、桐柏三县之间方圆约 430 平方千米的范围内大致呈现出先向东北、再向西南的变动态势。

（2）1952—1962 年的 10 年间，中国的人口重心向东北方向移动了 40 千米，其原因是建国初期经济、政治中心北移，大量人口向北方迁移，尤以内蒙古、黑龙江、吉林和辽宁四省区人口增长最快，10 年间增长了 25% 以上；而传统的中东部人口稠密地区如山东、安徽、江苏、浙江等省，10 年人口增长率均在 15% 以下，因此造成了人口重心向东北方向大幅移动。

（3）1962—1975 年，在“三线建设”等区域发展政策的影响下，中国出现了人口向西部地区迁移的浪潮，13 年间西部省份人口有了大规模的增长，新疆、宁夏、青海的人口增长率超过 60%，贵州、内蒙古、云南、四川、甘肃等省区的人口也增长了 45%～55% 不等，而江苏、辽宁、山东、河北等东部省份人口仅增长了不到 30%，因此这 13 年中国的人口重心向西偏南移动的趋势明显。

（4）1975—2000 年，中国的人口重心仍持续向南偏西方向移动，但影响中国各地区人口消长的因素有所变化。一方面，中国自 1980 年以来开始推行计划生育政策，不同地区对此生育政策的执行效果有所不同，东部地区人口自然增长率急剧降低，而中西部地区尤其是西南地区出生率仍相对较高，1975—1985 年人口重心的移动主要受此因素影响。另一方面，市场经济体制的确立导致人口迁移的自由度大大提高，经济充满活力的东南沿海地区吸纳了大量的人口，1990 年以后广东省迁入人口与迁出人口的比值已经超过了 10，福建、浙江、江苏等省份也有大量人口迁入，此外新疆等少数省区受西部大开发等战略的影响也吸引了一部分人口迁入，而东北地区的迁入人口比重则下降。

（5）2000—2005 年间，中国人口向东部沿海地区集聚的趋势更加明显，重庆、四川、湖北、湖南、安徽、广西、河南、贵州等中西部省市的常住人口出现了负增长，中国的人口重心向东南移动，人口迁移是这一时期人口重心移动的主要影响因素。

（二）经济与人口重心距离的变动

53 年来，中国经济重心和人口重心的分布呈现明显的空间分异，人口重心相对于经济重心始终分布在偏向内陆的地区，说明中国的经济分布和人口分布存在一定程度的错位。为了考察中国经济重心与人口重心的空间耦合态势，通过两者在空间分布上的距离来体现不同时期经济重心和人口重心的空间错位程度。

距离越近则经济重心和人口重心的重叠性越高。空间距离计算公式如表 8－1 所示。

$$S = d_{G_EG_P} = \sqrt{(x_E - x_p)^2 + (y_E - y_p)^2} \qquad (8-8)$$

x_E、x_p 分别代表经济、人口横坐标距离，y_E、y_p 分别代表经济、人口纵坐标距离。

经过测算，不同时期中国经济重心和人口重心的距离数如下：

表 8－1　1952—2005 年中国的经济重心和人口重心的距离变动

年份	1952	1957	1962	1965	1970	1975	1980	1985	1990	1995	2000	2005
重心距离（千米）	214.05	192.31	165.8	179.72	220.62	223.2	193.01	174.24	140.73	150.98	165.12	160.62

将上述计算结果制成折线图，以时间作为横坐标，可以看出中国经济重心和人口重心的距离呈现明显的周期性变动（图 8－2）。

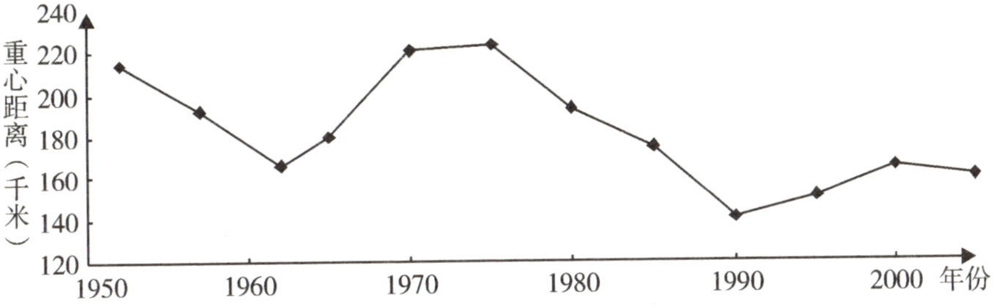

图 8－2　中国的经济重心和人口重心的距离比较

三、重心的耦合对区域发展差距的影响

区域发展的空间均衡过程即区域发展差距缩小的过程，如果用人均 GDP 衡量各地区的发展水平，经济重心和人口重心的分离意味着 GDP 较大的地区未能吸纳同样多的人口，而 GDP 较少的地区人口总量大，由此导致区域发展差距增大。

此处以人均 GDP 衡量区域发展的水平，计算 1952 年以来各省人均 GDP 的变异系数和基尼系数来表示中国的区域经济发展差距，将其与经济重心与人口重心的重叠性（距离）曲线叠加，可见我国经济重心与人口重心在空间上的分离态势与区域发展差距基本是同步变化的（图 8－3）。

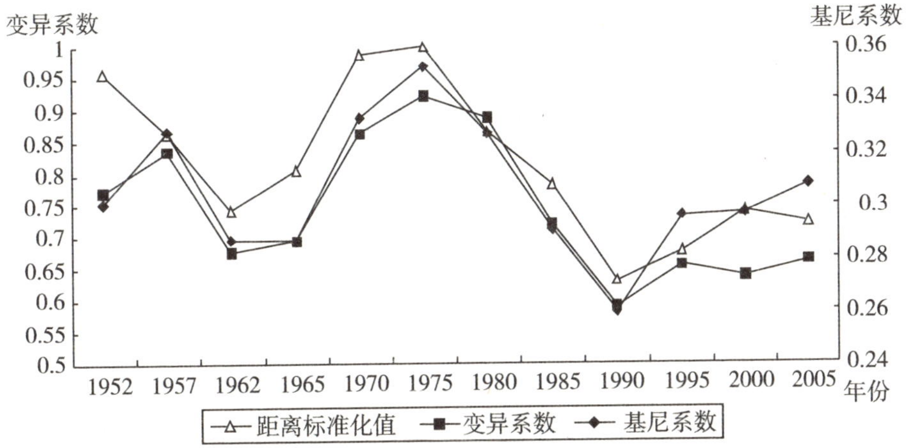

图 8－3　经济重心与人口重心的距离与各地区人均 GDP 的变异系数和基尼系数

进一步采用 pearson 简单相关系数法，利用 SPSS 17.0 软件对经济重心和人口重心的距离与各地区人均 GDP 的基尼系数和变异系数进行相关分析。分析结

果如表 8－2 所示，代表区域发展差异的人均 GDP 变异指数、基尼系数与两个重心距离的相关系数分别为 0.893 和 0.792，表明区域差距与人口和经济重心的耦合性存在非常强的正相关关系。

表 8－2　经济重心和人口重心的距离与人均 GDP 变异系数、基尼系数的相关度

项目	相关系数	显著性
变异系数	0.893	0.000
基尼系数	0.792	0.002

由此可见，通过经济型人口的空间集聚过程，使人口由欠发达地区迁入发达地区，原来欠发达的人口疏散区人口总量更小，原来发达的人口集聚区人口总量更大，缩小了地区人口重心与经济重心的距离，也减小了区域发展的差距。人口的自由流动对实现区域均衡发展具有正向影响效应。

第二节　人口空间集疏对地域功能的影响

地域功能是指一定地域在更大的地域范围内，在自然资源和生态环境系统中、在人类生产活动和生活活动中所履行的职能和发挥的作用（樊杰，2007）。人口空间集疏的过程既影响了区域的自然资源和生态环境，又改变了人类的生产活动和生活活动，因此人口的空间集疏过程在受到地域功能影响的同时，也会反过来影响地域功能的生成。研究人口对地域功能的影响，可以从地域功能的构成要素——区域自然生态功能以及生产和生活功能两个方面来探讨。

一、对自然与生态功能的影响

人类作为自然生态系统的一部分，既是生产者又是消费者，同时人类的生产和生活方式能够影响自然生态系统的变化。因此，人口的空间集疏过程必然对自然和生态系统产生影响。

从人口疏散区的角度看，大规模的人口迁出会减少人口对该区自然生态环境的作用强度，人类作用的强度减少后，区域的自然资源及生态属性更为突出。现阶段我国主要的人口疏散区集中在自然生态环境脆弱的山区和农业人口密集的平原区。这些地区往往经济不发达，人们的生产技术水平比较低下，广大农民获取能源和维持生计的方式往往是直接对自然资源进行掠夺式和粗放式的开采，使得农村自然生态环境日益恶化。目前这类地区农村过剩人口向外部疏散，能有效减少单位土地面积上人口数量，缓解过量人口给地区自然生态环境带来的压力。同时，迁出人口的汇款为人们改变传统生存方式提供了资金上的支持和保障。尤其在生态环境敏感地区和自然条件恶劣的山区地区，人口疏散的主观原因虽然是为了寻求更多的收入，但贫困人口的不断迁出却在客观上促进了山区生态环境的保护与养育。

以汶川地区为例，在地形陡峭的西部山区，如夹壁镇、古尔沟镇、麻屋镇、维古镇等乡镇，人口的迁出使单位土地面积上承载的人口更少，将来随着人口收入水平提高，目前只具有迁移动力而没有迁移能力的人口将减少，地区将继续有人口流出。该区域人口的迁出减少了人类对自然环境的干扰，阻止了大规模建设对地区生态的破坏，使该区的自然特征得以彰显，生态保育功能更加突出。

从人口集聚区的角度看，大规模的人口迁入使得人地关系地域系统中人的作用力得到强化。以东莞市为例，在改革开放初期，东莞市常住人口密度451人/平方千米，到2008年全市常住人口密度已经达到2819人/平方千米，其中由于外来人口流入引起的地区人口密度变化达到2141人/平方千米，全市人口密度增大主要由外来人口引起（图8－4）。人口集聚区的人口密度增大，同时区域第二产业、第三产业发展规模增大，原有自然景观被侵蚀，耕地大量减少，人口集聚区域呈现出高密度的城市景观（图8－5）。人口在地域空间上大规模集聚强化了人类的作用，使空间上突显出人类社会运行的特色和规律，冲淡了该区域的自然属性。

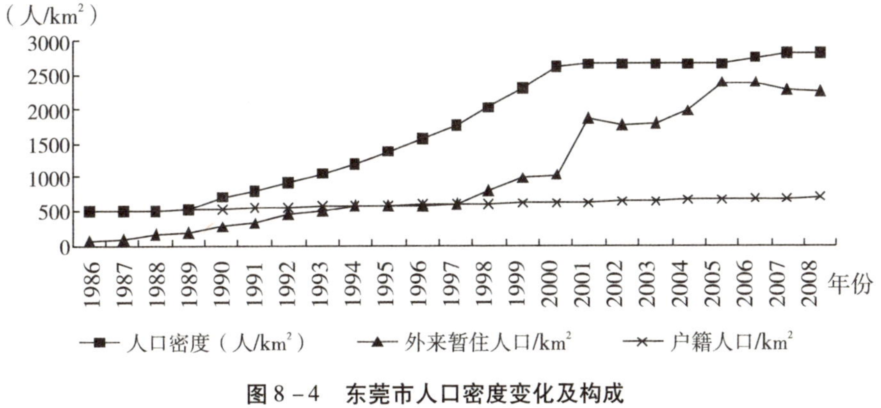

图8－4　东莞市人口密度变化及构成

资料来源：《东莞市统计年鉴2009》。

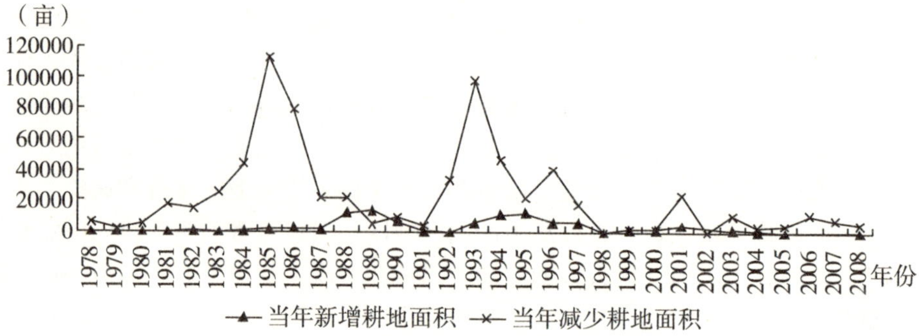

图8－5　东莞市历年耕地变化情况

资料来源：《东莞市统计年鉴2009》。

从另一角度看，经济型人口向集聚地的大规模迁入往往反映出城镇化的过程，城镇化的过程必然伴随着城镇建设用地在空间上的不断扩张，原始的自然景观被现代城镇景观所取代，非农业人口在地域空间的高度集聚以及第二产业、第三产业在地域空间的发展，这些都导致该地区自然属性和生态功能更加弱化。

二、对生产与生活功能的影响

人口在地域空间的集聚和疏散通常伴随着人口行业性质的转化，因此人口集疏对人口集聚区和疏散区的生产和生活功能也有影响。

从人口疏散区的角度看，我国的人口疏散区大部分为粮食主产区和自然条件较恶劣的山区。当粮食主产区中农村的剩余劳动力转移出来以后，该区尚未迁出的农业劳动力仍旧以土地为劳作对象，地域空间上产出的产品以粮食为主。随着地区人口不断迁出，外出人口向家乡的汇款也会给农业生产提供发展资金。

以汶川地区的农业大县中江县为例，根据该县务工人口调查，务工人口收入的49%用于生活消费，其余的收入都邮寄回家中。寄回家中的汇款20.11%用于家庭生产支出，14.85%用于子女教育支出，5.65%用于医疗卫生支出，35.29%用于储蓄，其他用途占24.10%。可见，人口外出务工改善了自己与家人的生活水平，同时为家庭农业生产提供了资金。

另外，根据国务院发展研究信息中心对农民工汇款用途的调查数据显示，中国农民工向家乡汇款用途的前五位分别是改善日常生活、支付家庭成员教育、盖房子和购买种子化肥等农业生产性要素投入（表8－3）。由此可见，粮食主产区外出人口的汇款能缓解农业资本短缺的压力，客观上推动农业产业化的发展。现阶段农民工汇款还用来支付家庭成员教育、看病、养老等社会性花费，未来随着农村地区生活水平逐步改善，国家对农村养老、农村教育和建设等方面投资和发展的不断完善，农民工的汇款将有更大的比例被应用在农业生产和经营领域，农业发展将进一步提高。同时，由于大量劳动力的迁出，客观上促进了农村地区采用机械化的生产方式来进行生产，推动了农业生产机械化的进程。

表8－3　中国农民工汇款的各类用途

汇款用途	样本量	所占比例（%）
改善日常生活	1304	67.36
支付家庭成员教育	767	39.62
盖房子	721	37.24
购买种子、化肥等	584	30.17
自己（或子女）结婚	455	23.50
看病	324	16.74
购买家电、摩托等	264	13.64
做生意	239	12.35
赡养长辈	45	2.32
储蓄以备用	27	1.39
还债	12	0.62
其他	10	0.52
合计	1936	100.00

资料来源：国务院发展研究信息中心。

此外，有过打工经历的人员由于长期在外面的务工生活中磨炼了意志、开阔了眼界、增长了知识，回乡再务农的能力均好于未迁出过的人。据调查，凡是有过打工经历的人其出售农产品的方式、地点和获取农业信息的能力均好于未打过工的人（表8－4）。因此从整体看，原为粮食主产区的人口疏散区，人口迁出对农业生产具有促进作用，在人口迁出后区域仍以生产粮食为主要功能。

表8－4　不同经历者务工农能力比较

	方式	比重（%）	平均受教育年限（年）	打过工（%）	未打过工（%）	有能力就业者（%）	就业困难者（%）
出售农产品采用方式	自己到集市或批发市场出售	40.26	8.40	35.92	41.72	40.76	40.21
	坐等收购	57.42	8.40	62.36	55.77	58.36	57.31
	利用互联网	0.12	9.30	0.12	0.12	0.29	0.10
	通过中介	0.92	9.20	1.23	0.82	0.29	1.00
	期货	0.06	11.00	0.00	0.08	0.00	0.07
	其他	1.20	8.40	0.37	1.48	0.29	1.31
出售农产品的主要地点	生产地（家中）	51.73	8.80	63.59	59.02	61.29	60.03
	当地集市或收购点	48.08	9.10	36.29	40.77	38.42	39.79
	运到外地（县以外）	0.19	13.00	0.12	0.21	0.29	0.17
获取农产品价格等市场信息	能够及时获取本地和外地的	16.02	8.94	16.36	15.91	19.65	15.59
	只能获取本地的	68.88	8.35	68.39	69.05	67.74	69.02
	本地和外地都很难获取	2.34	8.17	2.58	2.26	2.35	2.34

资料来源：《2005年中国农村经济调研报告》，第85页。

在自然条件较恶劣的山区型人口疏散地，人口大量迁出使地区的自然压力减小，生态环境得以保护。在这一地域类型上生产的产品都带有较高的自然属性，区域经济发展带有浓厚的山区经济色彩。另外，这一区域还提供了自然环境保护及生态保育功能，这种能够确保全局生态安全的产品对区域的可持续发展十分重要，属于具有外部性的公共产品。未来随着区域发展水平提高和区域合作补偿制度的完善，这一公共功能将被充分认识、评估并得到补偿。

从人口集聚区的角度看，人口集聚推动了区域第二产业和第三产业的发展。以东莞市为例，在改革开放经济发展的历史进程中，外来务工人口对区域经济发展作出了极大的贡献。外来务工人口由1986年的15万人增加到2008年的552万人，并且主要集中在制造业和服务行业。大量廉价劳动力进入制造业和服务业，直接降低了行业生产成本，进一步刺激了外商投资，促进了第二产业、第三产业的快速增长。第二产业、第三产业增长后所形成的比较优势更加明显，又吸引新一轮外来人口的进入，从而不断循环壮大，使原本在改革开放时还是农业县的东莞市迅速成长为工业县和全国知名的制造业名城。改革开放前，东莞市的第一产业比例为44%，经过快速发展，到2008年，第一产业生产总值仅0.33%。在大量人口进入之前，东莞市的第二产业和第三产业的生产总值分别占43.82%和11.63%，到2008年第二产业和第三产业比例分别上升到52.78和46.89%。第二产业和第三产业更加强大，城镇化水平更高。最终人口集聚区地域空间上生产的产品主要以加工制造业产品和服务性产品为主。

区域这一发展路径可用缪尔达尔的循环累积理论解释。市场力量的作用一般趋向于强化而不是弱化区域间的不平衡，即如果某一地区由于初始的优势而比别的地区发展得快，那么它凭借已有优势，在以后的日子里会发展得更快一些。经济发展过程首先是从一些较好的地区开始，一旦这些区域由于初始发展优势而比其他区域超前发展时，这些区域就通过累积因果过程，不断积累有利因素继续超前发展，即人口集聚区最开始由于第二产业、第三产业相对发达吸引了外来人口，由于循环累积效应区域，未来第二产业、第三产业将更发达。

三、对地域功能形成及转换的影响

一个地域自身的自然条件和人文条件对该地域的功能产生着影响作用，这种影响作用遵循一定的自然规律和人文规律（吴传钧，1994）。人口集疏通过对自然和人文条件的改变影响了地域功能的形成。从人类社会发展历史看，一般情况下，当一个地区主要以发展制造业为主时，人类对自然资源和生态环境的作用力最强，地域功能往往表现为生产制造功能，同时第三产业的形成、发展及提升都是在第二产业发展的基础上壮大起来的。当一个地区主要以供应农副产品和提供生态产品为主时，人类对自然资源的作用强度相对较弱，地域功能往往表现为粮食供给与生态安全功能。

一般情况下，通过观察一个地区制造业的发展情况就可得知地区人口与自然相互作用的过程中地域功能的属性。因此，为了研究人口集疏对地域功能的影响，以各地区制造业专业化指数作为衡量地域功能的指标。因为从地域分工的角度看，一个地区的制造业规模越大，产业专业化程度越高，这一地区的制造功能越强大。专业化程度可以用区位熵来衡量，区位熵通过各产业部门在各地区的相对专业化程度间接地反映了区域间经济的结构和方向，形成了各区域的地域功能。区位熵的计算公式如下：

$$LQ_{ij}=\frac{q_{ij}/q_j}{q_i/q} \tag{8-9}$$

q_{ij}是地区 j 的 i 产业占该地区总产值 q_j 的份额；q_i 是产业 i 占全国全部产业总值 q 的份额。所以地区的专业化指数能够测度地区的产业结构与全国平均水平之间的差异，从而确定地区的专业化程度和特定功能。如果地区制造业的分工指数较高，那么该区域的制造功能较强。

由于目前我国人口流动产生的人口集聚主要集中在第二产业中的制造业以及第三产业中的服务业，为了检验人口集疏对地域功能的影响，将各省区制造业的区位熵作为该地区产业专业化和区域功能的测度指标，将其与人口集聚度进行耦合，以此分析人口空间集疏对地域功能的影响。各省市制造业统计数据来自《2001 年中国工业经济统计年鉴》，各省市的人口空间集疏度数据来自 2000 年全国第五次人口普查省际人口净迁移数据的计算。

经计算，2000 年我国各省市制造业地方专业化指数如图 8 –6 所示，在制造业专业化指数排名前八位的省份，都是人口的净迁入区，即人口集聚区。这种现象一方面说明制造业本身对于流动人口具有吸引力，制造业发达的地区就业岗位多、吸引人口强度大。另一方面也说明大量人口的流入为地区制造业提供了丰富的劳动力，促进了制造业的进一步发展。

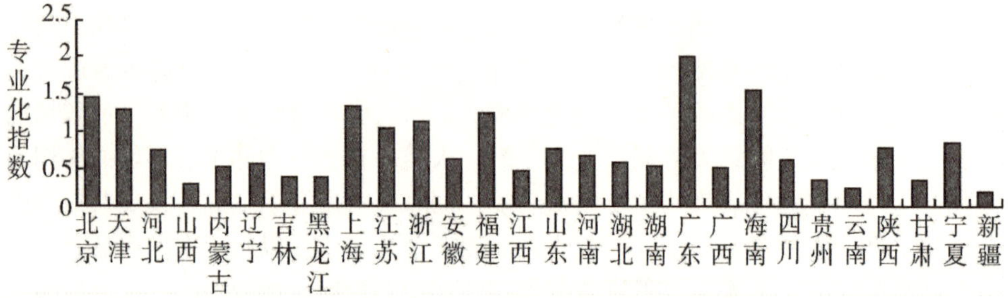

图 8 –6　2000 年全国各省份制造业的专业化指数

资料来源：《2001 年中国工业经济统计年鉴》，《中国统计年鉴 2001》。

将 2000 年全国各省市制造业的专业化指数与第五次全国人口普查期间省际人口迁移的人口集疏度进行拟合，发现人口集聚过程对地区制造功能具有促进作用。在人口不断集聚的同时，地域专业化指数也不断上升（图 8 –7、表 8 –5）。

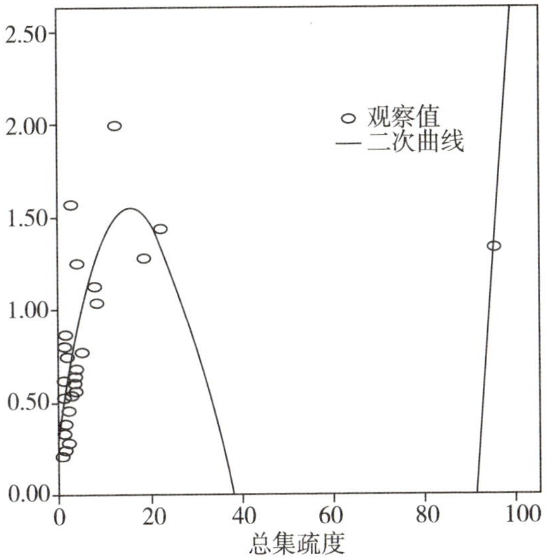

图 8-7　2000 年各省份制造业专业指数与人口集疏度耦合

表 8-5　省际人口集疏度与地区专业化耦合

模型检验						参数估计		
R^2	F	自由度 1	自由度 2	显著性	常数	b_1	b_2	b_3
0.634	13.828	3	24	0.000	0.303	0.173	-0.007	$5.338E^{-5}$

无论是自然系统还是人文系统都有自身发展和演变的规律（陆大道，2002），因此自然和人文系统交互作用以后形成的地域功能也会发生演变。随着产业结构升级和技术进步，一些原来发展比较稳定的地域会孕育出新的特色产业，这一特色产业逐渐发展壮大后地域功能也随之发生转化。比如在大规模工业化城镇化时期，人口的空间集疏过程强化了地域功能特色，使原有的制造业功能更加强大。但当区域发展到一定阶段以后，在制造业的基础上逐渐萌生发展起来的先进生产性服务业和高端第三产业将成为地区发展和扶持的重点，这将成为地域功能转化的方向，地区发展逐渐由数量增加向质量提升的方向转化。此时人口虽然大规模集聚，但由于集聚的人口中从事制造业的比例减小，从事服务业的比例增大，因此地域制造业专业化指数降低。人口集聚度最大的上海市制造业专业化指数不是最高，就是因为地区在发展到一定阶段后，区域自身功能将发生提升，此时制造业将被现代服务业和第三产业逐渐替代，因此这一地区人口集聚度较大，但制造业专业化程度低。

根据前述人口集疏对区域的自然资源、生态功能和生产生活功能影响分析可以看出，人口在区域间的集疏最终使人口集聚地和疏散地各自的特色更鲜明。以汶川地区为例，人口作为基本生产要素从东部农业类地区和西部欠发达山区向外迁移减少了地区的人口密度，减轻了西部山区自然资源和生态环境的压力，也减轻了东部农业区人口的生存压力，使区内人口分布更为稀疏，农业和生态功能更为突出。东莞地区由于大规模人口迁入使区域内部人口密度增大，区域呈现高密度的城市景观特色，同时由于大量人口迁入导致第二产业、第三产业发展规模增大，特色产业更加集聚，形成了以制造和服务为主要功能的地域。

在地域发展初期，区域功能的差异使人口产生了区域间的迁移，与此同时，人口大规模的集疏过程强化了原来各地域的功能。当人们生活条件逐步改善，劳动力文化素质提升以后，转移的劳动力能够从事更高端的技术工作，对工资待遇和工作环境的要求逐步提高，迫使区域产业结构升级和转型，客观上推进了地域功能的转化和提升。

通过人口的空间集疏过程使人口分布与经济分布更加吻合，形成了各具特色的地域空间单元。人口迁移有效减小了人口集聚区和疏散区之间的发展差距，通过财政转移支付政策的不断推动和完善，人口在区域间的集疏过程将推动地域空间均衡的形成。

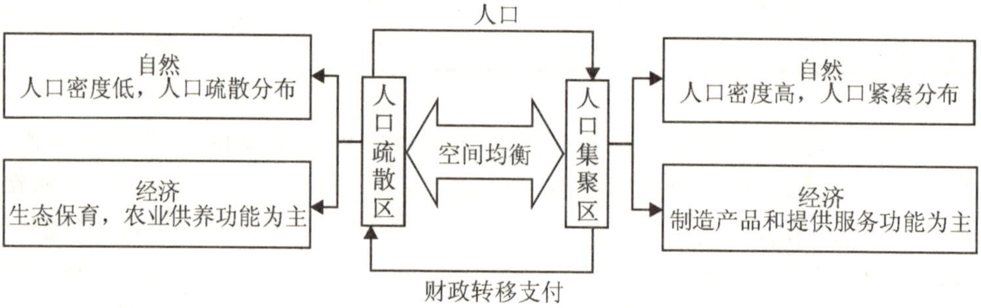

图8-8　人口空间集疏的区域效应

第九章　结论与展望

地域分异导致的人口迁移一直是人文地理学研究的重要命题之一，国内外不同学科的研究人员分别从各种角度对人口迁移的影响因素和影响机理进行了探讨。本书从人口迁移导致人口在地域空间上集聚和疏散的角度出发，在初步构建人口集疏研究框架的基础上，重点探讨了改革开放以来我国人口集疏类型转换、集疏规模变动以及集疏格局演变的过程，分别从人口疏散地对人口的推力、人口集聚地对人口的拉力、人口本身特征对人口迁移决策的影响力三个方面阐述人口集疏过程的内部机理。通过对人口集疏过程影响因素的探讨和未来人口集疏地域发展趋势的研究，分析人口空间集疏过程对地域空间产生的效应。

第一节　本研究的主要结论

通过对人口空间集疏过程理论和实证的研究，本研究主要得出如下结论：

（1）人口迁移规模和类型会随生产力进步和社会发展而变化。工业化时期人口集疏规模最大且以经济类为主。人口集疏与人口本身特征、集聚地和疏散地的条件相关，因此可以从人口特征、人口集聚地和疏散地属性三方面综合研究人口集疏问题。

（2）改革开放后，我国人口集疏规模迅速扩大，经济型迁移比重持续增大。人口集疏格局变动较大，由于人口集疏形成了区域的中心及副中心城市。从全国尺度看，人口主要从中西部地区迁入东部地区，从农村地区迁入城镇地区。

（3）在主要考虑人口疏散地对迁出人口的推力时，人口在疏散地主要受资源环境压力、经济发展压力及生计水平压力的影响。以四川省汶川地区为例，人口疏散度主要受地形条件、人均耕地、人口收入和地区产业结构的影响。人口受到的综合压力与人口疏散度大致呈倒“U”型曲线分布。同一影响因素对不同地区内人口疏散的作用强度和方向并不相同。自然资源条件恶劣的山区未来仍将保持人口疏散态势，少部分发展条件好又有经济增长点刺激的平原地区会演变成人口集聚地。

（4）在主要考虑人口集聚地对迁入人口的拉力时，人口在集聚地主要受就业岗位、收入水平和已有迁移人口拉力的影响。以广东省东莞市为例，在1995—2000年全市集聚上升期，人口集聚度主要与外商投资导致的就业岗位的多少、人均收入水平的高低以及人口迁移的路径依赖相关。模型结果显示：地区拉力与人口集聚度呈三次曲线关系，各拉力作用强度依次为路径依赖、就业岗位和收入水平。对于经历过高速增长且资源环境承载能力接近饱和的地域未来人口集聚度将下降。对于处于工业化城镇化正向集聚过程中，并且资源环境承载能力还能进一步承受人口和产业集聚的地区，未来人口集聚度将进一步上升。

（5）在主要考虑人口特征对人口迁移的影响时，人口迁移主要受年龄、收入、文化水平、家庭及性别因素的影响。青年人口更易迁移。受迁移动力和迁移能力的双重影响，人口收入水平与迁出率呈倒“U”型关系，中低等收入人口迁出率最大。人口文化程度越高迁移率越大，迁移距离越远。未婚人口迁移量多于已婚人口，男性迁移多于女性。距离对人口迁移具有负作用。未来新一代务工人口将向市民转化，重视自身发展权和平等权使其以“用脚投票”的方式选择迁入区和行业，因此对地区建设和企业发展提出了更高的要求。

（6）人口集疏过程使集聚地和疏散地发展差距缩小。经计算，全国人口重心与经济重心的距离与地区发展差距变动趋势一致。人口空间集疏过程强化了地域功能，突显了地域特色。当地区发展到一定阶段以后，人口集疏可以推动地域功能的转型。人口集疏是推动实现区域空间均衡的有效途径之一。

第二节　本研究的不足与展望

尽管力求做到研究的系统性、科学性和创新性，但是由于笔者本身的学术水平、资料、时间和精力的限制，本书还存在着诸多遗憾和不足之处，有待于在今后的工作中进一步深入研究和完善：

（1）由于人口迁移本身存在着不同的类型，人口集疏又同时受到发展阶段、人口集聚地特征、人口疏散地特征和人口自身特征等多重因素的影响，其影响因素、影响机制和相互作用规律都非常复杂。本书只是选取改革开放以来地区经济快速发展、区域经济格局快速变动这一时段，从人口集聚地、人口疏散地、人口特征三个角度研究经济类型人口集疏的主导影响因素、作用机制和变化规律，只能从另一个角度研究人口集疏过程的影响机制起到抛砖引玉的作用。对于不同时期，其他类型人口集疏的影响因素和内部机制的研究有待进一步补足和完善。

(2) 在人口集疏过程中，事实上人口在集聚地和疏散地同时受到了推力和拉力的双重作用。比如在人口疏散地，地区对于迁出人口不仅产生了推力，同时也有拉力影响。但是这种包括了感情、习惯等因素的拉力很难用数据来进行表达和测量。同时，在人口集聚地也存在着对人口的推力，比如对人口户籍的限制，以及招工过程中存在的不平等政策和地域歧视，等等。这些推力因素对外来人口是否在地区进行集聚，以及是否返乡形成二次流动都具有深刻影响。但是这类政策因素和软环境都难以比较识别与定量测度，也难以纳入模型进行测算。对这一类感情、政策和环境等因素的定量化研究尚待加强。

(3) 人口迁移属于个体行为，虽然人口在宏观迁移过程中表现为经济型迁移和社会型迁移两大类，但具体落实到个体时，每个人在经济迁移时所受到的推力和拉力都不相同。本书采用了地区调研时所搜集到的乡镇数据，力求从小范围来研究地域之间的差别对人口空间集疏的影响规律。但实际上如果能在人口疏散地调查过程中追踪到人口集聚地，对应地在人口集聚地对每个务工人员进行问卷调查，会使研究成果更饱满，对问题的发掘更深入。

(4) 人口集疏和地域功能实际上是一个相互影响、相互促进的过程。由于地域功能之间的差别，引起了人口的集聚和疏散，由于人口集聚地和人口疏散地内部的差别使两类地区内部也有不同的集聚和疏散程度。不过人类作为社会的生产者和消费者反过来又影响了地域的功能，很难识别这一相互影响的过程中各自作用力度的大小。正如谬尔达尔的因果累积循环理论所示，这是一个相互促进不断强化的过程。另外，当地区发展到一定阶段或者人口收入达到一定水平时，人口集疏地与人口类型之间可能由于地域产业结构升级或者人口要求和素质提高使得地域与迁移人口出现不匹配造成区域发展过程中出现各种问题，这种问题值得在未来进一步研究。

(5) 不同空间尺度下，地域功能和人口特征都会出现转化和变异，因此不同空间尺度下，人口集疏过程中的影响因素、驱动力差异也会有所不同。由于资料的限制，本书在研究人口集聚地和疏散地时选用了乡镇尺度作为研究的空间尺度，揭示地域差异对人口集疏的影响。在人口集疏过程对地域功能的影响部分为了便于测试地域功能，选用了省域尺度来研究人口集疏对地域功能的影响。在未来的研究中，如果能将三者统一到一个空间尺度下将使本研究更为完善。

参考文献

[1] 安介生. 历史时期中国人口迁移若干规律的探讨 [J]. 地理研究, 2004 (5): 667 -677.

[2] 白南生, 李靖. 城镇化与中国农村劳动力流动问题研究 [J]. 中国人口科学, 2008 (4): 2 -9.

[3] 白南生. 关于中国的城镇化 [J]. 中国城市经济, 2003 (4): 7 -13.

[4] 白南生, 陈传波. 还有人能外出吗: 外出务工率的地区差异研究 [J]. 中国劳动经济学, 2008 (2).

[5] 鲍曙明, 时安卿, 侯维忠. 中国人口迁移的空间形态变化分析 [J]. 中国人口科学, 2005 (5): 28 -36.

[6] 蔡昉, 白南生. 中国转轨时期劳动力流动 [M]. 北京: 中国社会科学出版社, 2006: 70 -76.

[7] 蔡昉. 中国劳动力市场发育与就业变化 [J]. 经济研究, 2007 (7): 4 -14.

[8] 蔡昉. "刘易斯拐点" 催化增长方式转变 [J]. 财经, 2008 (17): 28 -29.

[9] 蔡建明, 王国霞, 杨振山. 我国人口迁移趋势及空间格局演变 [J]. 人口研究, 2007 (5): 9 -19.

[10] 蔡运龙, 陆大道, 等. 地理科学的中国进展与国际趋势 [J]. 地理学报, 2004 (6): 803 -810.

[11] 蔡运龙, 陆大道, 周一星等. 中国地理科学的国家需求与发展战略 [J]. 地理学报, 2004 (6): 811 -819.

[12] 曹菁轶. 中国少数民族人口迁移选择性及主要影响因素 [J]. 发展, 2007 (12): 157 -158.

[13] 陈国阶. 中国山区发展报告 [M]. 北京: 商务印书馆, 2004: 202.

[14] 陈楠, 王钦敏, 林宗坚. 中国人口经济压力与人口迁移的定量分析 [J]. 中国人口科学, 2005 (6): 30 -39.

[15] 陈卫, 吴丽丽. 中国人口迁移与生育率关系研究 [J]. 人口研究, 2006 (1): 13 -21.

[16] 陈晓涛. 产业演进论 [D]. 成都: 四川大学政治经济学院, 2007.

[17] 谌新民. 中国劳动力迁移的动因与成本分析 [J]. 中国人口科学, 1999 (2): 15-20.
[18] 丁金宏, 刘振宇, 程丹明, 等. 中国人口迁移的区域差异与流场特征 [J]. 地理学报, 2005 (1): 106-114.
[19] 段成荣. 省际人口迁移迁入地选择的影响因素分析 [J]. 人口研究, 2001 (1): 56-61.
[20] 段成荣, 孙玉晶. 我国流动人口统计口径的历史变动 [J]. 人口研究, 2006 (4): 70-76.
[21] 段成荣, 韩荣炜, 刘岚. 人口迁移选择性及其度量 [J]. 南京人口管理干部学院学报, 2001 (2): 22-24.
[22] 段成荣, 梁虹, 伍小兰. 近二十年来我国人口迁移和流动调查综论 [J]. 市场与人口分析, 2002 (1): 55-59.
[23] 段敏芳. 中国人口迁移流动现状及发展趋势 [J]. 中南财经政法大学学报, 2003 (6): 16-23.
[24] 范力达. 外国对华投资的地区分布及其对人口迁移和区域发展的影响 [J]. 人口学刊, 2002 (6): 18-22.
[25] 樊杰. 区域发展之惑 [J]. 财经界, 2004 (12): 74-76.
[26] 樊杰. 基于国家"十一五"规划解析经济地理学科建设的社会需求与新命题 [J]. 经济地理, 2006 (4): 545-550.
[27] 樊杰. 我国主体功能区划的科学基础 [J]. 地理学报, 2007 (4): 339-350.
[28] 樊杰. "人地关系地域系统"学术思想与经济地理学 [J]. 经济地理, 2008 (2): 177-183.
[29] 樊杰, 千庆兰. 我国东部沿海重点地区经济发展与资源环境相互作用关系的比较研究 [J]. 自然资源学报, 2004 (1): 96-105.
[30] 樊杰, 田明. 中国城镇化与非农化水平的相关分析及省际差异 [J]. 地理科学, 2003 (6): 641-648.
[31] 高洪. 当代中国人口流动问题——基于经济管理学的研究 [D]. 上海: 复旦大学经济学院, 2003.
[32] 顾朝林, 蔡建明, 张伟, 等. 中国大中城市流动人口迁移规律研究 [J]. 地理学报, 1999 (3): 204-212.
[33] 郭万达, 冯月秋. 成本冲击与珠江三角洲产业升级——以深圳、东莞为例 [J]. 开放导报, 2008 (3): 38-45.
[34] 何雄. 中心城市竞争与地区发展 [D]. 湖北: 中南财经政法大学公共管理

学院，2007.
[35] 衡涛，梁轩，胡碧玉. 四川省经济增长与人口就业的实证分析 [J]. 西北人口，2005 (6)：27 – 33.
[36] 胡玉萍. 留京，还是回乡——北京市流动人口迁移意愿实证分析 [J]. 北京社会科学，2007 (5)：40 – 45.
[37] 胡兆量. 中国城市发展的经济背景 [J]. 城市规划，2006 (11)：29 – 31.
[38] 胡兆量. 迁移八律与中国人口迁移 [J]. 云南地理环境研究，1994 (1)：45 – 53.
[39] 胡兆量. 改革开放与地域结构变化 [J]. 云南地理环境研究，1992 (2)：5 – 15.
[40] 胡兆量. 山区人地关系特征与开发的阶段性 [J]. 云南地理环境研究，1991 (2)：10 – 12.
[41] 黄祖辉，刘雅萍. 农民工就业代际差异研究——基于杭州市浙江籍农民工就业状况调查 [J]. 农业经济问题，2008 (10)：52 – 62.
[42] 蒋耀建. 中国农村人口迁移模型探索——一个对“民工荒”现象新的解释 [J]. 南方经济，2006 (4)：41 – 48.
[43] 金凤君，王成金，李秀伟. 中国区域交通优势的甄别方法及应用分析 [J]. 地理学报，2008 (8)：787 – 798.
[44] 金凤君，武文杰. 铁路客运系统提速的空间经济影响 [J]. 经济地理，2007 (6)：888 – 891.
[45] 金凤君. 基础设施与人类生存环境之关系研究 [J]. 地理科学进展，2001 (3)：276 – 285.
[46] 景建军，徐光平. 山东省迁移流动人口特征及其形成的社会背景分析 [J]. 山东师范大学学报（自然科学版），2006 (3)：103 – 105.
[47] 景楠. 基于多智能体与 GIS 的城市人口分布预测研究 [D]. 广州：中国科学院广州地球化学研究所，2007.
[48] 李冠伟. 人口迁移的中外对比研究 [J]. 山东师范大学学报（自然科学版），2002 (2)：35 – 38.
[49] 李国平，玄光辉，王立明. 深圳与全国区域经济联系的测度及分析——基于人口迁移模型的研究 [J]. 人文地理，2004 (2)：30 – 34.
[50] 李家伟，刘贵山. 当代西方人口迁移与流动的理论、模式和假说述评 [J]. 新学术，2007 (5)：83 – 85.
[51] 李晋玲，刘人境，贺柯柯. 陕西省人口迁移与人口城镇化系统动力学分析 [J]. 西安交通大学学报（社会科学版），2007 (3)：44 – 50.

［52］李立宏. 中国人口迁移的影响因素浅析［J］. 西北人口，2000（2）：37－40.
［53］李玲. 90年代以来中国人口两种迁移类型的变化［J］. 人口研究，1999（4）：59－64.
［54］李玲. 改革开放以来中国国内人口迁移及其研究［J］. 地理研究，2001（4）：453－462.
［55］李玲，C. Cindy Fan. 社会经济结构转型期迁移与非迁移人口的工作选择与转换——广州劳动市场初步研究［J］. 人口研究，2000（2）：16－25.
［56］李松志. 珠江三角洲产业转移研究［M］. 北京：中国社会科学出版社. 2008，212.
［57］李双全，王学良. 失业人口构成的空间分布差异分析［J］. 江西师范大学学报（哲学社会科学版），2007（1）：69－74.
［58］李薇. 我国流动人口空间分布特征分析［D］. 上海：同济大学建筑与城市规划学院，2008.
［59］李占风，杨华. 产业结构演变对我国经济增长的作用分析［J］. 统计与决策，2007（19）：100－101.
［60］梁进社. 城镇化与国民经济发展之关系的理论分析［J］. 自然资源学报，1999（4）：351－354.
［61］梁进社. 城市用地与人口的异速增长和相关经验研究［J］. 地理科学，2002（6）：649－654.
［62］林玲，彭连清. 我国东、中、西三地区人口迁移特征分析［J］. 北方经济，2008（11）：37－38.
［63］林秀梅. 我国转型期经济增长、经济结构与就业的关联性研究［D］. 长春：吉林大学商学院，2006.
［64］刘刚，沈镭. 1951—2004年西藏产业结构的演进特征与机理［J］. 地理学报，2007（4）.
［65］刘金塘，王虹丽，蔡虹. 中国人口终身迁移状况分析［J］. 人口研究，2004（3）：16－23.
［66］刘黎明，转移支付对人口迁移的作用［J］. 北京工业大学学报（社会科学版），2002（1）：32－35.
［67］刘乃全，孙海鸣. 上海产业结构、人口、就业的互动关系研究［J］. 财经研究，2003（1）：55－62.
［68］刘盛和，陈田，蔡建明. 中国非农化与城镇化关系的省际差异［J］. 地理学报，2003（6）：937－946.

[69] 陆大道，姚士谋. 中国城镇化进程的科学思辨 [J]. 人文地理，2007 (4)：1 - 6.
[70] 陆大道. 中国区域发展的新因素与新格局 [J]. 地理研究，2003 (3)：261 - 271.
[71] 陆大道. 走健康城镇化与新农村建设相结合的道路 [J]. 今日国土，2007 (12)：12 - 13.
[72] 陆大道. 我国的城镇化进程与空间扩张 [J]. 城市规划学刊，2007 (4)：47 - 53.
[73] 卢向虎，林丽. 一种测算“乡—城”人口迁移规模的方法 [J]. 统计与决策，2006 (1)：66 - 67.
[74] 陆远权，杨丹. 三峡库区城镇化与产业结构协调度测度研究 [J]. 科技管理研究，2008 (7)：204 - 206.
[75] 骆新华，国际人口迁移的基本理论 [J]. 理论月刊，2005 (1)：42 - 45.
[76] 米红，徐益能. 深圳人口结构与产业结构的关联模式研究 [J]. 特区经济，2006 (10)：58 - 59.
[77] 逄锦波. 青岛市人口迁移的经济社会影响及对策研究 [D]. 青岛：青岛大学商学院，2007 年 4 月.
[78] 彭际作. 大都市圈人口空间格局与区域经济发展——以长江三角洲大都市圈为例 [D]. 上海：华东师范大学资源与环境科学学院，2006.
[79] 彭效军. 我国产业结构调整与人口迁移研究——配弟 - 克拉克定律的实证分析 [J]. 思想战线，2002 (6)：23 - 26.
[80] 乔家君，鲁丰先. 中国人口产业结构的问题与对策 [J]. 河南大学学报（自然科学版），1999 (4)：41 - 45.
[81] 屈小娥. 50 年来中国人口迁移的历史轨迹 [J]. 山西统计，1999 (10)：45 - 46.
[82] 史学斌. 熵定律与人口分布 [D]. 成都：西南财经大学人口研究所，2006.
[83] 孙福滨，李怀祖. 中国人口迁移和人口流动的分类界定 [J]. 西安交通大学学报（社会科学版），2000 (1)：53 - 58.
[84] 唐家龙，马忠东. 中国人口迁移的选择性：基于五普数据的分析 [J]. 人口研究，2007 (5)：42 - 51.
[85] 田达. 当前中国流动人口的成因、问题及对策研究 [D]. 乌鲁木齐：新疆师范大学马克思主义学院，2006.
[86] 汪小勤，田振刚. 论我国城乡人口迁移中的不确定性及其影响 [J]. 中国农村经济，2001 (7)：16 - 20.

[87] 汪秀琛. 东部沿海纺织服装企业西迁分析 [J]. 纺织导报, 2007 (3): 41-46.
[88] 王常雄. 中国城镇化进程中的城乡统筹与协调发展: 人口流动、就业与收入 [D]. 苏州: 苏州大学商学院, 2006.
[89] 王德, 叶晖. 我国地域经济差异与人口迁移研究 [J]. 城市规划, 2006 (9): 52-56.
[90] 王德, 叶晖. 1990 年以后的中国人口迁移研究综述 [J]. 人口学刊, 2004 (1): 40-46.
[91] 王桂新. 中国经济体制改革以来省际人口迁移区域模式及其变化 [J]. 人口与经济, 2000 (3): 8-18.
[92] 王桂新. 中日两国人口分布、迁移与城镇化之比较 [J]. 华东师范大学学报 (哲学社会科学版), 2002 (2): 110-119.
[93] 王桂新. 改革开放以来中国人口迁移发展的几个特征 [J]. 人口与经济, 2004 (4): 1-8.
[94] 王桂新, 刘建波. 长三角与珠三角地区省际人口迁移比较研究 [J]. 中国人口科学, 2007 (2): 87-96.
[95] 王桂新, 沈续雷. 上海市人口迁移与人口再分布研究 [J]. 人口研究, 2008 (1): 58-69.
[96] 王国霞. 中国农村人口省际省内迁移机制研究 [J]. 经济管理, 2008 (8): 85-90.
[97] 王国霞, 鲁奇. 中国近期农村人口迁移态势研究 [J]. 地理科学, 2007 (5): 630-635.
[98] 王开泳, 陈田, 董玛力. 我国中部地区人口城镇化的空间格局 [J]. 经济地理, 2008 (3): 353-356.
[99] 王树新. 西藏自治区的人口迁移及迁移人口状况分析 [J]. 人口研究, 2004 (1): 60-65.
[100] 王维国, 王森. 我国非户籍迁移人口的结构与数量分析 [J]. 生产力研究, 2006 (2): 125-127.
[101] 王文森. 产业结构相似系数在统计分析中的应用 [J]. 中国统计, 2007 (10): 47-48.
[102] 王先进, 刘芳. 基于重力模型的交通对人口迁移影响分析 [J]. 综合运输, 2006 (1): 14-17.
[103] 王新华, 戴维周. 人口流动与产业结构升级的相关性分析 [J]. 南京人口管理干部学院学报, 2006 (4): 57-61.

[104] 王秀芝，尹继东. 地区收入差距与人口迁移——以中国中部地区为例［J］. 统计与决策，2007（9）：85－86.
[105] 王振营. 人口迁移的规律［D］. 北京：中国人民大学社会与人口学院，1993.
[106] 魏博通. 我国制造业产业的空间集聚及启示——基于人口普查资料的分析［J］. 经济论坛，2005（22）：47－49.
[107] 吴森富，谌新民. 沿海省市流动人口结构特征的实证研究：以广东省为例［J］. 华南师范大学学报（社会科学版），2004（1）：36－45.
[108] 西奥多·舒尔茨. 论人力资本投资［M］. 吴珠华，等译. 北京：北京经济学院出版社，1990.
[109] 徐广军，张汉鹏. 美国产业演进模式与我国产业结构升级［J］. 经济与管理研究，2006（8）.
[110] 徐旭. 中国转型时期的人口流动［D］. 厦门：厦门大学经济学院，2007.
[111] 杨凤荣. 陕西省人口迁移动向及其与经济发展的关系研究［J］. 统计与信息论坛，2006（5）：75－79.
[112] 杨红. 改革以来中国永久性迁移人口和流动性迁移人口的比较研究［J］. 西北人口，1999（1）：2－8.
[113] 杨靳. 人口迁移如何影响农村贫困［J］. 中国人口科学，2006（4）：64－69.
[114] 杨靳，廖少廉. 美国农村人口迁移与启示［J］. 人口学刊，2001（4）：13－17.
[115] 杨雪. 再论人口“迁移”的概念与统计口径界定［J］. 西北人口，2004（1）：19－23.
[116] 杨云彦. 中国人口迁移的规模测算与强度分析［J］. 中国社会科学，2003（6）：97－107.
[117] 杨云彦. 90年代以来我国人口迁移的若干新特点［J］. 南方人口，2004（3）：31－38.
[118] 姚华松，许学强. 西方人口迁移研究进展［J］. 世界地理研究，2008（1）：154－166.
[119] 尹德挺. 流动行为特征与迁移意愿的典型相关研究——以北京市流动人口为例［J］. 北京行政学院学报，2008（3）：86－90.
[120] 于蜀，张善余. 80年代以来美国国内区际人口迁移态势和特点［J］. 人口与经济，1999（2）：81－86.
[121] 于潇. 建国以来东北地区人口迁移与区域经济发展分析［J］. 人口学刊，

2006 (3): 92 -97.
[122] 俞路. 20 世纪 90 年代中国迁移人口分布格局及其空间极化效应 [D]. 上海: 华东师范大学资源与环境科学学院, 2006.
[123] 俞路, 张善余. 基于空间统计的人口迁移流分析——以我国三大都市圈为例 [J]. 华东师范大学学报 (哲学社会科学版), 2005 (5): 25 -31.
[124] 袁良, 危辉, 白宇, 等. 基于多主体系统和 GIS 的城市人口增长仿真方法 [J]. 计算机工程, 2008 (10): 266 -268.
[125] 袁晓玲, 黄新梅, 胡得佳. 基于因子分析的陕西省人口迁移影响因素研究 [J]. 经济师, 2008 (8): 150 -152.
[126] 张爱华. 未来人口迁移、城镇化发展战略 [J]. 经济地理, 2006 (S1): 223 -227.
[127] 张雷, 朱守先. 现代城镇化的产业结构演进初探——中外发展研究对比 [J]. 地理研究, 2008 (4): 863 -872.
[128] 张力. 中国控制城乡人口迁移的体制根源 [J]. 城市规划, 2006 (S1): 46 -50.
[129] 张善余. 产业调整与上海城市人口再分布 [J]. 华东师范大学学报 (哲学社会科学版), 2001 (4): 85 -90.
[130] 张善余. 基于出生地的中国人口迁移态势分析 [J]. 市场与人口分析, 2004 (3): 1 -6.
[131] 张善余, 曾明星. 少数民族人口分布变动与人口迁移形势——2000 年第五次人口普查数据分析 [J]. 民族研究, 2005 (1): 17 -28.
[132] 张绍合, 贺建林. 我国人口就业与不同产业经济增长的实证分析 [J]. 西北人口, 2007 (5): 80 -83.
[133] 张文新. 近十年来美国人口迁移研究 [J]. 人口研究, 2002 (4): 66 -71.
[134] 张文新, 朱守先. 近十年来中国人口迁移研究及其评价 [J]. 人文地理, 2004 (2): 88 -92.
[135] 张文忠, 王传胜, 吕昕, 等. 珠江三角洲土地利用变化与工业化和城镇化的耦合关系 [J]. 地理学报, 2003 (5): 677 -685.
[136] 张文忠, 王传胜, 薛东前. 珠江三角洲城镇用地扩展的城镇化背景研究 [J]. 自然资源学报, 2003 (5): 575 -582.
[137] 张文忠. 新经济地理学的研究视角探析 [J]. 地理科学进展, 2003 (1): 94 -102.
[138] 张祥晶. 中国产业、行业人口空间分布现状及成因分析 [J]. 重庆大学学报 (社会科学版), 2007 (4): 32 -38.

[139] 张晓青. 国际人口迁移理论述评 [J]. 人口学刊, 2001 (3): 41-45.
[140] 张效莉. 人口、经济发展与生态环境系统协调性测度及应用研究 [D]. 成都: 西南交通大学管理学院, 2007.
[141] 张永庆, 赵海, 张文波等. 城市人口迁移的网络特征 [J]. 东北大学学报 (自然科学版), 2006 (2): 70-76.
[142] 郑锋. 关于熵与城市发展之探讨 [J]. 热带地理, 2001 (4).
[143] 钟学富. 物理社会学 [M]. 北京: 中国社会科学出版社, 2002.
[144] 钟映水. 人口流动与社会经济发展 [M]. 武汉: 武汉大学出版社, 2000.
[145] 周皓. 中国人口迁移研究综述 [J]. 市场与人口分析, 2000 (5): 31-40.
[146] 周皓. 省际人口迁移中的老年人口 [J]. 中国人口科学, 2002 (2): 35-41.
[147] 周皓. 我国人口迁移研究的回顾、总结与讨论 [J]. 人口与经济, 2002 (1): 18-25.
[148] 周皓. 中国人口迁移的家庭化趋势及影响因素分析 [J]. 人口研究, 2004 (6): 60-69.
[149] 周皓. 资本形式、国家政策与省际人口迁移 [J]. 中国人口科学, 2006 (1): 42-54.
[150] 周文兴, 余立文. 中国农村剩余劳动力转移新论 [J]. 重庆行政, 2001 (5): 52-53.
[151] 朱杰. 人口迁移理论综述及研究进展 [J]. 江苏城市规划, 2008 (7): 40-44.
[152] 朱农. 中国四元经济下的人口迁移——理论、现状和实证分析 [J]. 人口与经济, 2001 (1): 44-52.
[153] 朱向伟. 深圳市人口迁移态势及其形成机制分析 [J]. 南方人口, 2001 (3): 30-35.
[154] 朱宇. 国外对非永久性迁移的研究及其对我国流动人口问题的启示 [J]. 人口研究, 2004 (3): 52-60.
[155] Anderson K. Urban household subsidies and rural out-migration: the cases of China [J]. Communist Economics, 1990, 2 (4): 525-531.
[156] Borts G H, J L Stein. Economic growth in a free market [J]. New York: Columbia University Press. 1964.
[157] Buckley C. The myth of managed migration: Migration control and market in the Soviet period [J]. Slavic Review 1995 (4): 896-914.
[158] Dao-Zhi Zeng. Equilibrium stability for a migration model [J]. Regional Science and Urban Economics, 2002 (1): 123-138.

[159] David A P, Peter A R. The geographical analysis of population. New Jersey: John Wiley&Sons, 1994, 145 - 192.

[160] O'Sullivan D, Unwin D. Geographic information analysis [M]. New Jersey: John Wiley& Sons, 2003, 36 - 42

[161] Everett S L. A theory of migration [J]. Demography, 1966 (1): 47 - 57.

[162] Lida F. An analysis of the determinants of inter - provincial migration in China: aLogit model for a planned economy in reform [C]. paper of The 1995 Annual Meeting of Population Association of America , 1995, April 6 - 8, San Francisco.

[163] Fields G S. Place to place migration: some new evidence [J]. Review of Economics and Statistics, 1979 (1): 21 - 32.

[164] Fujita M, Krugman P, Venables, A J. The spatial economy cities regions and international trade [M]. Cambridge: MIT Press, 1999.

[165] George R. The poor law, migration, and economic growth [J]. The Journal of Economic History, 1986 (2): 419.

[166] Greenwood M J. Migration and economic growth in the United States: National, regional, and metropolitan perspectives [M]. New York: Academic Press. 1981.

[167] Gottmann J. Metropolis. The urbanized northeastern see board of the United States [M] . The MIT Press, 1961.

[168] Kuznets S. Introduction: population redistribution migration, and economic growth, in Eldridge and Thomas: population redistribution and economic growth united.

[169] Lewis W A. Economic development with unlimited supplies of labour [J]. Manchester School of Economic and Social Studies, 1954 (2): 139 - 91.

[170] Liang Zai. The age of migration in China [J]. Population and Development Review, 2001 (3): 499 - 524.

[171] Michael J, Greenwood M J. Research on internal migration in the United States survey [J]. Journal of Economic Literature, 1975 (2): 397 - 433.

[172] Mincer J. Family Migration decisions [J]. Journal of Political Economy, 1986 (5): 749

[173] Ravenstein E G. The laws of migration [J]. Journal of the Royal Statistical Society, 1889 (52): 241 - 301

[174] Rogers A, S Sweeney. Measuring the spatial focus of migration patterns [J]. The Professional Geographer. 1998 (50): 232 - 42.

[175] Schultz T P. Lifetime migration within educational strata in Venezuela: estimates of a logistic model [J]. Economic Development and Cultural Change, 1982 (3): 559 - 594.

[176] Pandit K. Demographic cycle effects on migration timing and the delayed mobility phenomenon [J]. Geographical Analysis, 1997 (3): 187 - 199.

[177] Todaro M P. A model of labour migration and urban unemployment in Less developed countries [J]. American Economic Review, 1969 (1): 138 - 148.

[178] Wilbar Zelinsky. The hypothesis of the mobility transition [J]. The Geographical Review, 1971 (61): 219 - 249.